播音主持学术文丛（第二辑）

微时代的口语传播

第二届海峡两岸口语传播学术研讨会文集

罗　幸◎主编

WEISHIDAI DE KOUYU CHUANBO

DI-ER JIE HAIXIA LIANGAN KOUYU CHUANBO XUESHU YANTAOHUI WENJI

中国传媒大学出版社·北京·

前 言

2015 年 12 月 12 日，由厦门大学新闻传播学院、台湾世新大学口语传播学系、广西艺术学院影视与传媒学院联合举办的“第二届海峡两岸口语传播学术研讨会”在广西艺术学院隆重举行。本届海峡两岸口语传播学术研讨会的主题为“‘微’时代的口语传播”。研讨会吸引了来自美国北卡罗来纳大学、新加坡国立大学、台湾世新大学、中国人民大学、厦门大学、中国传媒大学、浙江传媒学院、安徽大学、广西大学、广西民族大学、广西师范学院等 30 余所高校，北京人民广播电台、上海东方卫视等媒体的国内外知名学者、媒体从业代表共一百多人出席研讨会。参会的大部分论文都收录进了这本论文集。本人作为此次学术研讨会主办方的召集人和论文主编，尤其期盼能充分利用两岸传媒教育资源，探索合作共赢的语言传播专业人才培养新模式。

当下，微观的媒介生态格局发生着日新月异的变化，在宽带互联网、3G、4G 网络迅速蔓延的形势下，智能手机、超级本、平板电脑、车载移动电视、楼宇电视等新媒体终端极为多样化，新媒体技术不断推陈出新，功能应用层出不穷，虚拟社区、社交网站、微博、微信、网络游戏、网络动画、IPTV、RSS、APP 等新媒体形态发展迅猛，媒介传播格局早已今非昔比，打破了传统媒体环境下信息传播的流程，改变了受众对信息的接收习惯，甚至发展成为一种全新的生产力。本届研讨会上，重点关注各种流行的微媒介对语言的影响，探索新时代下口语传播研究的新突破点和口语传播实践的规律。

研讨会分主题论坛和分论坛，主题论坛嘉宾分别就“口语传播能力评价体系构建”“微媒体时代的个人与公众”“真人秀之真：网上迷群和跨文化传播”“在建制化与数位化之间：‘微’传播时代下人文主义的追寻”“全媒体视野下播音主持艺术人才培养实践”等议题展开研讨。

参加主题论坛发言的有华东师范大学传播学院王群教授、美国北卡罗来纳州大学蒋敏博士、新加坡国立大学传播与新媒体系张玮玉博士、台湾世新大学新闻与传播学院口语传播学系主任夏春祥教授、中国人民大学新闻学院广播电视系主任高贵武博士、厦门大学新闻传播学院李展博士、北京人民广播电台首席主持人牛力博士、上海东方卫视主持人于飞和广西艺术学院影视与传媒学院院长兼语言传播系主任罗幸教授。

王群教授的主题发言是《口语传播能力评价体系构建》。他从口语传播能力评价体系意义、评价项目、评价方法三个方面着手，对全面、系统、立体认知口语传播能力分别作出阐述，总结评价项目的科学性，力求做到穷尽（不遗漏）、准确（不偏误）、辩证（不片面）、合理（不失重），最后对口语传播能力评价方法做了简要介绍。

蒋敏博士的主题发言是《微媒体时代的个人与公众》。她首先从“微”谈起，对比了中美两国微媒体形态、特征和表达，指出当下微媒体呈现出自我化、娱乐化、商业化、碎片化、小圈子化、极化的趋势，再结合大数据分析微媒体的转变产生的社会问题，对个人和社会的影响进行了思考，希望“互联网＋”时代的到来能催生更多创新，注重设计型思维（Designthinking）。

张玮玉博士的主题发言是《真人秀之真：网上迷群和跨文化传播》。她着重考察了外国真人秀的网上迷群这一现象，探讨其与文化全球化以及互联网科技之间错综复杂的关系，通过研究粉丝们自己对外国真人秀的解读，揭示了跨国媒介是如何影响粉丝们对本土以及外来大众文化的判断的，描述了粉丝们对于一对关键词“真”与“假”的定义与理解，并探讨了这些定义的跨文化传播意义。

夏春祥教授的主题发言是《在建制化与数字化之间：“微”传播时代下人文主义的追寻》。他对华人地区的口语传播建制化历程及其结果、资讯社会下的数位化趋势与新媒体、口语性的原生与次生：一种人文主义的摸索，这三点进行探讨，让大家了解传播种系的发生，口语传播平行整合和垂直整合的内涵，以及口语文化复兴和新科技下人文主义，并引串到媒介生态学，强调传播视野，创造隐藏于环境中各种鲜活而生动的权力漩涡，能够剥蚀和分解较旧的文化形式。

高贵武博士的主题发言是《新媒体环境下的主持传播格局》。他首先从外卖软件和打车软件谈研究缘起，指出互联网(新媒体)作为一场革命，正深刻地影响着社会的每个领域，去主持化、主持人被边缘化、主持离职等等问题接踵而来。他认为新媒体环境下的信息传播特征是多媒体、UGC、自主性，而主持人面临的传播新格局也在发生改变，呈现出多元、平等、民主的新特征。最后他提出新媒体环境下主持人传播的发展路径要去"专业化"，在充满挑战和机遇的时代，要靠自己努力发展出一条"自致"路径。

李展博士在《"微时代"的公共话语如何制造道德歧视：对纸媒和微博的"世界艾滋病日"报道的批判性分析》中指出，批判性话语研究(criticaldiscoursestudies)关注的核心问题是发现社会中的掌权者如何借助于各个层面的话语保持他们对被主导者的控制地位和由此产生的非正义与社会不平等，并探寻为弱势群体赋权以加强社会正义的途径。她运用冯·戴伊克(Teun A. vanDijk)提出的批判性话语分析的研究框架，揭示纸媒和微博如何在"世界艾滋病日"的报道中将大学生男同性恋艾滋病患者当作中国失败的性教育制度的替罪羊，探讨"微时代"如何自我赋权，弱势群体在"微传播"时代改变自身被污名化的语艺学路径，呼吁反对歧视，提供帮助，加强青少年性和生殖健康教育。

牛力博士的主题发言是《"I"时代的广播者(Broadcatcher)——广播与主持人的核心竞争力研究》。他从"E"时代到"I"时代的转变中对比了美国潘多拉电台、国内喜马拉雅听书和蜻蜓 FM，反映新的传媒方式，个性化、互动式传播，谈到"I"时代广播主持人的核心竞争力和媒介生态危机下广播"逆生长"背后的理念，以及广播媒介的优势与局限，以北京交通广播电台的 36 位主持人为对象建构模型，提出"广播＋"概念，认为主持人核心竞争力的提升路径必须从 broadcaster 到 broadcather 转变。

于飞对于《互联网该怎么玩?》主题的阐述先从传播模型入手，提出互联网时代为什么还要主持人？同时，就目前他在不同客户端所运营的视频节目《于眼看世界》、微信公众号"飞议于论"、《东方大头条》微信服务、喜马拉雅《飞鱼晨报》、线下活动《飞享会》等作了相关介绍，提出将旅游变成内容产品、文化产品的创新想法，引出核心故事的关键在于微信推送、音频讲述、线下详解、电视播出，总结出当前主持人特点在于out端和品牌端，主持人是核心内容的组织者和参与者，组织水平和参与程度反映了主持人的水平。

我个人就《全媒体视野下播音主持艺术人才培养实践》做了主题发言。我认为在全媒体时代下，对传媒从业人员的培养要求越来越高，不仅要求训练有素，一专多能，还要博学睿智，独当一面。对此，在播音主持艺术人才的培养上也逐渐形成了“教学媒体化、实践专业化、人才综合化、培养国际化”的核心模式。我认为，教育要走出去，思路要打开，理念要更新，眼界要开阔！这样学生的未来才有无限可能。

本次研讨会议题前沿新锐，思想兼具深度与广度，论坛学理性和展示性皆佳，会风严谨，受到与会嘉宾和代表的一致好评。研讨会的成功举办为推动国内外学者关注世界范围内口语传播在微时代的新变化、新趋势提供了关注课题和参考方向，在促进口语传播学界的交流方面发挥了重要作用。

本书集中了与会人员针对口语传播与文化、口语传播与网络、口语传播与表达三个主要议题阐述的观点，充分展示了与会者开阔的视野和口语传播学可探索的广阔领域，也为海峡两岸的口语传播学研究提供了宝贵的资料，同时对两岸的口语传播教学具有很好的创新意义和示范作用。

本论文集是海峡两岸口语传播学研究者又一次交流互动的总结，我们期待有更多的学者参与到我们的队伍中，未来有更广泛更深入的学术研究和教学交流。

罗幸

2016年6月6日

目　录 Contents

口语传播与文化

口语传播与网络

口语传播与表达

口语传播与文化

在建制化与数字化之间:“微”传播时代下人文主义的追寻*

◎ 夏春祥

摘　要:在数位汇流的当代情境里,口语传播的学科建制化该何去何从?在华人地区中,传播学门的未来发展又该如何深化?本文由这些问题出发,探讨传播思想史脉络上,垂直整合与平行整合两种模式的特质,以及其在中国的发展历程。本文得出结论:在次生口语文化蓬勃发展的状态下,我们应该重新倡导人文主义的关怀,并藉由媒介生态学的理解,从认知上的表象迈向深层,继而发展出日常生活中口语表达的更多可能。

关键词:数位汇流　口语传播　学科建制　传播思想史　次生口语文化　媒介生态学

今日在中国,口语传播的相关科系仍然屈指可数,可我们总是有着积极心态,乐观地看待未来的发展,因为关注者愈来愈多,与之相关的各种现实需求也愈来愈强烈,包括了新科技所带来的种种变化。

21世纪初,在一篇名为《传播学门的再思考:口传与大传的分立史与整合路》的文章中,两位任教于世新大学口语传播专业的学者指出,在学术整合的大趋势下,“口传与大传仍应各自保有‘言谈’和‘媒介’的概念核心,并且根据种系发生与个体发生中先言谈后媒介的时间轴线,以‘垂直’的方式将两者整合在一起,共组一个以‘人类符号互动’(human symbolic interaction)为研究主题的‘传播’或‘人类传播’学门”。① 在这里,两位作者参照的是世纪之交美国的情况,也就是大众传播与口

---

* 本文发表于《现代传播》2016年第1期。

① 游梓翔、夏春祥:《传播学门的再思考:口传与大传的分立史与整合路》,《中华传播学刊》2003年第4期。

语传播科系纷纷被整合在“传播”名称下的学术建制之内的情况。①

只是，中国的华人社群始终维持着不同传播科系各自发展且相当蓬勃的独立状态，与美国的学科发展状态有所区别。因此，两位作者提出了“垂直整合”(vertical integration)的发展新建议。那种学科中不同发展取径对于人类传播的共同期待很少在传播学门内被有系统地检视与发展，这就会影响传播学，甚至是口语传播领域的具体发展。在《众声喧哗的迷思：关于传播研究的笔记》中，研究者这样写道：

> 系、所不断地成立，正可以说学术似乎受到重视，但是课程不断偏向技术实务，又阐明了两者之间的紧张关系更形纷扰，更何况系、所不断成立的建制化情形，反而提供了社群成员可以安身立命的位置，只是灵魂的困扰未解决，那么栖身处始终会是个嘲讽，因为与学术性质有关的焦虑始终存在。在这样的关系之下，我们实在应该重视实务方面对于学术研究的作用与影响，更重要的是实务方面与所赖以生存的台湾社会，才是我们学术研究的出发点与回归处。也就是说，知不知道西方的最新思潮，不该成为学术唯一关注的焦点，因为这样的思潮也是为解决西方社会或文化处境而发展出来的观点，而如何与我们自身的社会产生对话，才是目前迫切需要的能力。借着思考自身所处的社会、文化，我们与西方才有了并驾齐驱的立足点。②

在这个论点上，本文主标题关于建制化与数字化的讨论便是想要延续传播学门学科建设的相关理路，毕竟传播学门的日后发展道路还很漫长，我们心中关于口语传播的乌托邦理想也仍在遥远的彼岸。传播学门的发展或许会更加蓬勃，有更多的专业科系与学会组织出现，继而使得口语传播普遍地为社会大众所需要，但也有可能始终低荡，一般大众终究无法了解它的具体内涵。当然，这样的十字路口，只是我们学科发展中又一次所在的处境。可也就是在这样的环境中，我们看到各种新科技带来了口语表达的日益蓬勃发展。我们很想厘清的是：这种由新科技、新媒体所带来的微传播，对于人类的生存到底产生了什么样的意义？我们又该如何看待？

一、华人地区的口语传播建制化及其结果

在学术社群中，一般将生活常识转变成为专业知识，继而使其源源不断地被生产出来的过程称之为建制化(institutionalized)的历程。这包含了形成一个独立的

---

① B. O'Keefe, "Against Theory," *Journal of Communication*, 1993(43), pp. 75－82.

② 夏春祥：《众声喧哗的迷思：关于传播研究的笔记》，《中华传播学刊》2002 年第 1 期。

学门、成立一个每年有新进人员学习的科系,以及建立一个固定发行并出版相关教科书、期刊等的学术组织。[①]

1992年9月,原名世界新闻传播学院的世新大学创立了亚洲地区独一无二的崭新科系:口语传播学系。[②] 自此以后,口语传播这个概念正式进入华人文化的视野之中。

在此之前,与口语传播有关的演讲与辩论在所有的华人地区有着它们的重要性,发展也相当蓬勃,只是在大专院校的建制化历程之后,整个演变也就有了一个更具物质基础的发展空间。从当时至今,23年的发展历程已使口语传播在台湾社会有了根基,世新大学口语传播学系每年举办高中生的辩论比赛与简报美学竞赛,毕业生或担任主播主持,或负责公司机关的公关发言,抑或负责社会中各种活动的策划、组织与具体执行,诸如此类都属于建制化的后续发展。

在台湾,世新大学仍然拥有唯一的口语传播科系,但是在政治大学、辅仁大学,以及文化大学等高校也都开设了相关的课程,甚至在台湾东部的东华大学也设立了语言传播学系,它以少数民族为研究对象(参见表1)。

表1 中国高校开设的口语传播相关课程一览表

不同华人地区	开设口语传播相关课程的学校	说明
台湾	世新大学、东华大学、政治大学、辅仁大学、文化大学	世新大学设有口语传播学系 东华大学设有语言与传播学系
香港	浸会大学	传播学系开设有相关课程
中国内地	厦门大学、中国传媒大学、吉林师范大学、陕西科技大学、华东师范大学、广西艺术学院	在内地,口语传播目前只作为课程或专业发展方向,目前并无口语传播科系。陕西科技大学成立口语传播研究中心、广西艺术学院则于2015年成立语言传播学系。

除此之外,香港浸会大学也开设有口语传播的相关课程。在中国内地,厦门大学、中国传媒大学、陕西科技大学、广西艺术学院等都设有口语传播相关的课程,这些自然都是建制化发展历程的一部分。在《数字化时代的口语传播:理论、方法与实践》一书的序言中,厦门大学的李展这样描述中国内地口语传播建制化发展的

---

① 夏春祥:《众声喧哗的迷思:关于传播研究的笔记》,《中华传播学刊》2002年第1期。

② 游梓翔:《数字时代的口语传播学:一个学科名称、核心概念与核心能力的分析》,载李展:《数字化时代的口语传播:理论、方法与实践》,厦门大学出版社2014年版,第1—14页。

情形：

> 21世纪的第一个十年，我们发现，中国内地的新闻人才需求发生极大变化，整体而言，高校的新闻传播院系的毕业生进入新闻媒体就职的数量呈显著下降趋势，培养事业单位等非媒体组织所需的新闻传播人才成为新闻传播院系的新使命。社会日益信息化，各种社会组织机构越来越倚重通过媒体在公众中塑造良好的组织形象，培养非媒体组织需求的、擅长与媒体打交道的人才，传统上由……口语传播学来承担，这是美国等西方国家的普遍经验。
>
> 口语传播学，不可因中文的翻译而望文生义地理解为只是“说话”或“口语表达”。事实上，口语传播学比大众传播学的历史更悠久，学术积累更深厚。……是西方人文学科的重要组成部分。……厦门大学新闻传播学院……倡导和推动了以口语传播为主要方向的传播学系于2011年的正式开设。①

也就是说，在华人地区口语传播的建制化历程一直朝正面发展，虽然速度并不快，但始终稳健。更精确来说，中国内地高校新闻传播院系的发展情况与台湾接近，也就是在世纪之交各种新系所不断设立，反映出建制化蓬勃发展的趋势。但是，它的发展情况却与前面提过的垂直整合方式不太相同，更接近于美国的发展情况。

二、口语传播的垂直整合与平行整合

在美国酝酿于19世纪与20世纪之交的口语传播学系前身，经历了一个从演讲、辩论，到公关发言、诗歌朗诵与舞台表演等独特的发展历程。1997年，最早成立于1914年、原名“全国演讲教师学会”(National Association of Academic Teachers of Public Speaking，简称“NAATPS”)的美国口语传播协会(Speech Communication Association，即“SCA”，1970年更名于此)在经历了漫长的提案讨论与期刊辩论之后，经由投票表决将自己的名称去掉口语，并更名为“全国传播协会”(National Communication Association，即“NCA”)。自此之后，美国各地高校的口语传播学系纷纷更名为传播学系或是传播研究学系，继续使用口语传播名称者只剩下南伊利诺伊大学和一些规模较小的高校。

---

① 李展：《数字化时代的口语传播：理论、方法与实践》，厦门大学出版社2014年版，第1—2页。

在这篇讨论口语传播学科名称、核心概念与核心能力的文章中，作者将上述现象描述为"去口语论"[①]的学术运动。大体上，这便是美国口语传播科系的发展路径，也是一种与前述垂直整合有别的平行整合(horizontal integration)方式：

> 在从概念上整合口传与大传的各项提议中，获得最多支持的是一种……称之为"平行整合"的提议。支持平行整合的学者相信，口传与大传之间已无法清楚划出界线，因此……建议"口传应该舍弃'口语'，大传应该舍弃'大众'，两者共同向'传播'靠拢"。[②]

以这样的词汇作为基础，我们可以将中国内地目前的传播院系发展描述为平行整合方式。只是，这种建制化路径所面临的情况其实更类似于台湾的发展脉络：在20世纪末传播院系不断设立的情形下，熟悉大众传播的学者更多于口语传播的倡导者。因此，在平行整合之外，本文延续过往的研究成果，尝试指出垂直整合的重要性；只是，我们也借由议题化的过程来进一步阐释这个主张的相关内涵。换句话说，华人地区的口语传播发展正处于起步阶段，充满各种可能性，特别是在内地，很多过去名为播音与主持艺术的专业建制都因为发展上的学术与就业瓶颈而纷纷向口语传播转进。在这样的背景下，直接以平行整合方式展开重新建设，可能会面临自我认识危机的挑战。

拿掉"口语"，会让这个学科立即陷入失去卖点与失去特色的困境。"失去卖点"，指口传"少了口语"将无法依靠社会对说话能力的重视来建立价值；"失去特色"，指口传少了"口语"将难以与其他传播领域(特别是大传)区分。[③]

简言之，我们可以理解在今日全球传播学术社群中，一个包含着口语传播与大众传播的统一传播学门的出现及其意义。但是，从建制化的角度出发，其制度化的历程却需考虑当地的社会、文化背景，因为在台湾社会中，大众传播媒体工作的吸引常是很多年轻学子投入传播专业的重要背景之一[④]。从日常生活的角度出发，语言实践自然有其意义，而且有其专业知识上的发展轨迹，在建制化的发展历程中，自然需要加以重视，这就是垂直整合论主张的观点之一。

在中国内地的发展经验中，播音主持更有其特殊的社会意义。中国传媒大学

---

① 游梓翔：《数字时代的口语传播学：一个学科名称、核心概念与核心能力的分析》，载李展：《数字化时代的口语传播：理论、方法与实践》，厦门大学出版社2014年版，第3页。

② 游梓翔、夏春祥：《传播学门的再思考：口传与大传的分立史与整合路》，《中华传播学刊》2003年第4期。

③ 游梓翔：《数字时代的口语传播学：一个学科名称、核心概念与核心能力的分析》，载李展：《数字化时代的口语传播：理论、方法与实践》，厦门大学出版社2014年版，第5页。

④ 夏春祥：《众声喧哗的迷思：关于传播研究的笔记》，《中华传播学刊》2002年第1期；游梓翔、夏春祥：《传播学门的再思考：口传与大传的分立史与整合路》，《中华传播学刊》2003年第4期。

的前身北京广播学院从1963年设立中文播音专业至今，已走过了50年的发展历程[①]。只是，正如有些研究者的观点："中国的播音与主持艺术专业教育已走过了近半个世纪的历程，形成了从'一枝独秀'到'遍地开花'的办学规模，这是新闻传播事业繁荣发展的必然趋势。但现有教育模式也日益显现出形式单一、缺乏特色、学理纵深性差、就业矛盾突出等诸多问题。院校之间在竞争中优胜劣汰的趋势愈发明显，播音主持教育模式的革新势在必行。"[②]

三、信息社会下口语性的原生与次生

从台湾的经验出发，将垂直整合的建制化路径作为本文的问题意识，进一步讨论其价值与意义。在上面的讨论中，美国的平行整合主张"去口语论"，将口语传播去掉"口语"，将大众传播去掉"大众"，共同向传播靠拢。这种以内涵宽广的无特定指涉名称发展不同群体所共同关注的传播学门，是值得肯定的一种发展趋势，厦门大学的传播学系便是可以思索的个案。

与之相较，台湾世新大学的口语传播学系采取垂直整合的论点，主张在口语传播的专业基础上发展大众传播的应用能力，以完整地认识人类传播，或是将大众传播重视媒介效果的提问方式有意识地确认为以人为主体本位的出发点，以使媒介为人所役使，这两种建制化路径都可说是深化口语传播的努力方式之一。

在这个努力的过程中，全球所有的高校都经历了20世纪末信息社会崛起的那几波风潮，包括网络新兴蔚为风潮(1994)、产业模式泡沫化(1995～2001)，以及再次重整出发的不同阶段。其中第三个阶段，尤其以2007年第一代iPhone所引发的智能型手机风潮最具力量。它成功地将过去与军事科技密切结合的传播面向引领到日常生活之中，成功地跨越了产业模式泡沫化时期计算机网络所扮演的角色，继而使地球村的概念不仅不是一种想象，而且更具体地体现在我们的生活中，转变成为社会发展的主要推动力量，尤其是跨荧屏的视觉图像处理更超越了专业的藩篱，进入到寻常百姓的生活环境之中。

21世纪之初，曾经提出电子口语 (electronic orality)概念的沈锦惠，在一篇讨论网络时代视觉语艺古典根源的文章中写道：

> 网络社会实时性鲜明，任何联上网络的个人皆得以随兴自主联接、自

---

① 成越洋、赵政绪：《对播音主持专业未来走向的思考：传播学在美国发展历程的启示》，《现代传播》2007年第6期；李亚铭：《口语传播视域下的播音主持专业教育模式改革》，《现代传播》2013年第10期；钟妍：《从"播音主持"到"口语传播"：台湾口语传播教育经验的反思》，《新闻知识》2014年第11期。

② 李亚铭：《口语传播视域下的播音主持专业教育模式改革》，《现代传播》2013年第10期。

> 由传播。于是，快速联接的瞬间感染力特别令人瞩目，而诉诸直觉感性，直扣日常经验的视觉图像影像，则无疑迅捷方便。于是益趋直觉式、经验式、图像式的沟通表达形式日益流行，蔚为视觉文化风潮，俨然有其文化正当性。[①]

很明显，这是一种口语文化的复兴。毕竟，"任何联上网络的个人皆得以随兴自主联接、自由传播"，而联接、传播的唯一凭借便是语言。她关于"电子口语"的描绘因此成了一个简明却相当有力的图像，揭示出在数字化的信息社会中，口语表达所扮演的角色。基本上，口语性（orality）一词由加拿大学者马歇尔·麦克卢汉（Marshall McLuhan）的学生、曾担任美国现代语言学会会长的文学研究者沃尔特·翁恩（Walter Ong）提出，用来描绘一种口语表达及其相关的文化现象，这包含了在部落社会里不曾接触过文字识读，却是解决实际问题的思考及其相关的语言表达。[②] 只是在20世纪中叶之后，他和一批志同道合的学者隐约感觉到口语性的存在景况已经有了新的变化。为了要作出区分，他于是将之辨明为在完全没有文字和书写经验下，人们的口语传播经验所体现的原生口语性（primary orality，或可译为原生口语文化），以及用来描述我们当代各种新媒介、相关衍生出来的口语文化而重新活跃起来的次生口语性（secondary orality，同样可译为次生口语文化）。

在历史上，印刷机蓬勃发展所促成的书写文明造成了口语的没落，而后来以摄影机、电影、电视所延续形成的影像文明，使视觉或听觉的单一感官得到发展。可到了计算机网络时代，我们的感官又回到了全面发展的阶段，这就是次生口语文化酝酿的实质背景。在这个阶段中，口语文化的复兴可以说是无可阻挡的。

四、日常生活中的媒介科技与数字人文

2015年，这种由科技所推动的发展力量已成功地让人们在新媒介的基础上做出各式各样的语言表达行动。在一篇讨论数字科技与演讲修辞的文章中，荷兰乌特勒支大学教授保罗·霍芬（Paul van den Hoven）写道：

> 数字革命给语艺修辞情境带来巨大的变化，观众不再像以前那样及时聆听正在发表的演讲，而是可以在不同的时间、不同的情境下观看已经发表的演讲影像或演讲的片段。这种改变带来的影响之重大怎么估计都

---

① 沈锦惠：《隐喻及可视化的语艺行动：网络时代谈视觉语艺的古典根源》，《中华传播学刊》2014年第24期。

② W. J. Ong, *Orality & Literacy: The Technologizing of the Word*, New York: Routledse, 1982.

> 不为过。……这种发展态势不会消失，所以我们必须面对这种智力上的挑战而深入研究它。①

如他所说，媒介科技的种种变化的确创造出崭新的修辞情境。最早研拟出修辞情境（the Rhetorical Situation）这个词汇的毕哲（L. F. Bitzer）便认为语言表达的语艺需要是由修辞情境引发的，而不是纯粹因为有了语艺意图才出现了语艺情境。因此，他认为修辞情境凸显了语言表达中修辞技巧的重要性。②

也就是说，新的修辞情境便是媒介科技带来的次生口语文化，这样的氛围与结构召唤了语言表达的现实需要。因此，语艺通过协调新的行动、策略与观点、想法来达到改变现实的实践目的。

在此，本文想要寻求一种对人文主义的重新召唤，借以对信息社会下的人类本质和潜力（potential）进行全面的理解、发展与颂扬，以便在那种科技似乎取得一切社会推动力量的环境下，重新确立人性的某些精致传统与典雅价值。基本上在人类历史上的15世纪时，萌芽于意大利的人文主义文化运动，主要反对中世纪基督教在精神层面上的约束与限制，后来不仅在空间上扩散到全欧洲，更在时间上引领了同时发展且延续至17世纪左右的文艺复兴（Renaissance），以及18世纪的理性启蒙运动。在重视语言、修辞的教科书中，有人曾经这样描述人文主义者：

> 人文主义者于是专注于地球上人类的各种成就。这些学者利用在托利多摩尔人图书馆内所发现的各种作品，翻译了任何他们可以找到的古希腊和罗马文本，然后在立场与态度上，选择接受希腊“宇宙人”（universal man）的理想，这是对于在所有事情上都博学多闻且有一技之长的人……人文主义者的努力引领了文艺复兴，以及古希腊和罗马文化的再发现，也让希腊、罗马和穆斯林知识重新复活。以在穆斯林科技和数学著作中发现的观点为基础，人文主义者深刻地促成了西方欧洲对于物质世界的理解。③

只是，在一个新媒介不断提供便利的情况下，人文主义并不是空洞的描述，它是在当代社会中坚持创造价值观的一种信念。这种人文主义相信人的双重性质，也就是一种人的二元性：人既组成社会，又被社会制约。此时此刻，我们也承认个人与社会中的非理性力量，而在新媒介提供的便利生活中，我们可以观察到微传播

---

① 〔何〕保罗·霍芬：《数字时代的公共演讲语艺修辞学》，载李展：《数字化时代的口语传播：理论、方法与实践》，厦门大学出版社2014年版，第16、22页。

② L. F. Bitzer, *The Rhetorical Situation*, *Philosophy & Rhetoric*, 1968, pp. 1—14.

③ M. Dues, M. Brown, *Boxing Plato's Shadow*, Boston: McGraw Hill, 2004, p. 21.

时代下人们的理性与感性往往有着很多层面的变化，只是我们还没有找到如何记录这些变化又对它进行描述性反思的方式。

简单来说，在新媒体已相当普遍的微传播时代中，人们往往会因为新媒介环境的多重感官特性而变得相当坚定(毕竟是属于自身生活经验)，但是拒绝接受决定论或简化论，继而相信在持续经营或互动的关系中，人类虽然不享有完全的自由，但在某种程度上仍掌握着选择的自由。问题是我们对这种选择有所察觉吗？上文次生口语文化及语艺修辞情境的概念提供了认识这种数字人文的起点。现在，生活在这个微传播的时代，我们希望在每天使用智能手机、接触数字网络的生活经验中，重新建构对人文主义的追寻，这可被视为深化上述两种努力的一种统合。

我们接受关于垂直整合的宣称，认为口语传播中的语言，特别是口头语言，是所有人类传播行为的基础。只是，我们也接受平行整合中去掉口语的主张，专注于如何在日常生活的传播经验中去发展对未来生活秩序追求的类似论述，不再局限于建制化历程中对于学科的纯粹性要求与期待。换句话说，本文关于数字人文的主张，虽是基于口语传播建制化中的垂直整合路径，但其所响应的却是平行整合中那种普遍传播视野的期待。因此，这种整合努力便转向思想史(intellectual history)的角度，继而从学术观点的启发着手。

在上文关于修辞情境、人文主义的关联推论中，相关论述重视的不是单纯地对媒介科技的批判，反倒是一种凸显当代创新的人文诠释，在学术传统上这可被称为媒介生态学(media ecology)。在新世纪的媒介科技环境中，我们确实很容易参与到各种沟通行为之中，或是微信，或是微博，又或是各种电子联系之中。只是除了信息的表达与沟通之外，我们常常会忽略这种新的修辞情境所展现的整体意义，鼓励我们的话语从表面到深层，以展现出对这个生命世界的摸索，而这所需要的便是我们要意识到并逐渐培养出来的一种思考、推论方式。在此，媒介生态学便是描述这个过程的一种概念。这个强调传播视野的概念主张将媒介作为研究孕育文化等复杂系统的基础，据以了解人类传播行为及其生活环境，符合平行整合中对于传播行为的共同描述。诚如有的研究者所指出的：

> 生态学方法可以协助研究者厘清所处社会中的人类位置，而其关键性的枢纽起点，却是各种与传播有关的事物。……隐而未明的媒介如电视以及19世纪以来的摄影机、电报、留声机、收音机、电影等，都是“大量信息唾手可得”的物质性(materiality)基础，而这些科技的具体影响，则是旧社会里浮现了“新的感知模式和美感经验质量”。①

① 夏春祥:《传播的想象:论媒介生态学》,《新闻学研究》2015年第125期。

很明显，媒介科技带来了沟通、表达的便利，但是容易让我们遗忘更重要的价值归宿。我们提出的媒介生态学是一种数字人文的尝试，它鼓励着我们在当代进行更多的生活诠释。

在此，口头语言不再只是大众媒介的平行事物，更是当代社会中体现人文主义的关键媒介。诚如麦克卢汉所表述的，媒介是“隐藏于环境中各种鲜活而生动的权力漩涡，能够剥蚀和分解较旧的文化形式”[①]。语言便是捕捉与掌握这一历程的唯一工具，本文的数字人文关注于此，也响应在本文开头所提的过往主张：口传与大传应各自保有“言谈”和“媒介”的概念核心。在前述讨论的基础上，两者确实有其一致性，媒介科技促成了这一事实。因此，本文希望在认识上完成口语传播思考对于信息社会的响应[②]，并将之作为当代一种新素养的起点。

〔作者单位：台湾世新大学新闻传播学院口语传播学系〕

---

① M. McLuhan, "Foreword," in H. A. Innis, *Empire and Communications*, Toronto: University of Toronto Press, 1972, pp. V.

② 夏春祥：《在屏幕影像之中：论二十一世纪中的口语性》，2012 年第一届海峡两岸口语传播学术研讨会论文。

从“符号融合理论”看反核脸书中核电真实之共构：社群媒体大数据探勘下的“覆诵”*

◎ 黄铃媚　曹开明　沈锦惠　刘大华

摘　要：关于费时14年兴建的台湾龙门核能发电厂（以下简称“核四厂”），2014年4月28日台湾“有关当局”在召开的记者会上宣布：核四一号机不施工，只安检，安检后封存，核四二号机全部停工，此结果表明反核团体成功地让多数社会大众反对核电。反核团体之所以成功地扩大其影响力，在于有效运用了网络沟通的方式。然而，反核团体的观点如何能够在网络上被大量地分享与转载？为了探讨上述问题，本研究采取欧内斯特·鲍曼的“符号融合理论”的“幻想主题分析”方法，检视反核团体的主张如何被网民大量地“覆诵”。为了掌握网络传播中从少数“活跃言者”（“我”）到“反核社群”（“我们”）的人际扩散历程，本研究结合大数据分析工具（网络声量、社会网络分析、词频分析以及语意共现分析），建立了一套分析“活跃言者”的论述如何被其他网民“覆诵”的操作性流程。此外，本研究根据上述检视“覆诵”操作流程的研究成果，也初步发现了被“覆诵”的三个“幻想主题”：反核是由“我们”与“你们”成为“大家”的行动、林义雄禁食反核转化为台湾行动表征、“核废料”放“你家”的反核正义吁求，以及彼此共享的“语艺视野”（或社会真实）：反核是责无旁贷的全民行动。这证明本研究所建立的“覆诵”概念的操作流程，确实有助于学者专家探讨网民之间如何进行共知共识的网络传播形塑。

关键词：反核　符号融合理论　覆诵　大数据探勘　核能政策沟通

* 本研究属于“台湾能源政策沟通与建构核能共识：气候变迁因应与核能安全之论述策略分析”（项目编号：MOST103－2511－S－128－001－MY3）专题研究计划中第一年计划的部分研究成果。谨以本文纪念于2015年8月25日病逝的本计划共同主持人、台湾世新大学新闻传播学院口语传播学系副教授沈锦惠。

一、研究动机与目的

位于台湾新北市贡寮区的龙门核能发电厂（以下简称“核四厂”）自1999年动工以来，经历了2000年停工、2001年复工以及2011年“3·11”日本福岛核灾事件后一波又一波的反核游行。最终在2014年4月28日，台湾“有关当局”召开记者会宣布：核四一号机不施工，只安检，安检后封存；核四二号机全部停工。这一结果代表中国台湾地区在2011年“3·11”日本福岛核灾事件后，在化解社会大众对核电安全的疑虑以及反核情绪的政策沟通上的重大挫败，还表明反核团体成功地让多数社会大众反对核电。台湾“有关当局”的核电政策沟通失败的主要原因在于未能善用网络沟通，依旧停留在单向说服式政策营销上。相反，反核团体有效运用了网络沟通，深谙如何让网民认同反核团体脸书（即 Facebook）上的观点，并进而让网民愿意分享、转载，因而成功地扩大了反核团体的影响力。

反核团体的观点如何能够在网络上被大量地分享与转载？为了探讨这一问题，本研究采取了欧内斯特·鲍曼的“符号融合理论”（symbolic convergence theory）的“幻想主题分析”（fantasy theme analysis）方法，检视反核团体如何让其观点被网民大量地“覆诵”（chain out），亦即让原本各自独立的网民个体，经由特定“幻想主题”（fantasy theme）的串联，创造出彼此共享的核电真实或反核群体意识。值得注意的是，针对“覆诵”这一关键性概念，符号融合理论虽然提供了概念性定义，[①]但是并未提供相关操作性定义，导致后续研究的严谨性引起诸多质疑。此外，由于网络具备不容小觑的传播力量，不同团体或势力透过各种网络传播渠道，更积极、主动地形塑有助于促成自己所希望的最终结果的真实。面对这种“百花齐放、百家争鸣”的多方论述交锋情形，哪些“符号行动”只是部分网络“酸民”之间的嘲讽？哪些则足以倡导观念、凝聚认同或是营造社群？这对相关研究更是一大挑战。

为了掌握网络传播中从少数“活跃言者”（“我”）到“反核社群”（“我们”）的人际扩散历程，很有必要建立一套分析少数“活跃言者”的论述如何被其他网络媒体使用者“覆诵”的操作性流程。之所以针对“活跃言者”进行研究，主要由于尽管在网络时代人人都可以成为言者，但是诚如语艺学者切撒布罗（Chesebro）与贝特尔森（Bertelsen）所强调的，“活跃的个人活跃地由周遭世界的事件建构意义，但也为文化

① E. G. Bormann, N. C. Bormann, *Effective Small Group Communication*, New York: Brugess International, Edina, MN, 1992, p. 124.

环境所范限”。① 因而“活跃言者”是“一个植根于社群、在理想上以社群为念的活跃个人,带着鲜明的社群属性和价值观,凭借电子环境探索个人和社群愿景”。② 也就是说,“活跃言者”带着社群价值以及被期许承担的社群责任与他人进行互动。

然而,如何能够从人人都可以成为言者的网络中辨识本研究所谓的“活跃言者”,以便检视其他网络媒体使用者与其之间的“覆诵”?本研究借助国内著名数据库 OpView 社群口碑数据库分析网络大数据的数据探勘(data mining)和文本探勘(text mining)经验,以符号融合理论有关“覆诵”的概念性定义为基础,探讨在网络传播过程中检视幻想主题是否已经被“覆诵”的操作流程。此外,本研究根据上述关于检视“覆诵”的操作流程的研究成果,针对被“覆诵”的幻想主题类型以及彼此共享的语艺视野,提出了初步成果说明,以支持本研究所建立的“覆诵”概念的操作流程确实有助于学者专家探讨网民之间如何进行共知共识的网络传播形塑。

二、“覆诵”与符号融合理论

1972 年,欧内斯特·鲍曼提出符号融合理论,主要受到罗伯特·拜勒斯(Robert Bales)观察小团体沟通时的发现的启发。拜勒斯发现,团队成员之间的戏剧化沟通 (dramatizing) 有助于形成团体凝聚力(group cohesiveness)。鲍曼据此确立了符号融合理论的主要理论观点:当团体成员之间分享“幻想”时,就会创造符号融合(symbolic convergence)。也就是说,愈多成员参与戏剧性沟通,就愈会产生“具爆炸性的沟通情节”(explosive communication episode),于是原本独立的符号世界因共享“幻想”而产生了符号融合。符号融合代表一个语艺视野(rhetorical vision)、一种经由人群互动而建立的世界观(socially constructed worldview)或符号性真实(symbolic reality),因而使成员形成了团体意识 (consciousness) 与凝聚力 。③ 用以检视这个沟通创造真实的戏剧形式与内涵的语艺研究方式,称为幻想主题分析方法。

---

① J. W. Chesebro, D. A. Bertelsen, “Analysing Media: Communicution Technologies as Symbolic and Logritwes,”转引自沈锦惠:《电子语艺与公共沟通》,台湾天空数位图书公司 2009 年版,第 177 页。

② 沈锦惠:《电子语艺与公共沟通》,台湾天空数位图书公司 2009 年版,第 177 页。

③ E. G. Bormann, “Symbolic Convergence Theory: Organizational Communication and Culture,” in L. Putnam, M. E. Paconowsky (eds.), *Communication and Organizations: An Interpretive Approach*, Beverly Hill, CA: Sage, 1983, pp. 99－122.

符号融合理论在人文科学与口语传播学中已经获得认可，并被持续援引。① 鲍曼指出，使用符号融合理论进行相关研究的文章已近500篇。② 尽管符号融合理论的建构来自小团体沟通研究的启发，但是福斯(Foss)强调，不仅小团体传播研究中可使用符号融合理论，社会运动、政治竞选、组织传播以及其他语艺研究均能使用它，近年来仍不乏研究者采取符号融合理论进行语艺批评研究。③

由于符号融合理论强调所谓的"真实"是经由符号创造的，所以鲍曼表示："语艺的幻想总是涉及团体成员相互流传具可信度的说法，其来源主要是历史、新闻媒体或是传说等，借以成为一套虚构的剧本。"④也就是说，人们是一群"社会说故事者"(social storytellers)，会共同分享幻想，进而会形塑群体意识与社会真实。鲍曼

① E. G. Bormann, "Fantasy and Rhetorical Vision: The Rhetorical Criticism of Social Reality," *Quarterly Journal of Speech*, vol. 68, (1972), pp. 396-407. E. G. Bormann, "A Fantasy Theme Analysis of The Television Coverage of The Hostage Release and The Reagan Inaugural," *Quarterly Journal of Speech*, vol. 68, (1982), pp. 135－145. E. G. Bormann, "Fantasy and Rhetorical Vision: Ten Years Later," *Quarterly Journal of Speech*, vol. 68, (1982), pp. 288－305. E. G. Bormann, "The Symbolic Convergence Theory of Communication: Applications and Implications For Teachers and Consultants," *Journal of Applied Communication Research*, vol. 10, no. 1, (1982), pp. 50－61. E. G. Bormann, "Symbolic Convergence Theory: Organizational Communication and Culture," in L. Putnam, M. E. Paconowsky (eds.), *Communication and Organizations: An Interpretive Approach*, Beverly Hill, CA: Sage, 1983, pp. 99－122. E. G. Bormann, "Symbolic Convergence Theory: A Communication Formulation," *The Journal of Communication*, vol. 35, iss. 4, (1985), pp. 128－138. E. G. Bormann, *The Force of Fantasy: Restoring the America Dream*, Carbondale, IL: Southern Illinois University Press, 1985. E. G. Bormann, *Small Group Communication: Theory and Practice*, New York: Harper & Row, 1990. D. Shields, & Preston, C. Jr., "Fantasy Theme Analysis in Competitive Rhetorical Criticism," *National Forensic Journal*, vol. 3, (1985), pp. 102－115. J. Cragan, D. Shields, "The Use of Symbolic Convergence Theory in Corporate Strategic Planning: A Case Study," *Journal of Applied Communication Research*, vol. 20, no. 2, (1992), pp. 199－218.

② E. G. Bormann, "Defending Symbolic Convergence Theory from An Imaginary Gunn," *Quarterly Journal of Speech*, vol. 89, no. 4, (2003), pp. 366－372.

③ D. Arsenault, "Rhetorical Vision of the Independent and Sovereign Nation of Hawaii: A Fantasy Theme Analysis," *Journal of Critical Postmodern Organization Science*, vol. 3, no. 2, (2005), pp. 57－73. R. Bishop "The World's Nicest Grown-up: A Fantasy Theme Analysis of News Media Coverage of Fred Rogers," *Journal of Communication*, vol. 53, no. 2, pp. 16－31. Y. E. Chen, "*Fantasy Theme Analysis of the Rhetorical Visions Embedded in the Blogs of Expatriates in Taiwan*," Paper Presented at The Annual Meeting of The International Communication Association, Washington, 2007. J. Cragan, D. Shields, "The Use of Symbolic Convergence Theory in Corporate Strategic Planning: A Case Study," *Journal of Applied Communication Research*, vol. 20, no. 2, (1992), pp. 199－218. S. Huang, "To Stay or Not Stay, That's Politics: Chinese Netizen' Rhetorical Vision on Google's Leaving China," *China Media Research*, vol. 8, no. 1, (2012), pp. 40－47. J. McCabe, "Resisting Alienation: The Social Construction of Internet Communities Supporting Eating Disorders," *Communication Studies*, vol. 60, no. 1, (2009), pp. 1－16. B. Sovacool, & B. Brossmann, "Symbolic Convergence and Hydrogen Economy," *Energy Policy*, vol. 38, (2010), pp. 1999－2012.

④ E. G. Bormann, *The Force of Fantasy: Restoring the America Dream*, Carbondale, IL: Southern Illinois University Press, 1985, p. 130.

也指出，“幻想”一词源自希腊古语“phantaskikos”，意指在心中上演（to show to the mind）或是能够呈现出来并被看见，标榜的是讯息的形式，如同能够截取到戏剧中的行动或是被人们传说的故事。

福斯根据上述鲍曼所言归纳出了使用符号融合理论进行研究的两项前提：一是强调人们借由沟通创造真实；二是个人不仅采取符号创造真实，而且借由符号融合、创造出社群共享的意义。[①] 至于所谓的幻想主题则是人们在诠释事件的过程中，所使用的一个字、一句话或是一种说明方式，重点在于结合群体经验建构出一套故事，用以创造真实。具体而言，作为符号融合理论最基本的分析单位，幻想主题是一种“解释人类经验的戏剧化讯息”（dramatizing messages），在解释人类经验过程中“描绘角色（characters）在一个场景（setting）中的行动（action）”[②]。然而，除了上述戏剧要素之外，西尔德斯又增加了“合法化机制”[③]（sanctioning agent）要素，以强调语艺行动为达到说服目的必须具有正当性或合法化的来源。由于本研究探讨的是核能议题的公共沟通情形，相关文本如何形塑合法化机制，也是值得关切的问题。

个别团体成员的戏剧化讯息是形成成员之间共享幻想的基本元素，戏剧化讯息是成员描述过去、未来或外团体事件的一种“想象性语言”，亦即针对非此时此地事件的一种“创造性诠释”（creative interpretations of there－and－then）。只有最后能够成功地被其他团体成员“覆诵”的戏剧化讯息方能成为团体的共享幻想。[④] 当我们将幻想主题分析方法运用在网络传播研究上时，面对网络传播的匿名性及流动性特质，以及庞大的网络传播文本量，假如要以扎根理论的分析方法来辨识被团体成员“覆诵”而形成团体幻想的内容（亦即幻想主题），如何能够确认发帖者与其互动对象之间的“覆诵”情形，对研究者来说是一大挑战。

除了上述网络传播的特性给研究者带来的挑战外，最大的挑战来自于符号融合理论只提供“覆诵”的概念性定义，但是并未提供相关操作性定义的特点。诚如坦普尔所说，尽管幻想主题分析方法非常适合用来分析“数位口语”，但是戏剧化讯

---

① S. K. Foss, *Rhetorical Criticism: Exploration & Practice*, Prospect Heights, IL: Waveland Press, 2004, p. 109.

② E. G. Bormann, J. F. Cragan, D. C. Shields, “Three Decades of Developing, Grounding, and Using Symbolic Convergence Theory,” in William B. Gudgkunst (ed.), *Communication Yearbook* 25, New Jersey: Lawrence Erlbaum Associates, 2001, p. 282

③ D. Shields, “A Dramatic Approach to Applied Communication Research: Theory, Methods, and Applications,” in J. Cragan (ed.), *Applied Communication Research—A Dramatic Approach*, Prospect Heights: Waveland Press, 1981, p. 6－7.

④ E. Griffin, A. Ledbetter, G. Sparks, *A First Look at Communication Theory*, New York: McGraw-Hill Education, 2015, p. 231－233.

息被"覆诵"的过程是一个在符号融合理论中"隐晦不明的过程"。[①] 根据鲍曼的描述,"覆诵"就是"当戏剧化讯息因为成员的加入而造成符号爆炸的连锁反应,并且持续直到整个团体都活跃起来"的现象。[②] 就上述关于"覆诵"的描述性说明而言,当一个研究者想进行"覆诵"的实证性研究时,理论基础明显不足。尽管西尔德斯曾建议采取 Q-sort 研究方法[③]或是深度访谈加以确证"覆诵"的存在,但由于网络传播的特殊性,他的建议恐怕并不适用。

简言之,鲍曼在提出符号融合理论的第一篇文章中曾经提到,"覆诵"开始之前的气氛通常是"安静的与紧张的",而"覆诵"开始后的气氛则变成"活泼的、生动的以及喧闹的(boisterous)";"覆诵"过程将出现一些特定的"语言与非语言沟通",比如"跟上对话节奏、大家变得兴奋、打断对方的说话、面红耳赤、大笑、忘记自己是谁"。此外,可以满足大家"心理的或语艺的需求"的戏剧化讯息,也比较容易成为共享的幻想。[④] 然而,上述讨论仅止步于描述"覆诵"出现后的情形。那么,研究者如何具体验证鲍曼所形容的"当戏剧化讯息因为成员的加入而造成符号爆炸的连锁反应,并且持续直到整个团体都活跃起来"的现象(亦即"覆诵")是否会出现呢?换言之,符号融合理论并未提出具体测量或评估"覆诵"的行为面向("符号爆炸的连锁反应")以及时间面向("持续直到整个团体都活跃起来")的依据,研究者只能主观判断"覆诵"的出现,并据其主观判断提出幻想主题。

台湾地区目前采用符号融合理论针对网络沟通进行研究的论文成果,并不多见。这些研究除了受到分析工具与人力的限制,还受到符号融合理论局限性的影响。这些因素导致幻想主题分析研究者仅能针对少数文本进行分析。这些研究对于文章中所讨论的幻想主题的"覆诵",也都没有深入探讨。比如,陈佳靖选择特定 BBS 站("花魁艺色馆")情色讨论区作为研究网络情色的场域,采取福斯所提以场景、人物、行动三个主题来分析文本中存在的幻想主题的方法,并归结出网络特定场域中出现集体

---

① N. Temple, *Re-conceptualizing Fantasy Theme Analysis in A Digital Online Context*, Carolina: North Carolina State University, 2011, pp. 7, 16.

② E. G. Bormann, N. C. Bormann, "*Effective Small Group Communication*," 转引自 E. Griffin, A. Ledbetter, G. Sparks, *A First Look at Communication Theory*, New York: McGraw-Hill Education, 2015, p. 232.

③ 罗文辉指出,Q 方法主要用来施测人们对于某一问题表达出来的所有意见,借以探究人的主观态度。研究方法是先抽取具有代表性的意见样本(即 Q 样本),再经过 Q 分类方式,也就是研究者设计出某一问题的相关陈述意见,提供给受访者进行意见施测,以理解受访者同意或不同意的强烈程度。例如,可采取同意与不同意程度由正 5 至负 5 分成十一个等级,以利施测。参见罗文辉:《Q 方法的理论与应用》,《新闻学研究》1986 年第 37 期。

④ E. G. Bormann, "Fantasy and Rhetorical Vision: The Rhetorical Criticism of Social Reality," *Quarterly Journal of Speech*, 1972, pp. 396-407. 转引自 E. Griffin, A. Ledbetter, G. Sparks, *A First Look at Communication Theory*, New York: McGraw-Hill Education, 2015, p. 233.

幻想的语艺视野。[①] 张裕亮、陈奕任则把中国 BBS 站(天涯社区的关天茶舍)作为研究场域,探究中国内地网民在此论坛中共同对日本认知的形塑,即把场景、人物、行动以及合法化机制主题作为分析幻想主题的归类原则,并得出中国内地网民在此论坛并存爱国性及非盲目仇日的内省批判性民族主义语艺视野的观点。[②]

面对既有研究的不足,本研究结合目前盛行的大数据分析工具(网络声量、社会网络分析、词频分析以及语意共现分析),希望建立一套分析少数“活跃言者”的论述是否被其他网民“覆诵”的操作性流程,以了解反核团体如何让其观点被网民大量地“覆诵”。具体而言,本研究主要探讨下列研究问题:

研究问题一:反核社群中“活跃言者”的网络声量,是否可以用来推估“覆诵”是否会出现?

研究问题二:反核社群中“活跃言者”的程度中心性,是否可以用来推估“覆诵”是否会出现?

研究问题三:反核社群中“活跃言者”的词频分析,是否可以用来推估“覆诵”是否会出现?

研究问题四:反核社群中“活跃言者”的语意共现分析,是否可以用来推估“覆诵”是否会出现?

三、研究方法

面对网络中数量庞大的言者,为了选取具备代表性的分析样本以及应对后续大量文本分析的问题,本研究委托中国台湾地区著名网络大数据分析专业公司使用 OpView 社群口碑数据库,借重其分析网络大数据的数据探勘以及文本探勘专业能力,结合符号融合理论,建立了一套“覆诵”概念的操作流程。OpView 社群口碑数据库每日实时监测 5 000 多个网站频道,取样范围包括讨论区、部落格、微网志、BBS、社交网络、影音网站、新闻网站等,覆盖台湾地区超过 9 成以上的流量;其次,OpView 社群口碑数据库每日甚至每小时更新数次,每日进量接近百万笔。此外,每笔资料均采用自动化语意分析技术,分别针对媒体、社群媒体、部落格、留言板,分析其网络声量、网络正负评论、社群活跃度、发言领袖、发言次数、发言频道、竞争风暴图以及指定事件的趋势与周期。具体而言,本研究研究者根据符号融合理论对“覆诵”的概念性定义,通过借助 OpView 社群口碑数据库分析网络大数据的专业能力,建立了一套分析网络“活跃言者”的论述是否会被其他网民“覆诵”的操作性流程。

---

① 陈佳靖:《网路情色的符号地景:一个从语艺分析出发的观点》,《资讯社会研究》2002 年第 3 期。

② 张裕亮、陈奕任:《争辩中的中国网络民族主义论述》,《香港社会科学》2008 年第 35 期。

(一)研究范围

针对 OpView 社群口碑数据库中全台湾地区最热门的网络社群、讨论区、部落格等 10 000 多个网站频道,采用核能、核电、核能发电、核四、核三、核二、核一、核安、核废料、核辐射、核灾、废核、反核、拥核等关键字,分析 2014 年 2 月 1 日至 4 月 30 日期间的相关资料,并以“布林逻辑”和“万用字元”反复操作关键字的进阶搜寻,逐次排除广告文和其他不相关的讨论文章,共计筛选出 251 541 则主文与回文(主文为第一篇的发表文,回文为发表文下的回复文)。然后,根据分析结果(图 1),选择出现 2 次声量爆发期(3/7～3/10、4/22～4/30)的 3 月 1 日至 4 月 30 日期间的资料,进行“活跃言者”的网络声量分析、社会网络分析、词频分析以及语意共现分析。

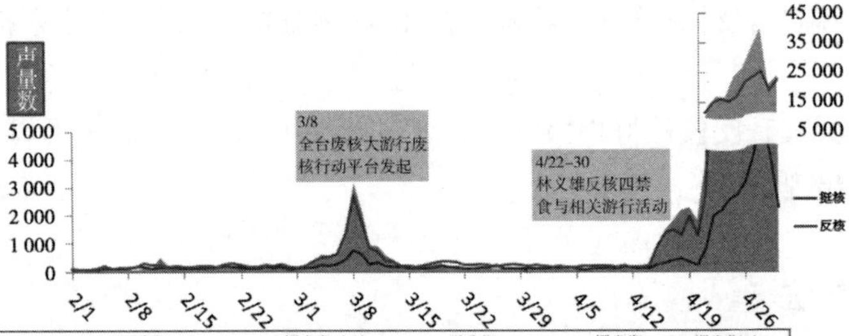

	沉默期	爆发期(1)	潜伏期	爆发期	爆发期(2)
日期	2/1-3/6	3/7-3/10	3/11-4/15	4/16-4/21	4/22-4/30
天数	34	4	36	6	9
声量数	6 940 (204 v/d)	7 717 (1 929 v/d)	8 102 (225 v/d)	13 324 (2 221 v/d)	215 458 (23 940 v/d)
声量	3%	3%	3%	5%	86%

核能议题:整体声量势图①

注:由于 4/21 后声量过大,以截图形式呈现。

(二)研究对象

从上述网络声量分析结果中可以发现,探讨核能相关议题者(共计 1 031 个频道)以网络社群网站(LineQ、Facebook 公众讯息、Facebook 关键意见领袖、FB 粉丝团、PTT 八卦及其他版面、YouTube 关键字搜寻、Plurk 搜寻、Yahoo! 等)居多,占到整体声量的 84%。后续分析先排除讨论区、部落格、新闻网站频道,并为了聚焦核能议题的讨论以及清楚分辨分析对象的核电立场,将分析重点集中在非政治人物以及非新闻媒体的脸书粉丝团专页,同时考量其网络声量以及在反核社群中的

---

① 资料期间为 2014 年 2 月 1 日至 2014 年 4 月 30 日,总声量为 251～254 则主回文,观测范围为新闻社群媒体、讨论区、部落格。

代表性。后续研究聚焦在以下 11 个反核脸书粉丝团专页:废核行动平台(网络声量:4 330)、反核部队(网络声量:1 870)、妈妈监督核电厂联盟(网络声量:1 674)、绿色公民行动联盟(网络声量:1 184)、“我是人,我反核!”(网络声量:665)、地球公民基金会(网络声量:398)、绿色和平(台湾网站)(网络声量:355)、我爱台湾反核行动联盟(网络声量:304)、爸爸非核阵线(网络声量:180)、终结核四催票大联盟(网络声量:131)、台湾环境保护联盟(网络声量:94)。

(三)资料分析方法

为了掌握网络传播从少数“活跃言者”(“我”)向“反核社群”(“我们”)的人际扩散历程,本研究通过以下 4 种资料分析工具,建立了一套分析少数“活跃言者”的论述是否被其他网民“覆诵”的操作性流程。换言之,本研究参酌测量工具是否能真正测量所欲测量事物的特质或功能的程度(程度可多可少而并非全有或全无)的效度(validity)概念,按照从效度相对较低的表面效度(face validity)到相对较高的建构效度(construct validity)再到效标关联效度(criterion—related validity)的顺序,[①]采取下列 4 种测量工具,建立了测量“覆诵”的操作性步骤。

1. 网络声量

根据“覆诵”概念的表面效度(评估者的主观评估),可以先用网络声量(主文篇数+回文篇数:主文为第一篇的发表文,回文为发表文下的回复文)来辨识本研究中的“活跃言者”,以便检视其他网络媒体使用者与其之间是否出现“覆诵”。本研究针对出现 2 次声量爆发期(3/7~3/10 以及 4/22~4/30)的 3 月 1 日至 4 月 30 日期间的资料,聚焦探讨核能相关议题者的 1 031 个频道中的网络社群网站,根据上述社群网站的网络声量筛选出了前 60 个频道。

尽管网络时代人人都可以成为言者,但是“活跃言者”带着社群价值以及被期许承担的社群责任与他人进行互动,因而本研究又排除了上述 60 个频道中有关政治人物(比如“蔡英文”“马英九”)以及新闻媒体(比如“Yahoo! 奇摩新闻”“ETtoday 新闻云”)的脸书粉丝团专页,最后只把 11 个反核脸书粉丝团专页(共计 9 469 篇文本:1 805 篇主文、7 664 篇回文)纳入了下一阶段的社会网络分析中。

2. 社会网络分析

针对 11 个反核脸书粉丝团专页进行社会网络分析,主要在于进一步了解其他网民与“活跃言者”的互动样态,并确认这些“活跃言者”的网络影响力与其网络声

① 邱皓政:《社会与行为科学的量化研究与统计分析:SPSS 中文视窗版资料分析范例解析》,台湾五南图书出版公司 2000 年版。

量的关联性。因为，各个反核脸书粉丝团专页的网络声量只能反映“覆诵”概念的表面效度而非其建构效度（回归符号融合理论中对“覆诵”的概念性定义），也就是无法反映“活跃言者”的网络影响力。

除了排除专页中来自其他来源的发帖者，进行社会网络分析前，本研究还排除了 11 个反核脸书粉丝团专页中自己发文自己回文，以及在同一篇文章下多次回文者，并设定任何网民只要对同一个“活跃言者”曾经有过一篇回文，就算作与上述“活跃言者”已经建立网络。社会网络分析的程度中心性愈高者，表示有愈多的网民与该“活跃言者”已经建立网络，也就意味着该“活跃言者”具备比较高的网络影响力。本研究假设，程度中心性愈高的“活跃言者”，愈可能成为网络传播中的关键领袖，其论述也愈可能与其他网民论述之间出现“覆诵”。

3. 词频分析

根据符号融合理论，成员之间因为出现“覆诵”而产生幻想主题，而且当团体成员之间出现“符号提示”（一个字、一个词组或一些不为外人所知的首字母）时，就会开启相互之间幻想主题的“覆诵”。[①] 因而，参照效标关联效度[②]，本研究假设，研究者可以从主文的词频分析结果与回文的词频分析结果之间是否出现高雷同度，来评估“覆诵”出现的可能性。也就是说，本研究假设，词频分析结果可以作为主文与回文之间是否出现“覆诵”的参照标准或效标。因此，本研究进行了 11 个反核脸书中“活跃言者”与粉丝之间的 1 907 篇主文以及 7 664 篇回文的词频分析（共计 2 个词频分析结果）。

4. 语意共现分析

除了以上述词频分析结果作为主文与回文之间是否出现“覆诵”的参照标准或效标，本研究进一步根据幻想主题分析的 4 个戏剧要素：角色、情节（行动）、场景以及合法化机制，从上述词频分析结果中选择了热门关键字，进行了进一步的语意共现分析（以上述关键字为中心来截取最短句子，分析当中与关键字经常同时出现的词汇），以了解主、回文常用的相同关键字与其他词汇形成的共现情形。换言之，本研究认为，语意共现分析结果可以作为主文与回文之间是否出现“覆诵”的另一个参照标准或效标。

---

① J. Cragan, D. Shields, *Symbolic Theories in Applied Communication Research*, Cresskill, NJ: Hampton Press, 1995, pp. 35－36. 转引自 E. Griffin, A. Ledbetter, G. Sparks, *A First Look at Communication Theory*, New York: McGraw－Hill Education, 2015, p. 234

② 邱皓政：《社会与行为科学的量化研究与统计分析：SPSS 中文视窗版资料分析范例解析》，台湾五南图书出版公司 2000 年版，第 3－15 页。

四、研究结果

本研究结合目前盛行的大数据分析工具——网络声量、社会网络分析、词频分析以及语意共现分析，希望回答下列4个研究问题，建立一套分析少数“活跃言者”之论述如何被其他网民“覆诵”的操作性流程：①反核社群中“活跃言者”的网络声量，是否可以用来推估“覆诵”是否会出现？②反核社群中“活跃言者”的程度中心性，是否可以用来推估“覆诵”是否会出现？③反核社群中“活跃言者”的词频分析，是否可以用来推估“覆诵”是否会出现？④反核社群中“活跃言者”的语意共现分析，是否可以用来推估“覆诵”是否会出现？根据本研究之研究成果，确证本研究所建立的“覆诵”操作流程，有助于学者专家探讨网民之间如何进行共知共识的网络传播形塑。

(一)网络声量与“活跃言者”

针对研究问题一：反核社群中“活跃言者”的网络声量，是否可以用来推估“覆诵”是否会出现？根据“覆诵”概念的表面效度(高网络声量)，本研究针对2015年3月1日至4月30日期间资料的分析结果，依照网络声量(主文篇数＋回文篇数)排序，得出了60个脸书粉丝团专页。但是，当我们再聚焦这些资料是否集中关注核能议题的讨论以及是否拥有鲜明的核电立场后，本研究得出了具备鲜明社群属性和价值观的11个反核脸书粉丝团专页(排除各个脸书中来自其他来源的发帖者，个别网络声量见表1)：废核行动平台(网络声量：3 676)、反核部队(1 594)、妈妈监督核电厂联盟(1 539)、绿色公民行动联盟(1 075)、地球公民基金会(395)、“我是人，我反核!”(390)、绿色和平（台湾网站）(346)、我爱台湾反核行动联盟(291)、终结核四催票大联盟(110)、台湾环境保护联盟(94)、爸爸非核阵线(61)。也就是说，网络声量不但可以用来辨识“活跃言者”，同时网络声量排序愈靠前面者，其回文数量也相对愈高，也就是出现“覆诵”。

表1 “活跃言者”的网络声量

作者	主文数	回文数	回文/主文比	回文者数	平均回文数
废核行动平台	340	3 336	9.81	2 026	1.65
反核部队	870	724	0.83	383	1.89
妈妈监督核电厂联盟	102	1 437	14.09	1 042	1.38
绿色公民行动联盟	102	973	9.54	659	1.48

续表

作者	主文数	回文数	回文/主文比	回文者数	平均回文数
地球公民基金会	15	380	25.33	274	1.39
“我是人,我反核!”	58	332	5.72	244	1.36
绿色和平(台湾网站)	9	337	37.44	225	1.50
我爱台湾反核行动联盟	248	43	0.17	21	2.05
终结核四催票大联盟	75	35	0.47	26	1.35
台湾环境保护联盟	63	31	0.49	26	1.19
爸爸非核阵线	25	36	1.44	20	1.80

(二)网络影响力与关键领袖

针对研究问题二:反核社群中“活跃言者”的程度中心性,是否可以用来推估“覆诵”是否会出现?本研究对上述11个“活跃言者”进行了社会网络分析,以了解其他网民与“活跃言者”的互动样态,并确认这些“活跃言者”的网络影响力与其网络声量的关联性。因为,根据社会网络分析,程度中心性愈高者,表示其在网络中和愈多的网民有关联,同时也具备更大的网络影响力。本研究根据社会网络分析结果(表2),依照网络中拥有的影响力,将反核脸书粉丝团由高而低排序为废核行动平台、妈妈监督核电厂联盟、绿色公民行动联盟、反核部队、地球公民基金会、绿色和平(台湾网站)、“我是人,我反核!”、终结核四催票大联盟、台湾环境保护联盟、爸爸非核阵线、我爱台湾反核行动联盟。从图3更可以清楚地看到,上述排序愈靠前的“活跃言者”,愈有可能是其中的关键领袖,因为他们与其他网民之间呈现出十分密集的互动样态。

表2 “活跃言者”的网络声量与社会网络分析对照表

“活跃言者”	主文数	回文数	“关键领袖”排序	回文者人数	程度中心性
废核行动平台	340	3 336	废核行动平台	2 026	3 372
反核部队	870	724	妈妈监督核电厂联盟	1 042	1 439
妈妈监督核电厂联盟	102	1 437	绿色公民行动联盟	659	975
绿色公民行动联盟	102	973	反核部队	383	780

续表

“活跃言者”	主文数	回文数	“关键领袖”排序	回文者人数	程度中心性
地球公民基金会	15	380	同左	274	380
“我是人,我反核!”	58	332	同左	244	340
绿色和平（台湾网站）	9	337	同左	225	337
我爱台湾反核行动联盟	248	43	同左	21	46
终结核四催票大联盟	75	35	同左	26	37
台湾环境保护联盟	63	31	爸爸非核阵线	20	36
爸爸非核阵线	25	36	台湾环境保护联盟	26	28

从表2的比较研究结果中可见,每一个“活跃言者”的网络声量并不一定等同于其在网络中拥有的影响力。具体而言,“活跃言者”除了积极发文之外,同时也要得到合理比例的回文篇数,也就是主文篇数应该小于回文篇数,同时回文者人数愈多愈能够展现“活跃言者”的网络影响力,也才能成为相关议题的关键领袖以启动后续“覆诵”,否则就会发生类似反核部队的情况。具体而言,反核部队的网络声量排名在妈妈监督核电厂联盟、绿色公民行动联盟之前,但是尽管反核部队积极发表主文(870篇),却未得到合理比例的回文篇数(724篇),导致其网络影响力落在上述两个团体之后。也就是说,相较于网络声量,“活跃言者”的程度中心性可以更精准地评估它们自身的网络影响力。因而,在推估“覆诵”的出现与否上,程度中心性优于网络声量。

(三)词频分析与符号提示

针对研究问题三:反核社群中“活跃言者”的词频分析,是否可以用来推估“覆诵”是否会出现？当我们将11位“活跃言者”的主文与回文内容一起分析时发现,主文与回文中常用关键字的整体相似度很高;进一步比对上述关键字,同时可以发现多数高词频关键字都可以归类进幻想主题分析的4个戏剧要素(角色、情节/行动、场景以及合法化机制)中（表3)。也就是说,反核“活跃言者”帖文(即主文)中的常用语汇,具有“符号提示”的作用。因为,这些语汇也会高频率地被其他网络社群成员用到回文中。所以,当主文的词频分析结果与回文的词频分析结果之间出现高雷同度时,可以据以进一步推估存在“覆诵”。

表3 11个反核“活跃言者”主、回文常用关键字

主文常用关键字（戏剧要素/频次）	反核（行动/1 346）、核四（场景/1 190）、废核（行动/1 152）、台湾（场景/1 134）、人民（角色/469）、能源（合法化机制/366）、核电厂（场景/363）、林义雄（角色/353）
回文常用关键字（戏剧要素/频次）	反核（行动/1 685）、核四（场景/1 905）、废核（行动/669）、台湾（场景/2 274）、人民（角色/763）、能源（合法化机制/460）、核电厂（场景/484）、林义雄（角色/355）、核废料（合法化机制/603）、台电（角色/507）

（四）语意共现分析与幻想主题

针对研究问题四：反核社群中“活跃言者”的语意共现分析，是否可以用来推估“覆诵”的出现与否？本研究的语意共现分析结果显示，11位反核“活跃言者”的主、回文之间存在3个被“覆诵”的幻想主题：反核是由“我们”与“你们”成为“大家”的行动、林义雄禁食反核转化为台湾行动表征、“核废料”放“你家”的反核正义吁求，同时也浮现出一个共享的语艺视野：反核是责无旁贷的全民行动。也就是说，不但可以用“活跃言者”的语意共现分析来推估“覆诵”的出现，还可以进一步从中发现幻想主题与语艺视野。

首先，以第一个幻想主题为例，主文中与“反核”共现频次最高者为“废核”，而“我们”一词与“反核”的共现频次也极高。显而易见，“反核”与“我们”以及“废核”具有高度关联性，无疑是在标榜“反核”与“废核”是“我们”的事，借以号召人们参与反核行动。回文中与“反核”共现的词汇中第3、5、6名，分别为“你们”“我们”“大家”。换言之，在主文中强调“反核”是“我们”的事，经由回文“覆诵”后，意义更加展延成复数第一人称的“大家”，重点在运用第二人称的“你们”，而非采取第三人称“他们”的对立指称，凸显的是“我们”与“你们”具有彼此共同合作成为“大家”的行动契机。

其次，主文中“林义雄”最常与“禁食”“行动”“停建核四”共现（共现频次分别为第1、2、4名）。由这些常见的共现词汇可推知“林义雄”“禁食”与“停建核四”的重要关联性，采取禁食如此激烈的手段，可见此事已非同小可，这可以号召更多的人注意与支持反核行动。与此相对，回文中，“林义雄”则与“台湾”语意共现频次最多，共现频次第3、4、6名分别为“核四”“反核”“禁食”。也就是说，“林义雄”与“台湾”语意共现，在于标榜“林义雄”与“台湾”的相互关联性。也就是“林义雄”此一关键字经过反核脸书回文的意义展延后，更与“台湾”论述相联结，“林义雄”已具备台湾标杆人物的正当性地位。因此，这“覆诵”的是第二个幻想主题：林义雄禁食转化为台湾行动的表征,台湾民众必须共同声援反核行动。

再次,针对第三个幻想主题:“核废料”放“你家”的反核正义吁求,主回文常见关键字“核电厂”主要与“核四”“台湾”共现(频次分居第1、2名)。另外,它也常与“辐射”“污染”共现。但是,在回文部分,它除仍与具反核意义的“台湾”相互联结共现外,还与“核废料”共现(共现频次为第2名),再次彰显出在反核网络社群成员“覆诵”过程中,更会形成意义展延现象。也就是说,“核废料”无处可放的问题,或是台湾发展核电历史中,将一些低辐射污染的核废料径自放在兰屿岛上的做法,更会唤醒人们的反核意识。事实上,由表3可知,“核废料”一词在主文中并非是常用的关键字,但在回文中则为常用关键字。若直接以“核废料”一词进行语意共现分析,共现频次最高的前3名分别为“处理”“你家”“台湾”(与“核电厂”共现频次居第7名)。由此可见,“核废料”在“覆诵”过程中,经由意义展延作用,形成了特定召唤反核认同的吁求。尤其是回文中“核废料”常与“你家”语意共现,强调核能产生核废料等嫌恶物品,进而反问人民:难道你们愿意把核废料放在“你家”附近?这样形成了邀请人们评判正义的语艺诉求策略。

此外,本研究也发现,11位反核关键领袖的主回文之间存在一个共享的语艺视野:反核是责无旁贷的全民行动。本研究还发现,在反核脸书主回文中出现的关键字,以及其与各自关键字的语意共现情形,确实呈现出幻想主题的“覆诵”特征。但更值得注意的是,上述归类的幻想主题表明,反核网络社群的成员们经由“覆诵”过程更会进行意义展延,更会强化与扩大语艺诉求支持认同的作用。这样,形成了反核是责无旁贷的全民行动的语艺视野,进而增加了彼此说服与认同的效能。

五、研究结果讨论

(一)研究贡献

本研究在许多方面成功地突破了既有符号融合理论研究的局限性,尤其是对于日后在网络传播上进行幻想主题分析方面,本研究提供了推断网络社群是否出现“覆诵”的操作流程,十分具备参考价值。本研究结合大数据资料分析工具,筛选了分析样本。本研究共计分析了11个反核脸书粉丝团专页中的1 805篇主文、7 664篇回文,突破了既有符号融合理论研究仅能针对少数文本进行分析的局限性,同时也提供了把量化研究嫁接到质性研究上的幻想主题分析方式。

此外,本研究结合大数据资料分析工具,建立了一套探讨网络社群是否出现“覆诵”的操作流程,弥补了既有符号融合理论欠缺“覆诵”操作性定义的不足。具体而言,网络声量分析结果可以协助研究者辨识网络中具备鲜明社群属性和价值观的“活跃言者”。同时,网络声量排序愈靠前者,其回文数量也相对愈多,也就是出现“覆诵”。根据社会网络分析结果,本研究进一步得出,“活跃言者”的网络声量并不等同于其网络影响力,因而在推估“覆诵”的出现与否时,程度中心性优于网络声量。根据词频分析结果,本研究发现主文与回文的词频分析结果出现高雷同度时,代表其中存在幻想主题被高度“覆诵”的可能性,因为反核“活跃言者”帖文(即主文)中常用的语汇,具有符号提示作用。不但可以用“活跃言者”的语意共现分析来推估“覆诵”的出现与否,还可以进一步从“活跃言者”的语意共现分析中发现幻想主题与语艺视野。

(二)研究局限性与未来研究方向

针对一些研究者进行幻想主题分析时处理“覆诵”的做法,坦普尔(Temple)指出,多数研究者在提出特定幻想主题时,不是转述研究对象的论述,就是直接引述研究对象的论述,无论哪一种做法都预设了幻想主题是逐字逐句被“覆诵”的。他认为,作为一种语艺批评方法,不应该预设幻想主题在“覆诵”过程中可以维持最初的样貌。因而,进行幻想主题分析时必须允许幻想主题存在坦普尔所说的“意义延展”的情况。

本研究所使用的 4 种测量“覆诵”的工具,主要建立在幻想主题是逐字逐句被“覆诵”的预设上。本研究主要针对符号融合理论欠缺“覆诵”的操作性定义,导致研究者通常只能主观地判断“覆诵”出现与否的缺点,希望提出一套可以具体测量或评估“覆诵”的标准。所以,应用符号融合理论来探讨网民之间如何进行共知共识的网络传播形塑时,如何能够兼顾社会科学研究的实证精神与幻想主题分析的语艺批判精神,成为研究者必须克服的困难之一。

〔作者单位:台湾世新大学新闻传播学院口语传播学系〕

“微”时代下青年亚文化自我表达的转向思考

——以开心麻花团队的“春晚”作品为研究对象

◎罗 奕 梁 媛

摘 要:自 2011 年,以 80 后为创作主体的开心麻花团队登上中央电视台春节联欢晚会(以下简称“春晚”)舞台后,其作品能在主流意识形态宣传和反映社会大众文化环境、民间话语取向之间获得一定的平衡,为春晚语言类节目带来了一股清新之风、注入了新的活力,堪称当代青年亚文化的优秀文本。本文运用批判性话语分析方法,对开心麻花团队的春晚作品在题材选择、文本修辞等方面进行研究,探讨“微”时代下,青年亚文化在与主流文化的博弈和协商中,其文本话语实践的转向及与社会文化环境的互动关系。

关键词:“微”时代 青年亚文化 开心麻花 批判性话语分析

道格拉斯·凯尔纳指出,批判性的文化研究使人们能够剖析当代媒介文化产品,从而获得应对文化环境的能力。[①] 当前的文化研究离不开“亚文化”这个命题,随着时代和媒体技术的发展,亚文化研究的现实意义愈发显著。“语言的神圣性往往与社会制度的神圣性联系在一起。”[②]开心麻花团队给春晚语言类节目带来了一股清新之风、注入了新的活力,其作品在每年春晚平台播出之后,都会促成阶段性的新兴流行文化。这说明这些作品的表现形式既能服务于主流文化宣传的需要,又能迎合当前的大众文化环境和民间话语取向。受众把这些作品表面的文本解码成潜意识里的暧昧符号,促使形成在主流话语下一定程度的反抗和亚文化指向下的符号消费。

---

① 〔美〕道格拉斯·凯尔纳:《文化研究、多元文化主义与媒体文化》,赵士发译,《国外社会科学》2011 年第 5 期。

② 黄晓武:《文化与抵抗——伯明翰学派的青年亚文化研究》,《外国文学》2003 年第 2 期。

一、结构性仪式:春晚载体下主流文化的尴尬

学者吕新雨认为,在现代中国,春晚是传统家族仪式所连接的天、地、神、人的观念及其实质在现代社会中衰落后的结构性仪式填补。因此,作为新民俗,春晚成为现代民族国家及家庭的仪式行为。春晚自 1983 年开播以来,至今已经走过了 30 多年,作为一台全国性的晚会,其受众的范围广泛,影响力大,春晚的政治功能和社会教化功能时刻在凸显。纵观 1983 年至 2015 年的春晚主题,它们都离不开“团结、奋进、活泼”等字眼。1993 年至 2015 年的春晚主题虽然在不断变化,但是基调依然是不变的。“在这一意义上,春晚逐步演变为一个建构民族国家意识形态的政治仪式,一个叙述和建构民族国家共同体的媒介事件,这一共同体中包含了个体认同、家庭团圆、社会祥和、民族复兴、国家富强的多层价值链,并在此基础上实现了全民的道德伦理教化和民族国家意识形态的宏大整合。”①春晚作为世俗仪式的庆典,其意义在于建立平民大众第二世界的狂欢式生活。按照巴赫金的“狂欢理论”,第二世界是在官方世界的彼岸建立起的完全“颠倒的世界”,打破了阶级、财产、门第、职位、等级、年龄、身份的区别与界限,使人们得以平等而亲昵地交往、对话与游戏,尽情狂欢,对一切神圣物和日常生活的正常逻辑予以颠倒、亵渎、嘲弄、戏耍、贬低、歪曲与戏仿。在春晚节目中,语言类节目受到关注的重要原因也在于此。在春晚这样的叙事话语体系下,语言类节目承担了既要与春晚整体的赞美主题相协调,又要与春晚提倡的“针砭时弊”相结合的任务,这也使得相对于网上铺天盖地的“段子”和恶搞来说,春晚的“笑料”显得有点像“小儿科”,②主流文化所着力体现的“全民”意识形态难以引起共鸣。

二、微时代下的新媒体催生青年亚文化的狂欢化

传播学者麦克卢汉说:“媒介是社会发展的基本动力,也是区分不同社会形态的标志,每一种新媒介的产生与运用,都宣告我们进入了一个新时代。”随着新媒体技术和移动终端完全介入到整个社会日常生活的运转中,微博、微信、论坛和内容社区等“社会化”媒体蓬勃发展,占据了人们日常生活中获取信息的各个方面,在抢占人们注意力的同时成为大众传播的主要形态,也将我们带入了一个崭新的“微”传播时代。尤尔根·哈贝马斯认为大众媒介早已成为人们表达的公共领域,

---

① 史冬冬:《复调与悖论:央视春晚的叙事话语研究》,《南方电视学刊》2012 年第 6 期。

② 郭镇之:《从服务人民到召唤大众——透视春晚 30 年》,《现代传播》2012 年第 10 期。

“每一个公共领域都对其他公共领域保持开放状态。它们的话语结构源于一种不加任何掩饰的普遍主义倾向。所有的局部公共领域都指向一个总体性的公共领域,而依靠这个总体性的公共领域,整个社会形成了一种自我认识”。[①] 2011年的微博元年打破了向来由国内传统大众媒体掌握话语权和表达权的局面,说教意味浓厚、官方模式化的话语体系不再受到公众尤其是青年们的青睐,他们有了更多表达的自由和空间,“人人皆有麦克风”,一直以来受到主流媒体所抑制的青年自我表达寻找到了突破口,他们试图做出一种文化抵抗的姿态。有学者指出:“青年亚文化是弱势群体抵抗霸权的结果,是社会变迁和危机的症候和隐喻,为不公平和不合理的社会病灶提供了象征性的解决方案,对强势文化、权力阶层进行了符号层面的挑战。”[②]草根化、狂欢化是这类亚文化话语最大的特征,反讽、戏谑、模仿等表达方式受到欢迎。在达尔格伦(Dahlgren)看来,公共领域乃至社会都必须通过公民之间社会文化互动的方式才能被真正理解,“规范、集体参考框架,乃至我们的身份认同,最终都源于社会文化互动”。互动不仅关系到人们“说”了什么,而且关系到主体间的交互性(intersubjectivity)和人们的身份认同,继而会“改变人们的归属感和参与能力”。[③] 比如,在早期的“凡客体”和热点新闻事件“躲猫猫”“我爸是李刚”中,公众都在进行类似的符号消费,追求背后的隐喻意义,进而形成了一种当前我们所见到的青年亚文化狂欢。有学者指出,亚文化与主流社会政治、经济、文化的持续互动,应该成为研究亚文化的最重要方面。“微传播时代的文化以此表现出微时代不一样的文化特质。媒介与当下鲜活而多变的社会、政治状况相连接,常常会表现出更为复杂的特性。”[④]随着当前新的传播技术的兴起和发展,各种符号化的商品和消费行为正逐渐构成青年亚文化标榜自我、寻求意义的重要素材。

三、仪式与狂欢:青年亚文化文本叙事转向的话语体系分析

媒介研究的里程碑之一是对文本进行的批判分析。批判分析经常被称为“解读”媒介文本,它是对媒介内容产生的意义所进行的严密文本研究。英国语言学家诺曼·费尔克拉夫(Norman Fairclough)指出,批判性话语分析不仅要描绘话语实践,还要揭示权力与意识形态如何联系在一起而构成了话语,以及话语又如何构建社会关系和社会结构框架。批判性话语分析包括了三个部分:第一,文本,即被说

---

① 〔德〕尤尔根·哈贝马斯:《现代性的哲学话语》,曹卫东、王晓珏、刘北城等译,译林出版社2004年版。

② 胡疆锋:《反文化、大众文化与中国当代青年亚文化》,《新疆社会科学》2008年第1期。

③ 尹连根:《结构·再现·互动:微博的公共领域表征》,《新闻大学》2013年第2期。

④ 雷启立:《“微传播”时代的文化特质》,《编辑学刊》2010年第4期。

出来或写出来的语言;第二,话语实践,即话语生产、传播和消费的过程;第三,社会文化实践,即制造和传递话语的社会文化环境、社会体制和社会结构。本文所选取的青年亚文化文本为以80后为创作主体的开心麻花团队近几年在春晚登台演绎的语言类节目,它们既没有明显的南北文化鸿沟,也没有刻意凸显教化功能。它们的颠覆与重构色彩和浓厚的草根味给人耳目一新的感觉,并且拥有符合大众口味的话语文本,依靠"微传播"时代的渠道,迅速传播,热度大增。特别是新成长起来的90后、00后更处于新的认同空间中,他们更加注重使用网络热词来展示自身的个性和态度。开心麻花团队的作品恰好符合了这些特征,受到他们的欢迎。作为登上春晚、被主流文化所认可的青年亚文化文本创作者,开心麻花团队在创作表演时能将仪式和狂欢两者相融合,实属不易。① 本文试图以批判性话语分析方法,探讨开心麻花团队是如何在文本、话语实践和社会文化实践三个层面实现平衡的。

表1 开心麻花团队的春晚作品及题材

年份	作品(小品)	题材
2011	《落叶归根》	房价过高的问题
2012	《今天的幸福》	中央电视台提问"你幸福吗?"
2013	《今天的幸福2》	中央电视台提问"你幸福吗?"
2013	《大城小事》	城市张贴广告乱象
2014	《扶不扶》	引起热议的扶摔倒老人话题
2015	《投其所好》	反腐话题

1.文本——拼贴和建构的互文性

克洛德·列维·斯特劳斯(Claude Lévi—Strauss)认为,利用拼贴的方式,原始人从原有的物品及意义中创造出了新的意义。克拉克认为拼贴可用来解释亚文化风格的产生,亚文化风格不是亚文化青年凭空捏造或想象出来的,它是借助已有的物品体系和意义系统,通过对这些物品的挪用和对意义的篡改来创造的。② 费尔克拉夫也提出,建构的互文性在各种类型的文本之间进行转换和再创作,从而体现出受众的抵抗式和协商式的解读能力。开心麻花团队的作品,对当年微博、微信、贴吧里的时事热点和网络新词的巧妙拼贴和利用,以及作品的言语策略在台词中得到了体现。"拼贴虽然也指实际的行动,指亚文化对商品的占有和挪用,但是它也暗

---

① 班建武:《符号消费与青少年身份认同》,教育科学出版社2010年版,第127—132页。
② 黄晓武:《文化与抵抗——伯明翰学派的青年亚文化研究》,《外国文学》2003年第2期。

含了语义层面的运作，即意义的生成和转化。”①这个特点在开心麻花团队的其他作品中也得到了体现。如《今天的幸福》将当年最火的穿越剧题材搬到了节目中，故事中关于穿越的台词不断，演员的表演也引发了观众爆笑。《今天的幸福2》将网络流行语“打败你的不是天真，而是无邪”进行诠释，引发了观众会心大笑。同时，这些作品还运用了同音异形字的异义，如“郝”与“好”“建”与“贱”“洗枣”与“洗澡”“分梨”与“分离”“郝建”与“好贱”等，来展示言语策略，指向观众心中“你懂的”的内涵意义。

片段一：

邓小亮：郝建！

郝　建：哎！别管我叫郝建啊，你要么就管我叫小郝，要么管我叫大建，就别连着叫，郝建郝建（好贱好贱）的多暴露我性格啊！不行！我真帮不了你，我走了。

片段二：

老　板：给你留门啦。

郝　建：听着没有，多么蹊跷的留门！（推门进来）老板你人呢？给谁留门呢这是？是我！问心无愧的郝建呐！

老　板：什么？我听不清！我洗澡（枣）呢！你过来说！

郝　建：哎呀！我就先不过去了吧！

老　板：你真会赶时候！正好，我刚洗的枣（澡）。（端着枣出来）郝建？

郝　建：（看见老板后跑过去）啊，老板！原来你洗的是能吃的大红枣啊！呵呵！（吃了俩枣）

片段三：

艾　伦：哥！哥！我不想干了！你当初说得多好，带我来北京搞传媒，这怎么发上小广告了？

王　宁：哥不给你解释了么？（亮出传单）这是啥？

艾　伦：传单。

王　宁：（扔掉传单）哪去了？

艾　伦：没了。

王　宁：传（单）媒（没）么！

艾　伦：那传媒大学是不是都是干咱们这行的？

王　宁：你是不是傻呀你？人家传媒大学就是培养发小广告的？人

---

① 黄晓武：《文化与抵抗——伯明翰学派的青年亚文化研究》，《外国文学》2003年第2期。

家是设计小广告的!

亚文化是一种“有意为之”的交流,它把注意力引向自身,不是透明地传达信息,而是展示自己的符号性,“传递一种重要的差异,这是所有景观性亚文化风格的关键”。[①] 在引起热议的小品《扶不扶》中,同样有着不可忽视的言语策略和效果营造。根据网络热点以及网络流行语,运用符合大众口味的语言表达,也符合大众的文化消费习惯,再次形成了一种“文化景观”。如主人公郝建被摔倒的老太太诬陷的时候说的台词——“我怎么还成逃逸的了呢?老这么说话咱们以后还能不能一起玩耍了?”不胫而走,引爆社交网络,大受欢迎。路人甲见到摔倒的老太太未主动去扶而做出拍照举动并将照片发到社交媒体的场景,以及路人乙对郝建诉说惨痛的扶老人经历的寥寥数语,与大众面对网络热点时的应对心态和背后的解码消费喜好息息相关。

片段一:

老太太:怎么的,你还想走啊?

郝　建:走肯定是不赶趟了,我得跑了!

路人甲:媳妇,我马上到家了,别着急哦!等等,我看见有个老太太摔倒在大马路上,也没个人来扶一把。你说现在这社会风气怎么就成这样了,别人不管,我管!大妈,您别动啊!(照相)我马上发条微博好好谴责一下这种行为,让爸妈都转都评论。媳妇,记得给我点赞哦!哎呀,这老太太摔得老惨了哟!……

片段二:

路人乙:(骑着单车)怎么了小伙子啊?

郝　建:这儿有个老太太。

路人乙:(小声)哎哎!你撞的啊?

郝　建:真不是啊!

路人乙:快跑……我扶过仨。

郝　建:结果呢?

路人乙:这么跟你说吧,哥以前开的是大奔!(路人乙洒泪离去,郝建鞠躬目送。)

以反腐为主题的小品《投其所好》以犀利幽默的台词获网民评价“够辣”,如“马屁精”马科长劝服小科员郝建陪领导打乒乓球以获得升迁机会时所说的话:“这是

---

① 黄晓武:《文化与抵抗——伯明翰学派的青年亚文化研究》,《外国文学》2003 年第 2 期。

一个让你们家祖上都诈尸的好机会”“这是你人生的天梯啊！”，郝建称赞马科长的话：“你这马屁的功夫都是血液里流淌的”“嗯？噢！听君一席话，颠覆人生观”等，都符合“只可意会不可言传”的幽默表达，又有深层次的含义在内。

2. 话语生产、传播、消费过程——戏谑、反讽、黑色幽默的隐喻式题材

开心麻花团队的作品选择的题材都是隐喻式的，并通过戏谑、反讽、黑色幽默的话语生产、传播和消费在狂欢和仪式间转换。2011 年的小品《落叶归根》，由常远、王宁和艾伦三位男演员分别扮演卖坟者、买坟者和外国友人。故事围绕买坟卖坟展开，看似隔靴搔痒，其实却暗讽了当年公众关注的社会事件，如城管与小贩间的矛盾、房价的居高不下等。该小品并不靠方言，也不依赖肢体动作，完全用台词来取悦观众。“坟”跟“房”都是“F”开头的，观众自然知晓其背后的意义。比如这一段台词：

片段一：

谢　蟹：长辈走了，做晚辈的花点钱怎么了？你最贵的坟能贵到哪儿去？

卖坟者：四万八一平方米。

谢　蟹：(愣)最便宜的呢？

卖坟者：四万七。

亨　利：哇，比我们那边还贵！

片段二：

谢　蟹：按说人死后是要重新投胎做人的，不过往骨灰盒上种棵树合适吗？将来投胎做植物人啊，还是植物大战僵尸？

亨　利：落叶归根啊，孩子，你就圆了死者的心愿吧！

谢　蟹：不是我不圆，一个破坟卖四万多，还让不让人活了？

卖坟者：嘿嘿嘿，活人是不会住在坟里的，所以坟价才死贵死贵的。

该作品达到了借用高房价的事实进行抖包袱的目的，也营造出了令人会心一笑的效果。坟墓价格飙升隐喻的是让人难以承受的高房价，这也是大众消费的小品内容。2012 年的小品《今天的幸福》的话题源自当年中央电视台新闻中的“你幸福吗？”这个引起全国民众热议的问题。2013 年的小品《大城小事》揭示了城市生活中乱贴小广告的现象。2014 年的小品《扶不扶》中，开心麻花团队把“扶不扶”这个热词搬上了春晚，上演了一个扶老太太的故事。其中一句“人倒了还可以扶起来，人心倒了可就扶不起来了”引发受众共鸣。2015 年春晚中，反腐题材的语言类节目备受关注。《投其所好》作为第一个上台的讽刺官场不正之风的小品，获得了广大

受众的肯定。有受众称其台词尺度很大，让人听得极其过瘾。在中央全力反腐、“全民反腐”的热潮中，小品《投其所好》讽刺的是某位女科长扮演“马屁精”巴结领导的故事。由于新来的领导清明廉洁，最终出现让“马屁精”女科长“下课”这样一个正能量的结局。

3. 作品与社会文化的话语实践关系

亚文化具有一种与官方文化对立的意义，“这种对立的意义可以通过互不排斥的两种方式得到：一是‘相对于主导的意义系统而言，那些产生于被统治团体经验和意识的意义，可以被带到表面，从而改变原来的话语系统’”。[①]“微”传播时代的技术发展，使人们可以在一定程度上脱离主流媒体的掌握，以一种独立自由的姿态来决定自己的话语表达，并能对抗所谓的官方话语体系，有一种巴赫金笔下“狂欢化”的大众文化氛围。我们可以看到开心麻花团队的作品也流露出对这种倾向的迎合，但也要看到，开心麻花团队所做出的这种文本表达实际上是一种流行文化。流行文化“肯定性”取向的符号消费由于具有明显的娱乐特征，追求的是个人在消费过程中的愉悦性体验。青年亚文化往往是以流行文化为特征的符号消费所包含的身份认同，其意义主要在于追求一种外在的时尚，满足于商品本身所带来的感官愉悦性。因此，它往往容易博得人们的喝彩，成为人们缓解压力、忘却烦恼的重要途径。但是，从根本上来说，流行文化更多的是一种“肯定文化”，很少带给人们思考的空间，往往在笑声过后再也不会引起人们的注意。流行文化“缩短了与现存秩序的距离，成为粉饰和美化的工具”。总之，备受年轻观众喜爱和关注的开心麻花团队，如何在保证其反讽、戏谑、黑色幽默的内核下与春晚的传统仪式性主流话语体系保持平衡，需要进一步思考和实践。

〔作者单位：广西艺术学院影视与传媒学院〕

① 〔英〕斯图亚特·霍尔、托尼·杰斐逊编：《通过仪式抵抗：战后英国的青年亚文化》，孟登迎、胡疆锋、王蕙译，中国青年出版社 2015 年版，第 178 页。

视觉传播与口语传播的共生

◎罗 萍 朱 墨

摘 要:人类的传播活动从来就不是只有单一的形式。口语传播与视觉传播共同承担人类传播活动的任务,才能达到最佳的传播效果。广告传播从本质上说是一门说服的艺术。在广告说服中往往需要口语说服和视觉说服共同承担说服的任务,离开了其中任何一项,广告传播都是不完整的。在广告传播中视觉说服与口语说服共生共存,互为补充;充分展现各自魅力,又浑然一体;互相协作,各司其职,又绝不平分秋色。视觉说服与口语说服是说服相融合的典范。

关键词:广告 视觉说服 口语说服

众所周知,人类传播活动发生的一开始,就不是只有单一的形式,人类的口语传播一直都伴随着这样那样的手势、动作、表情,甚至声音的高低、悲喜等一定的画面形象。因此,人类的任何传播活动都需要口语传播与视觉传播共同承担传播的任务,这样才能达到最佳的传播效果。广告传播从本质上说是一门说服的艺术。广告说服需要口语说服,但仅仅有口语说服还不够。广告说服往往需要口语说服和视觉说服共同承担说服的任务,离开了其中任何一项,广告传播都是不完整的。

一、视觉传播与视觉说服

视觉传播的历史可以追溯到人类历史的早期,它与口头传播共同是人类早期信息传播的主要方式之一。人类信息传播的最初方式主要以形象沟通为主,原始人通过简单的手势、肢体语言、声音、结绳记事及手绘图画等手段和方式进行沟通交流。在文字尚未产生的原始时期,视觉形象传播的贡献是巨大的。美国哈佛大学艺术心理学教授阿恩海姆认为,画画是人类先天的才能,儿童也都会画画。阿恩海姆进一步指出，如果我们觉得自己不会画画，那并不是天生不会，而是因为后天已经有了语言文字作为沟通方式，绘画沟通那部分能力长期不用，就慢慢沉睡了，所以人们需要唤醒自己的形象表达能力。尽管原始绘画的开端或许源于无意识的涂鸦，但随着原始绘画的发展出现了洞窟壁画。人类文明又经过若干时代的发展演进，人类美术日趋成熟，发展为多画种、多流派、绘画与艺术设计互为补充又相互独立的理论与实践逐步完善的艺术学科。视觉传播是融合艺术学领域与传播学领域的跨学科研究领域，也是一个多学科交叉，融合和积淀了传播学、艺术设计学、广告学等知识，并自成体系的研究领域。

关于视觉传播与视觉说服的概念关系，前者是形式和功能，后者是目的和方法；前者涵盖广泛，后者是前者领域中的一个具体的部分。国内关于视觉传播的文献大致可以分为以下几个类别：影响研究（视觉说服对受众的影响）、特性研究（形象特性对说服的作用）、策略研究（视觉说服在传播中的策略、公益广告中的视觉说服策略）、形象研究（政治形象、国家形象）、效果研究（视觉说服的营销力、视觉说服的影响力）、技巧研究（视觉修辞、形式美法则、表现技巧）等。以广告的视觉传播目的为例，广告的视觉传播立足于通过视觉形象传播，展示广告信息，说服消费者，引导消费，促成购买。从狭义上来讲，是广告传播的艺术就是说服的艺术。

对视觉传播的研究起步于 20 世纪 50 年代，在 20 世纪六七十年代逐步扩大、深入。对视觉传播的研究主要在美国起步和发展，出现了一系列著作，如 N. R. 汉森的《发现的模式》、鲁道夫·阿恩海姆的《视觉思维》和《艺术与视知觉》、保罗·M·莱斯特的《视觉传播：形象载动信息》、詹宁斯·布赖恩特和道尔夫·兹尔曼主编的《视觉传播手册：理论、方法和媒介》、保罗·梅萨里的《视觉说服：形象在广告中的作用》、E. 贡姆勃里希的《艺术和幻觉》、V. B. 德罗歇的《感官的魔术》，等等；产生了视觉传播学（Visual Communication）、视觉教养理论（Visual Literacy）、双通道编码理论（The Dual Coding Theory）、多渠道传播与提示——累计理论（The Multiple—Channel Communication and Cue Summation Theory）、马歇尔·麦克卢汉的媒体划分理论——“冷与热”理论等。1969 年成立的国际视觉素养学会（IVLA—International Visual Literacy Association），使视觉传播研究成为一门专门的学科。

视觉说服理论是近年逐渐兴起的一门新兴边缘学科，美国宾夕法尼亚大学传播学教授保罗·梅萨里 1997 年根据对前人研究的总结和自己的研究发现，在《视觉说服：形象在广告中的作用》一书中，以视觉说服的特征为出发点，分析了商业、政治、社会问题等各种类型的广告，并特别讨论了在跨越多种文化之间的广告中图像的作用。自 2000 年以后，越来越多的学者都开始试图对视觉说服进行综述性研究。在已有的关于视觉说服的研究中，很多都依托于说服效果、说服策略的研究和修辞学研究。这些研究主要涉及广告中的视觉说服、视觉说服在媒介中的效果、受众对视觉说服的认知加工、精神加工过程和情感反应、视觉说服策略、视觉和语言的技巧对比、视觉修辞的综述、视觉传播中的危机性、视觉说服中的具体人物说服力(模特、政治领导人形象)、视觉形象在学界和大众传媒中的呈现差异、视觉说服在法律等领域的应用、视觉说服的真实性与伦理、视觉说服与品牌文化等方面。

但在传播学领域,口语说服的研究比视觉说服的研究有着更为长久的历史。传播学是以口语传播研究为开端的,因而口语说服也就为视觉说服提供了可参考和借鉴的理论体系。比如,修辞学是语言学的一门学科,研究提高语言表达效果的规律,揭示修辞现象的条理、系统,指导人们运用和创造各种修辞方法以恰当地表现所要传达的内容。修辞学最早由柏拉图的学生亚里士多德发展起来,这时的修辞学更适合称为修辞术。在亚里士多德所著《修辞术》的开头第一句话中,他把修辞描述为辩证法的相对物,即辩证方法是找寻真理的要素,修辞方法用作交流真理。在中国古代,先秦时期就已经有了关于修辞的零星言论,如庄子很重视寓言的效果,惠施十分重视比喻手法。两汉时期的学者曾激烈讨论《诗经》的基本修辞手法:赋、比、兴。口语说服中的说服学(Persuasion),源自古典说服理论。它在西方以亚里士多德的《修辞学》为代表,在东方以中国先秦诸子的"名""辩""言"之说为基础,至今已发展出较为完善的体系。这些研究方法与体系等都被后来研究视觉艺术的学者们在很大程度上所借鉴。视觉说服既是对口语说服理论的继承和发展,又是对图像这一独特领域的说服技巧与特性以及受众与产品之间的联系的挖掘和研究。视觉说服研究也是对传播学、广告学、说服学、图像学的补充与完善。

二、视觉说服与口语说服的共生

上文说到视觉传播是融合艺术学领域与传播学领域的跨学科研究领域,那么广告学范围中的广告设计领域,与视觉传播最具密切关系。广告设计以优美的形象与色彩向人们传播各种商业或公益信息,通过感人的艺术形式,可以明快准确地传递信息,有力地树立利于销售的形象。广告传播必须注重审美功能、商品推广效果与社会效果。视觉艺术传播是广告作品的主要表现形式,视觉说服是广告作品的目的和方法。艺术含量体现广告作品的品质,因为有了较高的艺术含量,才能为世人所喜闻乐见,具有说服力和感染力。广告作品必须有艺术含量,是由广告的特性所决定的。要想通过广告创立名牌、推销新产品,扩大销售,促进流通,提高企业知名度,取得更大的经济效益,就要进一步打动消费者,循循善诱,这种说服感化的手段只有艺术方式才能很好地提供。值得注意的是,广告既然是一种面向大众的宣传,就必须关注自身内容的健康与形式的美感。广告的社会作用和责任也决定了它必须具有较高的艺术水准。各种优秀的户外广告、交通广告和店面广告等美化了生活环境,给城市带来了多彩的魅力,对社会的精神文明建设起到了潜移默化的促进作用。各种精美的艺术审美品位高的广告,是对人们的一种审美教育。反之,低劣的广告只能造成社会污染,因为广告视觉传播中的内容和形象都对社会起到极大的美化或丑化作用。

广告视觉作品研究的对象,包括可视的图形如何更好地展示形象和进行视觉说服,以及语言文字如何更好地发挥配合画面形象、画龙点睛、触动灵魂的作用。广告视觉作品研究的对象如下图所示:

- 广告视觉作品研究对象
  - 广告传播中的视觉图像
    - 平面印刷传媒中的广告视觉形象
    - 影视传媒中的广告视觉形象
    - 电子传媒中的广告视觉形象
  - 广告传播中的广告文字内容
    - 印刷传媒中的广告文字内容
    - 影视传媒中的广告文字内容
    - 电子传媒中的广告文字内容

广告视觉作品研究的对象图

如上图所示,广告视觉作品传播需要视觉说服和口语说服共同承担说服的任务。语言艺术与图形艺术是广告作品的两大支柱,离开了其中任何一项,广告传播的信息就不完整。它们共同承担广告传播的任务,缺一不可。上图中的平面印刷传媒的广告传播由视觉形象包括可视的图像和语言文字整合而成,而平面印刷传媒中的广告视觉形象研究包含十分丰富的专业知识,如有关视觉造型美感,有关视觉创意,有关视觉表现技法风格,有关视觉修辞,有关视觉色彩,有关视觉空间和留白,有关广告字体,有关平面媒体与新科技等的知识。语言文字作为广告文案不仅需要丰富的口语传播知识与专业的人文学科背景,还需要较宽的知识面、较高的学识修养和丰富的专业知识。

视觉传播的图形主要承担展示外在形象的作用,口语传播的语言文字重在塑造内部的核心内容,是广告的灵魂所在,并为形象作进一步说明。比如,一位同学的作品是"回避伞"产品的平面广告。图像中一位典雅女子撑伞伫立于蒙蒙细雨中,图形创意一般,但文案借用张爱玲的名句——"等待雨,是伞一生的宿命——伞等待的是雨,我等待的是你",很感人,让人久久难以忘怀。此文案起到了画龙点睛、补充形象不足、触动灵魂的作用,是优秀文案。

总之,在广告传播中视觉说服与口语说服共生共存,互为补充;充分展现各自魅力,又浑然一体;互相协作,各司其职,又绝不平分秋色。广告传播中的视觉说服与口语说服是视觉说服与口语说服相融合的典范,是视觉传播与口语传播共建的一道绮丽的人文风景线,值得同行继续做深入的探讨和研究。

〔作者单位:厦门大学新闻传播学院〕

口语传播与网络

微时代自媒体传播对语言及信息文化安全的影响

◎王 青 郭宝光

摘 要:当今社会,自媒体已经成为大众传播的主角。微博、微信、陌陌、米聊等这些伴随着网络时代到来的新鲜“微”事物,在大众生活中普及开来。微时代已经到来,“微”的能力不容小觑。“微文化”是基于微博、微信而诞生的一种新兴的媒介文化,是媒介文化新的创造方式和延伸体,是自媒体传播方式。“微文化”传播具有主体个体化、内容多元化、方式交互性等特点,这些特点导致了大量微信息的碎片化、多样化和快餐化。

人类是自媒体的使用者、信息的生产者与消费者。人类的语言在传播过程中发生了重大变化。一方面,新生词汇极大地丰富了人与人之间的交流,符号化、视像化的语言让人们随时体会到生产者的不同心情。另一方面,日常生活口语的扭曲、生造、变形现象时有发生,语言暴力的倾向随处可见,随之带来的文化信息安全问题也不得不引起我们重视。因此,微时代的大众传播对于语言的影响关乎着传播的健康性以及信息的安全性。

关键词:微时代 自媒体 口语传播

当今社会,自媒体已经成为大众传播的主角。微博、微信、陌陌、米聊等这些伴随着网络时代到来的新鲜“微”事物,在大众生活中普及开来。微时代已经到来,“微”的能力不容小觑。不难发现,这些以“微”为特色的媒体或媒介的影响力和渗透力正在追赶甚至已经超越许多传统媒体,成为个人熟悉信息、对外交流的一条“新思路”。

“微文化”是基于微博、微信而诞生的一种新兴的媒介文化,是媒介文化新的创造方式和延伸体,是自媒体传播方式。“微文化”传播具有主体个体化、内容多元化、方式交互性等特点,这些特点导致了大量微信息的碎片化、多样化和快餐化。作为大众传播中主角的自媒体,深刻改变了传播与接受的方式,无形中给口语传播带来新变化、新常态、新挑战。

一、口语传播随媒介发展而变化

口语传播最早可以追溯到古希腊时期。是古希腊哲学家、诗人以演讲、吟诵、劝说等方式传递信息、表达感情、辩论谈判的方式。随着科技的发展，人类传播方式大大拓宽，印刷媒介、电子媒介使人际间、组织间的传播都达到前所未有的高度。然而，无论媒介的介质如何变化，口语传播依然是人际交往中必不可少的手段。在微时代，口语传播的优势日渐凸显，并呈现出新的样态。持“媒介决定论”的加拿大学者伊尼斯认为，媒介的优势可以促使产生一种新的文明。他指出，“根据传播媒介的特征，某种媒介可能更加适合知识在时间上纵向传播，而不适合知识在空间中的横向传播，尤其是该媒介笨重而耐久，不适合运输的时候；它也可能更加适合知识在空间中的横向传播，而不适合知识在时间上的纵向传播，尤其是该媒介轻巧而便于运输的时候。其涵义是：对于它所在的文化，它的重要性有这样或那样的偏向”。① 按照他的说法，“偏于时间”的社会往往是那种由口头文化统治的社会，或者其中通行的媒介是沉重的、难以移动和复制的，这样的社会也是偏重于传统的社会。反之，偏重空间的社会中通行的是更易移动、携带和复制的媒介，这样的社会更偏重空间文化，例如领土扩张。这样看来，现代社会越来越基于空间文化的传播，技术给媒介传播带来了极大的便利。以手机媒体为例，智能手机已经成为与个体平等存在的物体。信息的流动是全球性的，世界任何角落的信息瞬间都会传遍全球，任何时间、空间的阻碍都被打破了，个人可以拥有整个世界，整个世界都向个体敞开，传统的时间感和空间感在此荡然无存。或者说，时间的绵延感与空间的距离感都被信息的快速冲击一一打破。我们总是觉得生活中不断有各种“瞬间”和“即时”的事件涌入。

目前，我国手机用户超过12亿，博客、微博、微信用户加起来达到10亿，我国已经成为名副其实的网络大国。我国的互联网规模全球第一，宽带规模全球第二。网络无处不在，软件无处不有，数据随处可见。微信因与手机捆绑、操作方便、功能齐全、方便快捷的特点，配合智能手机给使用者带来了极大的乐趣。微信的朋友圈成为一个公共交流的空间，语言发酵的场所。依据点对点、点对面的传播方式，文字书写、语音通话、电子回复，朋友圈中的文字、图片、音频、语音等多媒介形态的使用，朋友圈的线上互动，弥补了双方不在场的缺憾，实现了远距离、跨时空的互动，

① 〔加〕哈罗德·伊尼斯：《传播的偏向》，何道宽译，中国人民大学出版社2003年版，第27页。

同时，深刻地改变了人际交流的方式，使见面打招呼、嘘寒问暖的礼仪方式成为线上的直接主题。这时候，人们面对面的沟通越来越被手机所主宰，借助手机传播的口语打上网络语言的烙印，不再是“我书写我口”，而是“我口说我书”的局面，杂糅了网络语言、书面语言、快餐语言的口语成为人际交流的新样态。语言的趋时逐新和使用者受模仿欲驱使的现象，使潜意识投射到会话的语气中，更助推了语言的无序表达。“微”传播改变了以往的人际关系，人与人的关系也因为社交媒体变得越来越疏离，朋友圈中可能有两三百人，但是，推心置腹的朋友越来越少。可以说，数字化时代人们的交流平台越来越大，但生存空间越来越窄。

二、自媒体为口语传播搭建新平台

曼纽尔·卡斯特尔描绘了全球化的网络社会图谱：流动的空间、永恒的时间，而让时空发生如此压缩的是信息流动。“流动空间就是指，在电信、交互通信系统和快速交通运输技术等技术支持之下，物流组织通过网络通信在一定距离之间所同时进行的社会交互活动。”“无限时间是指按照时间密集排列或根据顺序的瞬间而即时排列的社会行为的先后顺序，比如，在弹性工作模式和不断增加的生育选择条件下逐渐模糊的生活周期。”“移动通信技术的扩散对于作为我们日常生活结构的流动空间和无限时间的发展具有重要贡献。”①

移动通信手机作为自媒体，改变了以往信息传播、接受的角色，为口语传播搭建了新的平台。借助自媒体，电子书写的方式使人际间口语传播出现了新模式、新常态、新挑战。利用键盘书写与口语表达形成新的统一，语言越来越口语化，为了让人印象深刻、使用起来简便快捷，语言的构词、语法都打上了网络的烙印。英汉杂糅、文符拼贴、别字别词、文辞不通的语言，成了时髦用语、通行用语。各种网络语言的出现配合着各种“体”，让现在的语言传播呈现出丰富的样态。微信上的语言是电子语言和口头语言的结合。随着指尖的滑动，微信可以传递文本、图片、声音，又有了打电话的功能，越来越成为人们的眼睛、耳朵、心灵，也可以用来实时观察外界并和他人分享信息。一些人成为个人经历的媒体记者，随时记录着自己的所见所闻、所思所想；一些人成为批评大师，随时发表评论；还有一些别有用心的人成为虚假信息的制造者和传播者。在微时代，个体传播能力空前加强，每个自媒体使用者都是一个“个人门户”，每一个用户都是一个传播的节点，每一个节点都可以用多种方式发送信息，这一切都使信息更加多元化、碎片化。为了让自己的信息引

① 〔美〕曼纽尔·卡斯特尔等：《移动通信与社会变迁：全球视角下的传播变革》，傅玉辉、何睿、薛辉译，清华大学出版社 2014 年版，第 145 页。

起关注，信息传播者经常走非常规路线，对传统语言进行扭曲、变形，让它能博人眼球，于是，网络语言愈加盛行。

网络语言的盛行，对规范语言造成了不小的冲击。一方面它给传统语言注入了新鲜活力，幽默风趣的表词达意让语言保有一种年轻态；另一方面，出现了口语传播的无序化现象。网络语言表现出社会群体故意矮化、破坏语言的雅正的特点，这实际上是一种犬儒心理的表现。刁晏斌教授认为，网络新词语的流行，不仅在于它所反映的社会事件，更重要的是它包含着民众对于社会事件的认知和态度。网络新词语是语言对社会变化最敏感的体现，它凸显了这个社会的动态变化，也是人们关注的焦点。这些新词与我们这个时代密切相关，它或概括社会现象，或宣泄某种情绪，或总结人生状态。从某种意义上说，这些新词语折射了我们这个时代、社会的棱角。这些新词以链接式、断裂式、衍生化的方式快速增长：×男、×女、×党；也是醉了、无节操、绿茶婊、小确幸……有些词汇能够归纳出它的造词法，例如，有的是同音或谐音：斑竹、斑猪——版主，＋U——加油，美眉——妹妹，菌男——俊男，B4——before，IC——I see（我明白）；有的是举一反三式：有了黑客，就造出红客、蓝客、闪客，或者是有了菜鸟，就造出中鸟、大鸟、飞鸟；有的新词代表了社会出现的新事物、新现象，既准确又生动：快闪族、学霸、超女、草根、给力；也有不少违背造词法则，生编乱造的：BC（白痴）、BT（变态）、难过死掉了（难过死了）、酱紫（这个样子）、偶（我），等等。各类词汇层出不穷，并随着网民的心态随意翻新，造成人们故意卖萌，拉低人类智商的现象。自媒体看似为口语传播搭建了一个平台，语言似乎越来越接地气，但是，殊不知这样的口语传播破坏了语言的雅洁，打上了后现代的色彩。这种“大话”新词满天飞的现象正如伯曼形容的，我们“发现我们自己身处一种环境之中，这种环境允许我们去历险，去获得权力、快乐和成长，去改变我们自己和世界，但与此同时它又摧毁了我们拥有的一切，摧毁了我们所知道的一切。现代的环境和经验直接跨越了一切地理的、民族的、阶级的、国籍的、宗教的和意识形态的界限”，“所谓现代性，也就是成为世界的一部分，在这个世界中，用马克思的话说，‘一切坚固的东西都烟消云散了’”。[①] 现代性追求新猎奇、开拓冒险、推陈出新的精神，这种新精神在全球化进程中的作用和它的自我矛盾之处正无形中改变着我们的生活方式。

面对上述现象，我们需要警惕，同时，也需要进行学理性的研究。一方面我们应提高百姓的新媒体媒介素养；另一方面，我们应引导人们对一些现象作出理性判断，对于口语传播中的无序现象进行自我纠正。

---

① 〔美〕马歇尔·伯曼：《一切坚固的东西都烟消云散了——现代性体验》，徐大建、张辑译，商务印书馆2003年版，第15页。

三、构建健康口语传播方式的重要性

新媒体技术的赋权使普罗大众获得了前所未有的话语权，很大程度上消解了大众传播模式下信息的不对称性和传受双方的二元对立性。越来越多的人以播客、微博、微信等新媒体手段踊跃地对政治热点、社会新闻事件、公共议题等展开讨论。网络媒体上形成的舆论力量越来越强大，近年来由于网络事件、网络议题所引发的国家公共政策改变的事件层出不穷。人们在网络信息冗余化、碎片化的媒介环境中狂欢，原有的大众传播信息系统正面临挑战。媒介环境学派代表性学者沃尔特·翁(Walter J. Ong)将广播诞生以后的人类社会定义为"次生口语文化时代"，以与人类传播史上第一个阶段中的"原生口语文化时代"相区分。微信等新媒体手段正是将人类带入"次生口语文化时代"的重要标志。与传统广播电视的大众传播模式不同，新媒体环境中人们应用口语或口语化文字的传播状态高度趋同于口语传播中交流、互动、平等、分享的传播状态。

随着媒介使用者在传播力方面的觉醒，去中心化、去权威化、信息化的传播模式，让微信创造了微民主与微政治。一方面，微信让公众得以跨过把关人的门槛而参政议政，成为公众表达意见的平台，为公众有限地参与社会治理与政策的制定提供了某种可能性。另一方面，自媒体使用者如果疏于对消息的甄别，常常会成为谣言的传播者，甚至因此遭到法律的惩罚。例如，人人网即将退出历史舞台、柑橘生蛆虫等谣言，肆意对英雄人物抹黑等现象，在传播过程中都严重扰乱了人们的视听，干扰了传播。形形色色的微话语的传播，凸显了人们的心态。有学者将这种微话语概括为狙击式聚焦、揭幕体叙事、假扮游戏，以及与之相对的微客的瞄准式阅读、窥阴式期待和去身份化的主体意识。[①] 上述状况造成思想日渐贫乏，思想深度日渐降低，复杂思想被消解，简单化、趋同化的话语蔓延的局面。

现代生活的碎片化导致了"无根"感、焦虑感、孤独感、心不在焉等现代性的体验。这些体验每天都在敲打着我们，养生、励志、心灵鸡汤并不能解决根本的问题。当然，我们也要保持一种乐观的态度，爱因斯坦曾经说："我担心有一天科技充斥人间时，世界将仅剩下白痴的一代。"在科技飞速发展的今天，白痴的一代不仅会上网聊天、游戏，也在交往、对话，其公民意识的觉醒也在萌生着启蒙的智慧。"微博是人民大会堂，微博是政治大广场。我们不再下跪，我们挺直脊梁；我们不再孤单，我

---

① 周志强：《微客、微话语与"复杂思想"的消解》，载汪民安等：《"微时代"的文化与艺术》，中国社会科学出版社 2015 年版，第 275 页。

们连群结网。每一次转发,都消灭一次懦弱;每一次原创,都燃起一把火炬……”① 不少人正在借助自媒体的力量表达着民情民意,改变着社会。

丹尼斯·麦奎尔指出,“人们认为媒介是‘伤害’社会(引发冲突和失序)以及对社会有益的可能性(维持秩序和社会整合)”。② 也有人指出,“引发各类影响安全的负面事件是媒介的自发属性,同时维持社会秩序也是媒介的‘有益’属性”。③作为媒体化社交方式的微信,既是现实的,也是虚拟的。作为社交工具,微信本身并无立场,然而在信息交互的过程中,通过“环境再构成作用”将影响人们“怎么想”。同样,通过微信传播的口语本身并无好坏,但是,口语通过微信表达就带有价值的导向。口语通过微信传播应当是正常的语序、有思想的内容、健康的传播方式。因此,在微时代中,自媒体的使用者应当有效地提高自身的媒介素养,真正用好自媒体。他们应做到以下几点:第一,注意语言的雅洁,在口语传播中,既要避免陈旧的语言表达,也要避免哗众取宠、抓人眼球式的表演式语言;第二,转变自身的观念,用好自媒体,正确地应对新媒体环境下的生活样态,充分认识自媒体的利与弊,发挥其积极作用,传播正能量,不轻信或传播谣言;第三,遵守一定的网络伦理,在网络空间遵守一定的道德准则和规范。这样,良好的媒介环境将使信息传播变得健康、有序。作为传媒安全主体的媒介,尤其是主流媒介,要提高自身的检测能力,净化网络环境,保障网络信息安全传播,扮演好防火墙的角色。在实现多屏互动的时候,主流媒体依然不能忘记自己的责任,即使在使用微信公众平台的时候,仍然担负着正确引导主流社会舆论的重任,肩负着捍卫国家主权、文化信息安全的责任,也担负着坚守人文关怀、维护社会公序良俗的责任。

〔作者单位:中国矿业大学文法学院〕

① http://blog.fang.com/30323167/15867999/articledetail.htm。

② 〔美〕丹尼斯·麦奎尔:《麦奎尔大众传播理论》,崔保国、李琨译,清华大学出版社 2010 年版,第 122 页。

③ 何镇飚:《关于媒介安全的思考》,《当代传播》2008 年第 1 期。

“微”传播形式下的广告文案

◎丁 洁

摘 要:在移动互联时代,媒介生态环境的变化、受众多元化的信息诉求、注意力的不断消解、广告文本创作规律的发展,促使广告文案的表达方式发生巨大变化。本文以现代广告文案自身的文本语言结构、修辞和语法等的变化为核心,探讨在移动互联生态环境造就的“微”传播形式下,广告文案的创作环境的改变,并对现代广告文案的创作手段进行思考。

关键词:移动互联网 广告文案 表达方式 传播模式

“金风玉露一相逢,便胜却人间无数。”3G、4G、Wi-Fi 等各种移动通信技术的无缝覆盖将移动互联网结构变得更为立体。移动智能终端不仅仅是手机、平板电脑,还有可能是智能眼镜、手表、饰品等各类更便捷也更便携的穿戴设备,这使得移动互联网产生了与桌面互联网完全不同的用户体验生态,其传播影响、效果、受众、媒介模式都朝着更为“细、碎、轻、微”的形式变化。人们可以充分利用生活和工作中的碎片化时间,即时接受和处理互联网上的各类信息。在微信、微博这类“微”型的媒介大肆流行,“轻阅读”“轻生活”这样的理念深入人心的今天,随着人机交互模式愈发智能化,“友好的”移动互联网改变着人们的阅读和表达,从而引起了整个社会商业模式的变迁。

一、广告文案表达方式的变化

广告文案作为广告信息的文字化表达,不遗余力地制造着轰轰烈烈的创意话题,大多数广告主乐此不疲地让自己不断卷入社会话题之中,广告文案的创作手段和表达方式正发生着巨大的变化。

（一）具象的语言情景塑造

时至今日，“钻石恒久远，一颗永流传”“万事皆可达，唯有情无价”这样一些隽永的经典文案中，似乎目光所及之处那些“乐享生活，畅意人生”式的句子已经不多见了。如果想要表达“工作很辛苦，不如去旅行”的概念，与受众更为亲近的文案是具象化的——“你写 PPT 时，阿拉斯加的鳕鱼正跃出水面；你看报表时，梅里雪山的金丝猴刚好爬上树尖；你挤进地铁时，西藏的山鹰一直盘旋云端；你在会议中吵架时，尼泊尔的背包客一起端起酒杯坐在火堆旁。有一些穿高跟鞋走不到的路，有一些喷着香水闻不到的空气，有一些在写字楼里永远遇不见的人。”

另外，由于“微”传播形式的很多情况下字符数的限制，更“轻薄”的具象化文案被不断创造出来。比如，用来表示“对某人做的事非常佩服”或“乞求某人要怎样或者不要怎样”，时髦的说法会是“献上我的膝盖”或“orz”，这表示“下跪”这一充满动感的情境。又比如，用“→_→”这样一个看上去像斜眼指示表情的符号来表示“我右边的内容才是最精彩的，你们都要看看”。在移动互联网上的文字交流中，很多华丽的修辞方式与受众毫无关系，而能够引发受众进行语言情景塑造的具象化表达则可以瞬间影响受众的感受。

（二）流行范式的借用

“微”时代下浮光掠影的阅读习惯使得人们更喜欢能够即时理解的文案，于是范式化的文本创作手段开始大行其道。无论原本以何面目出现的文案，即使是影视剧的台词、网络视频的对白，都可能演变成某种文案的套路，形成一种戏谑的范式，各种内容都可以套用在这个文案范式里，这个内容也就具备了所用文案范式“原版本”的性格。如对“甄嬛体”的使用，就算是用来宣传一款现代瓶装饮料，消费者眼前浮现的恐怕也是“娘娘”在宫中端着琉璃盏轻抿养颜茶的样子。有的时候，人们觉得“××体”太长，流行起来的可能仅仅是一句话，甚至一个词。如原生于淘宝买卖之间的称谓“亲……”，而后变成了一种带着亲昵感的表达方式；原生于成龙在某品牌洗发水广告里的一个象声词“duang”，被用来表达“加强效果”的意思。这种范式化的表达从笑点中来，又形成了新的笑点，似乎是一种通用的“密码”。在适宜的场合说出这个“密码”，便会引发受众自行用这个“密码”所代表的特殊的使用环境和含义进行解码，就像在说“呵呵你懂的”大家都心领神会一样。这种“密码”被认为是一种“哏”，网络上讹字为“梗”。于是，广告文案被各种范式化的“梗”赋予了具有流行吸引力的含义，更容易被现代广告的受众理解和记忆。

(三)用语规范的消解

语言学、修辞学上的用语规范,似乎不再被严格遵守,心理学、营销学和企业战略才是广告文案写手们关注和考虑的重点。厦门大学做了一个实验,在同一路口张贴不同表达方式的交通警示标语,看哪个比较有效。无标语时行人横穿马路率为70%;张贴"请走人行天桥"标语后,横穿率为69.8%,并没有多少变化;继而使用简单粗暴的"你丑你横穿"标语后,行人横穿率直降至40.1%。[①] "你丑你横穿"这样的文案甚至都不通顺,但语言简单、直指道德——美人会走天桥,丑人横穿马路。人们第一时间就看懂了,迅速代入了对行为美丑的辨识,然后判断指导了行动。

词组的金科玉律已经被各种标新立异的手段打破。如"十动然拒"用来表示"十分感动,然后拒绝"的意思。这个"梗"来自某高校男生向他心仪的女生送出了一封16万字情书以示爱,女孩十分感动,然后拒绝了他这一故事。尽管国家明令禁止使用这样的网络词汇,但是这并不妨碍它们在各大网络社区的活跃和对现代人的信息交流的参与。

二、全新的移动互联生态环境

在"微"传播时代之前,信息生产的成本被降低而效率被提高,受众在面对无限的信息选择时,真正想要的信息和取得的渠道都出现了重大的变化,广告文案的创作环境也随之发生了相应的改变。

(一)注意力匮乏

在"微"传播时代之前,信息有其固定的载体——报纸、电视、广播、电脑网络等,信息和人是二元分化的,人需要从各种载体上获取信息。也就是说,在获取信息的时候,基本上需要花费专门的时间。于是,商业和生活也是分开的,工作时间用来工作,生活时间用来生活。而现在这个时代,智能化设备和互联网络妥善地安排了人们被碎片化分割的时间,人们借助移动互联手段获取信息,并同时进行分享和传播。这种随机反应行为与深思熟虑后采取的行动完全不同,它赋予人们一目十行的跳跃式阅读方式和在140字以内叙事和表达观点的能力。于是,信息突出、目标明确的文案方式才能适应这种新的网络生态,更有机会获得人们的关注,而长期保持某种独特强烈的个性风格,不断给予人们同一种刺激,不失为这种网络生态

---

① 《交通标语改成"你丑你横穿" 行人横穿率降3成》,http://news.163.com/15/0615/18/AS60FBBI00011229.html。

下获取记忆的妙方。谷阿莫是互联网上“×分钟带你看完电影”系列的原创者，他的视频作品的台词具有较高的可辨识度，这为他的新浪微博账号吸引了131万粉丝。2015年9月10日，谷阿莫发表了一个题为“5分钟看完2小时的苹果发布会”的视频作品。在视频的最后，“京东的网站刚好可以让你预约即将贩售的iPhone 6s；更巧的是，在京东网站买联通版的iPhone 6s……”这些台词才终于让人明白真正的广告主是谁。这条微博有3万转发量与1万的点赞量，7千多条评论众口一词，认为它“变成了京东、联通广告”，让人毫无防备。

（二）“长尾”效益凸显

移动互联模式彻底打破了“传者——信息——受众”的线性传播，移动互联媒体为广大民众提供了可以深度参与信息传播的空间和渠道，使受众不但可以参与到“接受信息”这个部分中，还可以参与到对传播活动隐性或显性的投入中，这极大地改变了信息生产和进化的格局。受众可以先期介入编码及传播过程，拥有对信息产品即时选择、积极理解、主动参与的权利。更多的人或企业直接经营着一定量级的私人化、平民化、普泛化、自主化的信息载体，通过这些号称“自媒体”的平台向众人传递着丰富多样的信息和观点，从而与全球知识体系相连。在当今时代，关注度和销售量不在于传统需求曲线上那个代表“畅销商品”的头部，而是那条代表“冷门商品”[①]经常被人遗忘的长尾，众多微小的自媒体平台汇聚成可产生与主流媒体相匹敌的市场能量，使得大众传播模式与人际传播之间的差别逐渐模糊。传统广告公司的文案写手，正面对着一群原生于“草根集群”中的另外一群文案工作者的竞争，后者在互联网上被称为“段子手”。“段子”本是相声中的一个艺术术语，指的是相声作品中一节或一段艺术内容。如今能被称为“段子”的信息，一定有着庞大的流量数据为其撑腰。“千万不要用猫设置手机解锁密码”是段子手“天才小熊猫”的作品，尽管文案表面上只是在描述作者使用猫爪设置了手机解锁密码之后一系列的悲惨遭遇，但就是这种刻意制造的“不经意”，使这则华为手机广告获得了16万的转发量和4万点赞量，以及3万多条评论。如今，像“天才小熊猫”这样的段子手几乎全部被牙仙广告、楼氏文化、鼓山文化这三大公关公司买断，其覆盖的粉丝累计达到3亿人。“作品无法传播，便是死路一条。”如今，这些“长尾”所占据的共同市场份额，足可以和主流信息产品的市场份额匹敌，甚至更大。

① 〔美〕克里斯·安德森：《长尾理论》，乔江涛译，中信出版社2006年版。

三、广告文案的移动互联生存之道

文化源自一种习得的生活方式。在移动互联网创造的新的广告环境中,信息和人是结合在一起的,工作与生活可以相互匹配,商业和生活的边界越来越模糊。但对于广告的文案系统来说,从未变过的是对创意的渴求。

(一)注意力创造价值

便捷的信息传播方式打破了传统的传播关系,现代广告需要在这种信息爆炸、受众的注意力被消解的恶劣环境中求得生存。注意力越是匮乏,价值也就越大。注重表现、展示和被重视,通过制造各种共鸣和互动,以唤起受众注意力和兴趣的文案,哪怕毫无修辞与规范,现下也成了一种值得“点赞”的文本创作范式。

1. 迎合情绪

在更多的时候,人们对于信息的即时反应是情绪化的——无暇在乎对错,而是在乎这条信息是否迎合了他们的情绪,为这些情绪提供了出口或是共鸣。所以,在很多案例中,那些以营销手段的面孔出现的文案并不企图通过文化、信念或是价值观的表达来团结大众,甚至会放松对写作质量的要求。它们更经常使用的手法仅仅只是要吸引、保持视觉或听觉的注意力,再把获得的受众注意力让渡给广告商,以得到切实的经济效益。被受众关注并给予注意力,通常比什么内容被受众了解更为重要。它们通过“拼短语、拼新词、拼反应、拼杀伤、拼不说人话”来迎合、引导、利用受众的情绪,而不是期待受众对每一条信息的理性思考。

2. 表现个性

很多优秀的广告作品是契合品牌形象、表现出独特的品牌个性的。而某种品牌的个性一旦确立,聪明的营销者将不再会使用与其个性表现无关的信息去稀释消费者的感知。2012 年之后,新浪微博上那些靠抄袭、转发,而不具备原创能力的营销账号纷纷落寞,像“杜蕾斯官方微博”“惠普打动未来”等这些成功的品牌营销账号都有鲜明的人格特征,它们的广告文案充满了与品牌个性相关的象征和自我表达,在与粉丝们的互动中回应着这些品牌消费者对产品使用情境所作的推论。

3. 制造话题

王思聪吐槽京东,晒了一张 200 元的普通电脑桌,桌子上放了一个非常昂贵的 U 盘,引发了无数的衍生话题,并最终发展成为网上一个长久传播的“梗”,其绝妙之处就在于主动制造话题。在网上买了一张便宜的桌子,抱怨电商的发货速度,这可能是很多人都曾有过的经历,没有争议,就没有热闹可看,但话题的发起者如果长期具有鲜明的个人标签,却突然传递出一种与这一固定标签完全相反的信息,必然会引起受众的注意。而在这个信息中,还有隐藏的部分在引导着受众的参与,大大提升了受众的活跃度——人们都在搜索那个U盘,一查果然很贵,这时人们的情绪在"柳暗花明"的矛盾和争议之后终于找到了肯定,"土豪同款"之类的衍生话题就产生了。像这样能够与受众拉近距离,让受众充分参与,并且能够找到认同感和存在感的信息创作法则,才符合这一时代的生存要求。

(二)多手段推动社会化传播

随着社会化接触点的无限增长,用户的参与、社群的建立,使信息生产和销售的成本急剧下降,以至于个人可以在传者和受者两者中自由转化。于是很多大众传播媒体失去了足以引发大众层级的传播话语权和影响力,社会化媒体却用"裂变"的方式扩大了广告信息的传播效应,用户评价和口碑对广告价值的提升起到了更重要的作用。

1.产品发言

很多营销话题都是由产品直接引发的,2015年暑期的《大圣归来》即是佐证。它在排片量完全呈劣势的情况下问鼎单日票房冠军,正所谓"金猴奋起千钧棒,玉宇澄清万里埃"。在影片上映前后,我们看到的关于它的文字在叙述其创作团队的"梅花香自苦寒来"的幕后故事,充满着打动人的情怀和诚意。此外,再配合"8年酝酿""戛纳电影节中国海外动画电影最高的销售成绩""上海电影节传媒大奖设立12年以来唯一入围的动画电影""百位明星粉丝团组团推荐"这些赞誉和一些精彩的"剧透",这无疑让已经陷入情感认同中的受众,对这部影片的认识更加立体,必然掀起基于共鸣的自发传播热潮。

2.内容为王

具有"刷屏"之势的生猛"段子",其关键绩效指标(KPI)绝不仅仅是粉丝数。移动互联媒体可以迅速放大一个产品的特性,优质的内容才会在社会化平台拥有生命力。柴静的《穹顶之下》以缜密的逻辑思路、广泛而真实的调查取证、优质的多元化视听语言,给大家上了一堂生动的"雾霾课"。另外,负责文案摄像的《看见》团队、提供视觉支持的锤子团队、微博粉丝众多的记者智囊团这样豪华的制作组足以印证《穹顶之下》的质量。

3.善于借势

孙子云:"善战者,求之于势,不责于人,故能择人而任势。"把握好适当的传播时机，在广告文案中借势或造势也是在社会化传播中回收注意力的法宝。更多的时候，广告人尽其所能地从大量原始信息中挑选认为能引起受众注意的信息，通过广告文案强化广告信息与新闻信息之间的联系，通过顺势、造势、借势等方式，以求提高企业或产品的知名度、美誉度，树立良好的品牌形象，并最终促成产品或服务销售。比如，冥王星的出现、河南实验中学老师的辞职信都掀起了广告文案百家争鸣的借势狂欢。

广告的创意依旧，时代却已剧变。话语权威被消解，话语权被切割分散，新一代的互联网用户在用自己的创造力对属于自己的话语体系进行建构，移步换景，却不忘初心。无论是何种无规则的手段，都可以视为他们在话语范式层面进行的尝试，以此对主流的话语价值认知进行多元的延展与更新。

〔作者单位：广西艺术学院影视与传媒学院〕

“微时代”背景下90后大学生网络流行用语研究

◎祝　捷　祝仁涛

摘　要：本文以“微时代”背景下90后大学生使用的网络流行用语为研究对象，以对90后大学生网络流行用语的调查为研究基础，对90后大学生网络流行用语的成因、特点及影响进行研究。90后大学生具有思维活跃、个性强、易围观等时代特点，对微博、微信等中的网络用语较为关注，更是广泛把一些“具代表性”“有暗指功能”“有娱乐效果”的网络用语引用到网络聊天、网络言论及日常口语中。本文通过分析90后大学生网络流行用语的成因及其对90后大学生口语的影响，探索“微”传播时代口语传播的特点和规律。微信中的一些表情包，相当于网络语言中的副语言，其实是口语交际中副语言表达的延伸。实际上，这反映出人们对于平时口语交际中不能达到的副语言效果的一种渴望和诉求。目前，针对网络用语在口语当中的使用尚无相关的统一法规的现状，把“点赞”“给力”“蛮拼的”等积极向上的、充满正能量的网络词语用在口语交际中，让人感受到力量和语言的魅力，但对于一些粗鄙的网络语言，应该加以规制。

关键词：微时代　90后　网络流行用语　副语言

本文采用文献法、问卷法、访谈法等研究方法，主要对苏州大学、南京师范大学、淮阴师范学院三所大学的学生进行抽样调查，有110份的纸质问卷以及212份的网络问卷。在212份的网络问卷中，有90.57%的受众通过手机终端完成问卷，主要分布的地理位置集中于江苏地区，占总人数的87.26%，来自河南(3.30%)、上海(1.42%)、台湾(1.42%)、浙江(1.42%)、湖北(0.94%)、福建、(0.94%)、甘肃(0.47%)、广东(0.47%)、海南(0.47%)、安徽(0.47%)、北京(0.47%)、山东(0.47%)等地的90后在校大学生也参与了问卷调查。通过对这些高校的2012级、2013级、2014级、2015级在校本科生以及2013级、2014级、2015级在校研究生进行调查，全面了解90后在校大学生网络用语的相关情况，从而分析90后大学生网络流行用语的成因及其对大学生口语的影响,探索“微”传播时代口语传播的特点和规律。

一、问卷分析

首先,从参与的年级来看,问卷的受众主体是 2015 级本科生,占全部受众人数的 51.89%;2014 级、2012 级本科生相对较多,分别占受众人数的 15.57%、14.15%;其他年级的学生也有不同程度的参与。其次,从参与调查问卷的群体性别来看,女生比重较高,占受众人数的 63.68%;男生比重相对较低,占受众人数的 36.32%。从年龄分布来看,参与的同学主要出生于 1996 年和 1997 年,所占受众人数比例分别为 24.06%、29.25%,大体也就是 2015 级和 2014 级的在校本科生;从本科所学的专业来看,参与者主要是文学(14.15%)、艺术学(14.15%)、工学(11.79%)三个专业的学生,其他专业的学生也有不同程度的参与。最后,从微博、微信使用的情况来看,45.28%的受众的微博、微信经常更新,25%的受众每天更新微博、微信。同时,58.02%的受众除拥有微博、微信账号之外,还拥有其他社交网络工具。此外,仅有 12.74%的受众尚未开通微博,2.83%的受众尚未开通微信。

二、问卷设计与调查情况

(一)问卷设计

本次调查所使用的问卷名为《90 后大学生网络流行用语使用状况调查问卷》,问卷致力于了解 2012 级、2013 级、2014 级、2015 级在校本科生以及 2013 级、2014 级、2015 级在校研究生 7 类 90 后在校大学生使用网络流行用语的相关情况,分为“基本部分”和“主体部分”两个部分。“基本部分”包括学生的所在年级、性别、年龄、专业、目前微博和微信使用情况等问题,“主体部分”包括会不会在口语中用到网络流行用语、对别人在口语中使用网络流行用语的态度、是否希望将网络流行用语纳入到《现代汉语词典》以及对相关网络流行用语的看法等问题。此次调查发放问卷 322 份,回收 322 份,有效回收率为 100%。

(二)调查情况

在被问到是否会在口语中使用网络流行用语时,48.58%的人选择了“偶尔使用”,31.13%的人选择了“经常使用”,11.32%的人选择了每天使用,8.96%的人选择了“从不使用”。而对别人在口语中使用网络流行用语的态度的调查显示，不同的人持有不同的态度，其中 29.72％的人认为使用网络流行用语的人很新潮，10.38％的人认为使用网络流行用语的人很随便，10.85％的人认为使用网络流行用语的人在装酷（如图 1）。

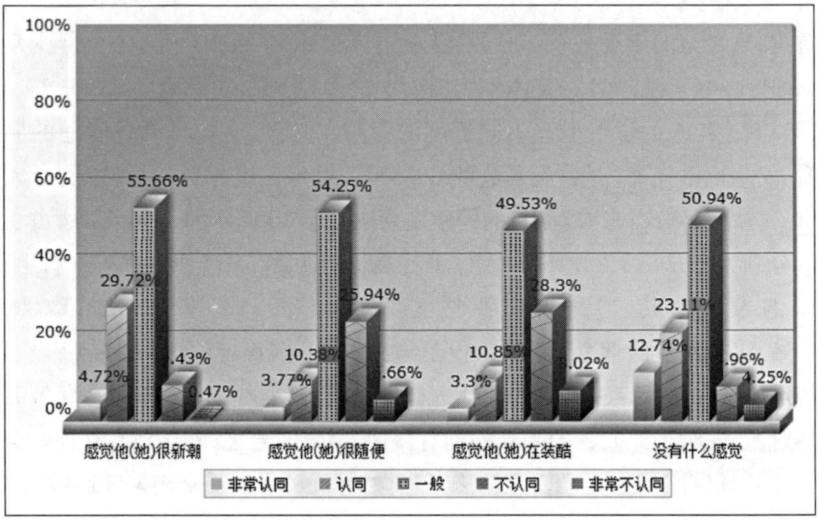

图 1

在被问到是否希望将网络流行用语纳入《现代汉语词典》中时，有 31.6％的人持“不认同”的态度，4.72％的人持“非常不认同”的态度，仅有 1.89％的人表示“非常认同”，还有 44.34％的人表示“一般”的态度（如图 2）。88.68％的人认为“网络流行用语应该分场合分对象进入口语交际之中”，仅有 2.36％的人认为“应该提倡网络流行用语进入口语交际之中”，8.02％的人认为“个别网络流行用语应该经常使用”（如图 3）。从调查来看，61.79％的人认为网络流行用语对口语交际能力的提高有帮助，21.23％的人认为网络流行用语对口语交际能力的提高没有什么帮助。在遇到不懂的网络流行用语时，52.83％的人会选择“查找渊源，认真领会使用”，35.38％的人认为“不明就里，但可以使用”，3.3％的人认为“完全不适用”，8.49％的人会“忽略它的存在”。根据调查发现，65.57％的人认为网络流行用语广泛流行的原因是它们“有意思，有活力”，19.81％的人认为它们用起来比较时髦，8.49％的人认为它们“很实用，很给力”。

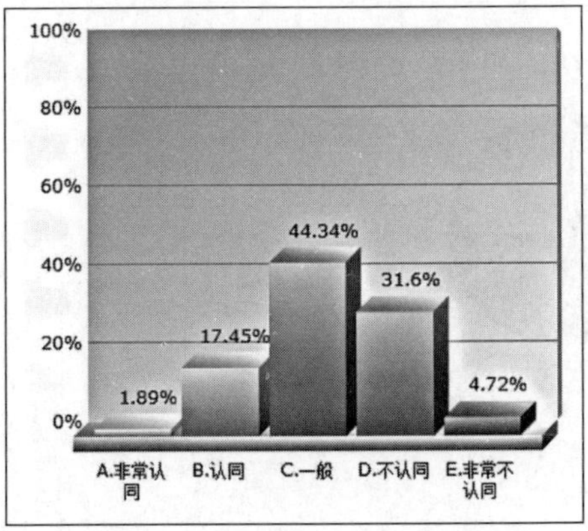

图 2

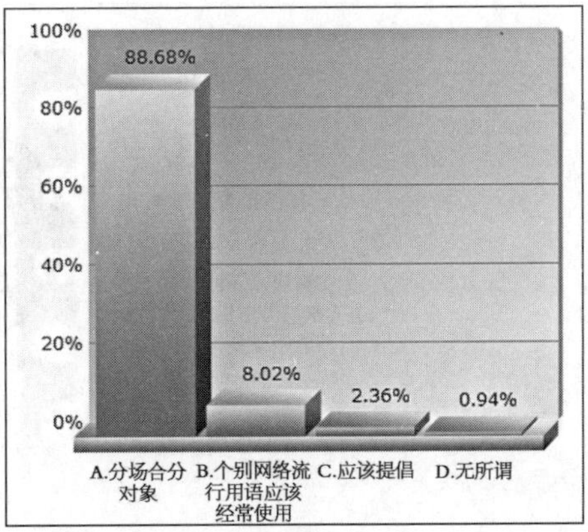

图 3

就网络上出现的"叶良辰"现象,笔者从以下几个方面对此种现象进行了调查和分析。有77.83%的同学知道"叶良辰"这个网络流行用语,有22.17%的同学表示对此现象毫不知情。就"使用'叶良辰'这个词语的目的"进行的调查分析显示,35.38%的人认为使用"叶良辰"的目的仅仅是"用着玩,没有什么意思";有39.15%的人认为,之所以使用"叶良辰"这个网络流行用语,是因为它非常适合当时说话的语境。

针对与"叶良辰"这个网络流行用语几乎同时出现的词汇"吓死宝宝了""困死宝宝了""累死宝宝了"等各种"宝宝体",以及"长草""吃土"等词汇,笔者也做了相关的调查。23.11%的人会用"长草""吓死宝宝了"等这些词汇,并认为这些词汇可以表达自己的意思;50.94%的人只是在表示夸张时才会使用这种词汇;23.11%的人表示不会使用这些词汇,认为使用这些词汇看起来比较奇怪。在调查的过程中我们发现,在众多的网络流行用语中,每一种网络流行用语的使用频率也是不尽相同的。例如,使用频率相对较高的网络流行用语有以下几类:"也是醉了"(65.57%)、"么么哒"(60.85%)、"怪我喽"(59.91%)、"逗比"(51.42%)(如图4)。

虽然网络流行用语有众多的优点,也有许多人在口语中会使用它们,但是当被问及是否认为网络流行用语应该出现在口语中时,仅有4.25%的同学表示"非常认同",大多数同学持中立的态度,所占比例为51.42%,仅有8.49%的同学持"不认同"的态度。网络流行用语会出现在口语中,65.09%的人认为这是因为它们"使用起来简单方便",51.89%的人认为因为这"是一种放松心情、发泄烦恼的方式"。对于上文所提到的"叶良辰"现象,受众认为出现"叶良辰"这种现象的原因有以下几个方面:网络炒作(65.57%),青少年心理问题(25.47%),是一种放松心情、发泄烦恼的方式(27.83%),娱乐性强(59.91%),其他(2.36%)(如图5)。

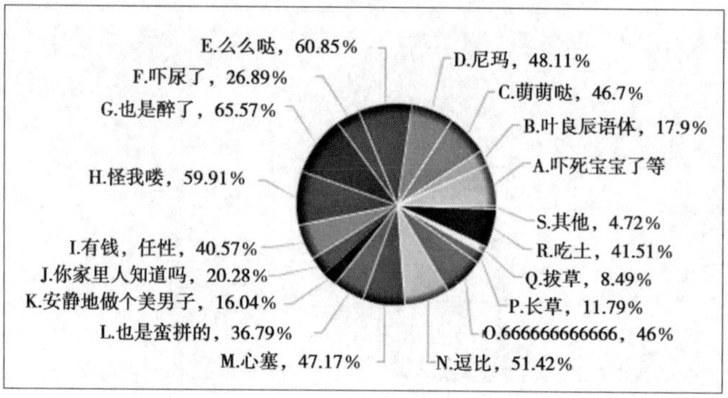

图 4

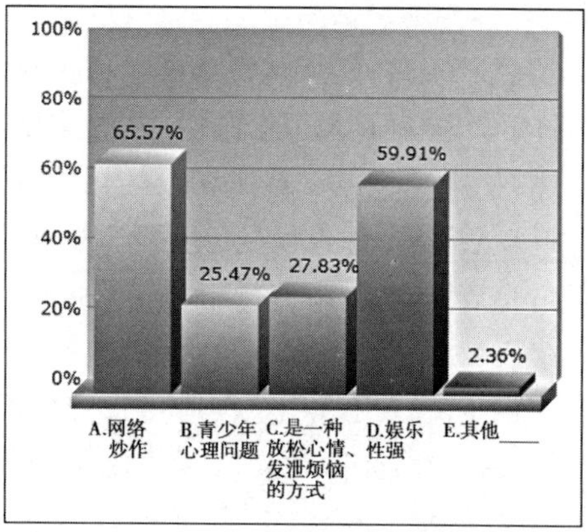

图 5

三、特点及成因

(一)特点

1.绝大多数90后大学生会在口语中使用网络流行用语

2008年入学的大一新生，大部分出生于1990年，现在在读的硕士研究生三年级学生都是90后。90后大学生个性张扬、乐于表现和追逐潮流，在口语交际中坚持经济原则，喜欢被人关注，大胆尝试使用网络流行用语，为了赢得更多的关注，甚至会自己创造网络流行用语。他们心情不好的时候就说“心塞”，他们把购物欲望不断膨胀的过程称为“长草”，他们网购时戏称自己是“剁手党”，他们过度消费导致缺钱时说要去“吃土”，他们对人或物表示赞赏就说“666666……”，等等。网络流行用语不仅在本科生的口语交际中被使用，而且在研究生的口语交际中也得到大量使用。如果不使用或者是不会使用网络流行用语，就会被视为不在口语交际的朋友圈里，自己也会感觉到落伍，用90后的话来说，就是“out”了。所以，90后大学生不仅会使用网络流行用语，而且要求自己经常学习新的网络流行用语，了解网络流行用语的使用方法和内在含义，以保证自己在朋友圈中的地位。

2. 大多数90后大学生会分场合、分对象使用网络流行用语

88.68%的90后大学生会在生活场景（宿舍、食堂、朋友聚会、逛街）等场合下使用网络流行用语。90后大学生请室友帮自己带饭的时候，把“谢谢”等礼貌用语替换成“么么哒”；在食堂里吃饭时觉得口味太重，就会说“炒菜大叔也是蛮拼的”；同学聚会的时候，夸赞好友打扮可爱，会说“萌萌哒”；逛街的时候买东西多，会说“有钱，任性”。90后大学生在不同的场合会使用不同的网络流行用语，但在正规的场合，他们会立刻进入规范的状态。

90后大学生在面对不同的交流对象（比如朋友、长辈、老师）时，会采用不同的话语。对关系比较亲密的朋友，会经常使用网络流行用语；对一般的朋友，偶尔使用网络流行用语；对老师和长辈很少使用网络流行用语。

3. 多于三分之一的90后大学生反对将网络流行用语纳入《现代汉语词典》

在调查的过程当中我们发现，44.34%的同学对是否希望将网络流行用语纳入《现代汉语词典》之中的问题持中立的态度，持“认同”态度的只有19.34%。所以，大部分90后大学生并不愿意将网络流行用语放入《现代汉语词典》中来规范使用，而只是想在口语交际中随意使用。他们并不支持网络暴力语言和网络色情语言等不良语言进入口语语体当中，也不愿意使用这些语言。

（二）原因

1. 网络流行用语拉近距离

90后大学生接触网络较早，大部分人在小学时代就已经开始接触并使用网络。网络已经进入了他们的日常生活，并成为他们不可或缺的一部分。他们在网络的世界中建构了一套符合自身交际特点的语体，会在使用这些语体的交际对象面前使用网络流行用语。这样的口语交际让他们感觉到仿佛置身于网络世界当中，更容易产生私密性、亲密性等感受。网络流行用语为他们打上了时代的标签，使用这些网络流行用语，会让他们感到是同龄人，有共同语言，能产生共同话题，从而能增加认同感和归属感。

2.90后大学生的特点

90后大学生具有思维活跃、个性强、易围观等时代特点,对微博、微信等的网络流行用语较为关注,把一些“具代表性”“有暗指功能”“有娱乐效果”的网络流行用语广泛应用到网络聊天、网络言论及日常口语中。90后大学生中独生子女居多,“萌萌哒”“么么哒”“吓死宝宝了”“战五渣”等“萌”词和“贱”词,体现了他们的文化认同和心理特点。源于日本二次元界的形容词“萌”早已不是一个新词,在网络流行用语和口语交际中,好好“卖萌”是社交成功的一半。只说“萌”,显然已经满足不了90后大学生的心理需求,“贱”可以算作90后大学生的自嘲,是更深层次卖萌的新语素。90后大学生口中的“贱”,要从“狗”这个词说起。“××狗”的语义演变非常有意思,被社团活动、课题、各种作业搞得焦头烂额而夜不能寐的大学生会用“累成狗”来形容自己;奔波于各种招聘会不知道将来何去何从的大学四年级学生统一用“大四狗”来代称自己;立志考研的同学,统一叫自己“考研狗”。自嘲与“贱兮兮”似乎更能代表90后大学生的心理需求和生活状态。

四、网络流行用语对口语交际的影响

(一)微信语言对口语交际的影响

1.微信语言使口语交际更简洁

微信语言少了“嗯”“啊”这样的冗余语言,不会经常使用“喂,您好”“喂,是谁”“好的,再见”等交际用语。它的使用更加简洁,使用“在吗”“在”之后就开始了交际与表达;“88”或“再见”的手势或表情表示对话的结束,省去了很多口语交际的环节。微信语言就事论事较多,寒暄较少。使用微信语音交际则更加快捷和简洁,语言表达也更简练,更容易理解。其实,微信语音交际介于口语交际与文本交际之间,兼具两者的快捷与准确的优点。

2.微信语言使口语交际更清晰

微信语言具有双向的文本交际的特点,这使它自身的思维更加缜密,表达也更清晰。微信语言是经过大脑思维组织后的成果,比口语表达的思维更准确,要求也更高。在口语表达中,因为思维水平的不同,口语表达能力差别较大,但微信语言表达提升了其自身的口语表达能力,因为人们想快速地、清晰地表述,一定程度上摆脱了口语表达中的一些问题。

3. 微信表情包是口语交际中副语言表达的延伸

口语交际中的副语言，包括人们说话时的表情、眼神、动作等，对语言表达起到补充作用。微信中的一些表情包，相当于网络语言中的副语言，其实是口语交际中副语言表达的延伸。微信中的"副语言"更夸张，比如"驴小毛""炮炮兵""猪仔和羊妹""长草颜文字""暴走漫画""罗小黑战记""我们爱学习"，更加生动地塑造了自我形象，营造了话语气氛，从而能更好地表达与交际。实际上，这些表情包反映出人们对于平时口语交际中不能达到的副语言效果的一种渴望和诉求。

(二)其他网络流行用语对口语交际的影响

网络流行用语在口语中的运用使口语交际迅速生动。比如，在口语当中，很难找到一个词语可以很确切地表达"给力"的意思，但"给力"轻松地解决了这个问题；"神马都是浮云""有钱就是任性""那都不是事儿""认真你就输了"更贴切地表达了自己的态度；"累成狗""考研狗"等更生动地反映了生活状态和自身感受。

语言最本质的功能是交流，随着国际化进程的日益加强，语言交流的作用也受到越来越多的重视，语言能力的提升需要营造良好的语言氛围和环境。[①] 教育部近日发布的《2014年度中国语言生活状况报告》指出，网络语言粗鄙化需要治理，规范网络语言的必要性逐步得到社会认同。低俗化的网络流行用语，误导广大受众，不应任其泛滥。治理网络流行用语粗鄙化，是净化网络环境、促进网络文化健康发展的现实要求。

目前，网络流行用语在口语当中的使用尚无统一的法规。"点赞""给力""蛮拼的"等积极向上的、充满正能量的网络流行用语在口语交际中的使用，让人感受到力量和语言的魅力，但对于一些粗鄙的网络语言，应该加以规制。

许嘉璐认为，"网络文明工程太需要了"，"教育界学者应该对网络文化进行多方面、多角度、多层次的跟踪调查和理论研究，要特别注意网络对网民尤其是年轻人的心理和意识形态的影响，还要研究孩子们在网上交友对他们以后的成长所起的作用"。[②]

对于网络流行用语是否应该进入《现代汉语词典》，以便对其进行规范使用，大部分90后大学生持中立态度。对于网络流行用语是否应该进入语言的规范空间，要根据词语本身的生命力来看。绝大部分网络流行用语都是昙花一现，用的时候

---

① 熊建辉、贾晓燕：《提高语言能力　落实〈苏州共识〉——访教育部语言文字应用管理司司长姚喜双》，《世界教育信息》2014年第16期。

② 蔺玉红：《大力加强网络现象的研究——访全国人大常委会副委员长许嘉璐》，《科学新闻》2001年第11期。

很火爆，不用时就立刻消失在网络和口语交际中。所以，网络流行用语的生命力特点是爆发力强，但没有持久力。目前，一些地区已将规范网络语言行为写入地方性法规中，引起较大争议。台湾作家白先勇在总结现代汉语的命运时说："'百年中文，内忧外患'。其一是受西方语言冲击，汉语被严重地'欧化'，其二是受到网络等大众文化及现代传媒的冲击、渗透与同化。"李白坚教授认为，如果仅仅是禁用网络流行用语也许很难起到预想的效果。我们大可不必视网络流行用语为洪水猛兽，而是应该以一种更平和的心态去面对。首先，我们应该提高学生对汉语的鉴赏力，培养他们对现代汉语的结构美、节奏美和音韵美的兴趣。其次，我们应该了解、学习网络流行用语，在鱼龙混杂的语汇中教会学生甄别、接受有思想、有创意的健康网络流行用语，摒弃那些粗俗的语言。总之，对待网络流行用语既不能矫枉过正，也不能听之任之。

〔作者单位：苏州大学凤凰传媒学院〕

网络流行语“××体”生成、传播机制探究

◎冯　美

摘　要:随着互联网的发展、普及和中国网民的骤增,网络流行语因其简洁实用的特性受到不少人关注。近年来,网络流行语“××体”作为网络交际、话语传播的一个语言镜像,在网络虚拟空间中大量出现并日趋成熟。“××体”多从网络社区空间、热播影视剧、社会新闻事件等中产生,经过网友的复制解构进而产生新的所指,并在网络舆论空间中自由、广泛传播,直至最后被大众传媒和社会大众集体接受。在“××体”的生成、传播过程中,不论普通民众,还是社会精英,不论“××体”的最初生产者,还是众多网民接受者,出于娱乐、交际或政治诉求,都在一定程度上反映了当下网络话语的传播语境、文化诉求和社会心理。与此同时,“××体”也在促进网络话语的公开性、大众性和多元性。

关键词:“××体”　生成路径　编码方式　传播动因　传播效应

当今,现实的物质世界与虚拟的网络世界互相交织,网络中的点点滴滴已悄然渗入每个人的生活,改变着现实生活中人的生存方式与交往习惯。网络流行语作为网络虚拟空间中的一种特殊的语言符号和交际方式,传播范围广、演变速度快、辐射面积大,近年来不断涌现并发生流变。由于网络社会与现实社会之间特定的互动关系,网络流行语研究引起了不少学者关注。近年来对网络流行语的研究不少,笔者在中国知网全文数据库中以“篇名”为检索项、以“网络流行语”为检索词,共检索出文章386篇。根据检索文章,从2008年开始,研究数量迅速增加(见表1)。

表1　历年网络流行语“××体”研究

年度	2001	2004	2006	2007	2008	2009	2010	2011	2012
篇数	3	2	2	3	10	29	53	105	95

对网络流行语的研究，在学科领域中以语言学为主，从语言模因论、语音语义变异、语言规范等角度来探究网络流行语的规范性和普及性，后来逐渐扩展到传播学、社会学、心理学等领域，涉及网络流行语的社会心理需求、使用行为动机、生成流行机制、网络舆论环境、社会影响效果等多方面。论文中涉及的研究对象，即具体的网络流行语众多，比如，“被自杀”“俯卧撑”“打酱油”“宅男宅女”“不差钱”“贾君鹏，你妈喊你回家吃饭”“杯具”“不要迷恋哥”“沙发”“做人要厚道”“神马都是浮云”，等等。

在众多火爆的网络流行语队伍中，“××体”便是其中一支，是网络交际话语的一个典型案例。自从 2006 年萌生出“梨花体”“知音体”“琼瑶体”“剪刀体”后，在 2009 年至 2012 年爆热，相继引发众多类似语体。目前，“××体”数量很多，以不同的影响程度在网络流行，有些甚至被用于正式的官方文书中，但有些早已黯然消失，淡出人们的视野。下表为门户网站和论坛上推出的历年较热门的“××体”(见表 2)。

表 2 门户网站和论坛上的历年网络流行语“××体”

2009	2010	2011	2012
脑残体	3Q 体	淘宝体	元芳体
LOLI 体	凡客体	Hold 住体	甄嬛体
蜜糖体	见与不见体	蓝精灵体	切糕体
纺纱体	羊羔体	咆哮体	流氓体
红楼体	乡愁体	丹丹体	玛雅体
走进科学体	织毛衣体	高铁体	杨坤体
排比体	李刚体	陆川体	那些年体
银镯体	菜刀体	校长撑腰体	十动然拒体
校内体	亚克西体	TVB 体	生活体
饭团体	日合体	秋裤体	德纲体

近年来，虽然“××体”在网络虚拟空间和社会现实交际中愈演愈烈，但在学术研究上对此却未取得丰硕的成果。在关于网络流行语的众多研究中，只有为数不多的几篇论文将视角定位于网络流行语“××体”，即使如此，这些论文也多集中在语言学的研究层面。一方面，从语言模因论角度进行研究的论文有康亮芳和杨文全的《网络背景下“××体”现象的模因论解释》①、肖丽娜的《模因论视域下的“××

① 康亮芳、杨文全：《网络背景下“××体”现象的模因论解释》，《华中师范大学学报》2013 年第 2 期。

体”现象》①、刘颖的《模因角度下的“××体”现象研究》②。这些论文大多以理查德·道金斯的“模因论”为理论支撑，通过模因的四个复制过程：同化、记忆、表达、传输来具体考究“××体”为何能成为强势模因，并在社会人际交流中被迅速复制和传播。另一方面，从语言修辞角度进行研究的论文有张美玲的《从修辞角度看网络语言中的“××体”现象》③。它从拟句（根据现有章节，替换特定意义的词语）和仿调（不拘泥于固定格式，需保持既定腔调）这两个角度来对“××体”进行修辞分类和格式分析，发现有些“××体”语义泛化，具有派生能力，顺利成为了网络常用词缀；有些“××体”的表达取向消极，语义颓废，所以随着时间推移也会自动消失。除此之外，从语言变体角度进行研究的论文有雷冬平和李要珍的《元话语和网络语言中“××体”的篇章构式研究》④，该文着眼于“××体”元话语的研究，从词语元话语、标点元话语、语序元话语三方面来分析“××体”具体的构式语法和篇章语义。上述论文虽在语言学科上已对网络流行语“××体”取得了一定的研究成果，但却缺乏多学科的综合考量，几乎没有关于“××体”的生产、复制、仿拟、变异、传播全过程的系统研究，同时也忽略了对近年来出现的众多“××体”的整体性归纳、深层次分类。面对这种现象，本文整理选取了具有代表性的“××体”作为研究对象，运用内容分析法、个案研究法对其生产路径、编码方式、传播动因和传播效应等进行探究，并试从社会学、传播学、语用学理论角度着眼，揭示“××体”这一语言现象复制传播变化的规律，为当今新闻工作者、语言传播工作者提供建议，也为今后语言的发展方向提供一定的启示。

一、网络流行语“××体”的生成路径

互联网是社会成员传递信息、娱乐交际的公共话语平台，人们可以在互联网上自由、公开表达个人情绪以及对现实生活的理解。网络流行语“××体”就是活跃在这样一种没有严格意义上的“把关人”的网络空间中，并在此无限扩大、频繁衍生。网民通过创造、转发、评论、模仿、再造来表达对“××体”（包括该词汇背后的深意）的关注和态度，较高的民众参与度加速了“××体”的流行，使“××体”最终不仅在互联网上引起了轩然大波，还在现实生活中受到了普遍关注与运用，形成了一种热闹非凡的社会文化现象。若要系统地探究“××体”整个迅猛传播的过程，

① 肖丽娜：《模因论视域下的“××体”现象》，《信阳师范学院学报》2013 年第 5 期。

② 刘颖：《模因角度下的“××体”现象研究》，《牡丹江大学学报》2011 年第 12 期。

③ 张美玲：《从修辞角度看网络语言中的“××体”现象》，《河南工程学院学报》2013 年第 2 期。

④ 雷冬平、李要珍：《元话语和网络语言中“××体”的篇章构式研究》，《湘潭大学学报》2013 年第 3 期。

我们还需追溯"××体"在生产初期的来源情境与碰发动机。

(一)"××体"碰发于网络社区

当今时代是电子化、智能化的信息时代，网络社区成为人们现实生活的延伸。信息共享、电子交易、沟通交际等多方面活动在网络社区中广泛推进。值得注意的是，网络社区是重要的信息发布平台和互动交际工具，网民在此记录个人情感，诉说生活中的喜怒哀乐，发起活动并参与问题讨论，表达对社会事件的看法。除此之外，各种网络移动自主传播介质如微信、米聊、博客、播客等的注入，也使网民有了更多的倾诉渠道和共享平台。网络流行语"××体"最初的来源碰发点就是这些"平民化""普泛化""自主化"的网络社区。

1. 对网络公告信息的戏谑调侃

网络官方信息的发出实为意义传播，当公告中的信息描述性成分多，事实确切信息少，官方解释又过于隐晦、模糊、不确定时，网友在接受过程中便开始以戏耍、娱乐为目的，追寻文字语言游戏转换、变形的快乐，使原本的意义被忽视、被消解。例如，"3Q体"源自腾讯公司发布的一则"道歉信"。其模板为：我们刚刚作出了一个非常艰难的决定……我们深知这样会给您造成一定的不便，我们诚恳地向您致歉，盼望得到您的理解和支持。"凡客体"源于凡客网站代言人韩寒与王珞丹的广告词。其模板为：爱……爱……爱……爱……也爱……我是……，在网络语言游戏中，被众多网友改编为"爱忽悠，爱唠嗑，爱 5 毛一瓣的铁岭大蒜，爱 20 一杯的卡布奇诺，也爱 15 一顶的藏青鸭舌帽，你是凡客，我不是，我是赵本山"。这其中充满了网民对主流文化的讽刺。这类"××体"的形成过程为：官方信息网站发布——网友自我浏览并恶搞效仿——网络平台"××体"的火爆。

2. 名人微博的集群效应

在网络中，人人都是媒体。娱乐化的名人受追捧程度高，名人微博也借助粉丝量大、辐射面广、转发量多的优势，显示出强大的群际传播能力，更易形成具有舆论导向的公共领域，"××体"便从中衍生出来。例如，"德纲体"源自郭德纲 2012 年 2 月 2 日在微博中发布的一条言辞不满的信息。其模板为：你编出花来，我也不____。你骂出血来，我也不____。你喊出人黄来，我也不____。你学出龙叫唤来，我也不____……由此引发了造句热潮。另外，此类的"××体"还有很多。比如，"陆川体""生活体""校长撑腰体"和"丹丹体"等最初碰发的源头均是微博。这类"××体"的形成过程为：名人微博信息发布——网友围观转发并改编——网络空间"××体"的繁荣。

3. 网络活动论坛的互动

网络中开放的社交关系、广阔的互动平台,不仅拓展了用户之间交流的空间,而且也极大地刺激了每个人求奇求新的心理需求和参与热情。最初的“知音体”来自天涯社区的一项活动,有人发帖建议大家沿袭杂志《知音》中“优雅温情”的标题风格来为熟悉的童话、寓言、故事等命名。组织者首先效仿,把《白雪公主》仿拟为《苦命的妹子啊,七个义薄云天的哥哥为你撑起小小的一片天》,随后数百名跟帖者踊跃将《卖火柴的小女孩》《嫦娥奔月》《西游记》等的标题以仿造“知音体”的文风进行恶搞。除了天涯论坛之外,淘宝网的“淘宝体”就来自网购中的亲切对话;人人网的“校内体”,就是将常见日志标题模板“遇到____的人,就嫁了吧”“那些____之后才懂得的事”进行改编。这类“××体”的形成过程为:交际网站中你呼我应——网友点面相传仿拟传播——网络语境下“××体”的烂熟。

(二)“××体”碰发于影视剧和电视节目

影视媒体依托声音和画面作用于受众的多种器官,需要受众不同程度地联想与思考,传递的信息内容显然比作用于单一器官的媒介更为丰富,其中的台词、对话、独白更易被人们熟知和广泛流传。受众的思想观念、价值判断、主观能动性在整个观看、理解媒介的过程中是必不可少的。“××体”就是从这类影视剧和电视节目的声音中衍生的,它们或深刻,或诙谐,已经渗透到当今网络语境和社会话语之中,成为追求时尚与另类的标签,同时也增添了影视剧和电视节目本身的趣味与魅力。这类“××体”的形成过程为:影视流行语的输出传播——网民发现趣味并解构——传统媒体与新媒体共致“××体”。

1. 经典电影

电影本身的台词或许只是平淡的形式、平静的意象、直白的话语,但却被网友转化成生动形象、趣味盎然、人们喜闻乐见的喜剧“××体”。例如,《非诚勿扰 2》中的“见与不见体”、《蓝精灵》中的“蓝精灵体”、《那些年,我们一起追的女孩》中的“那些年体”。

2. 热播电视剧

热播电视剧中发人深省的台词对白、引人注意的格式调律、被人挖掘的重复句式,都经电视剧的播出、网友的改编而传播,并演变为流行的“××体”。例如,《甄嬛传》中含蓄复古的“甄嬛体”、《神探狄仁杰》中寻求调侃的“元芳体”、《我的团长我的团》中搞笑有趣的“饭团体”。

3.热播电视节目

往往在播出频率和受众关注度较高的电视节目中，个别固定常用的语句格式一经网友发现便被搬到网络，恶搞成风。例如，“走进科学体”“天气预报体”“新闻联播体”。在2012年收视率很高的《中国好声音》中，4位导师的话语点评引起了网友的关注，其中的“杨坤体”就在导师杨坤对选手屡次相似的点评中产生。“我是杨老师。你知道一个歌手的生命是什么吗？我接下来在全国有32场个人巡回演唱会，我邀请你当嘉宾，我一定把你打造成一名全方位的歌手!”节目中这一段耳熟能详、重复数遍的话被网友果断拿来，进行整理。

(三)“××体”碰发于社会事件

在信息化的今天，新闻信息传播的结构和机制发生了重大变化，在传统媒体主流意识形态的适度报道、价值引导之外，信息流的扩大更多依托的是网民在网络空间的点面传播。近年来，主流媒体新闻语言的隐喻性、新闻当事人语言的质疑性、新闻话语表述的伪饰性，都强烈地刺激了网民冲动的个性，促使网民不仅停留在浏览关注层面，更借助网络自由公共空间来讽刺、调侃社会生活中的新闻事件。上述现象既符合网络空间的特性，也满足了网络交流的要求。“××体”就是这类新闻事件流行语中的一支，例如，“7·23”甬温线特大铁路交通事故中的“高铁体”(____是奇迹，至于你信不信，我反正信了)；河北大学飙车撞人案的“李刚体”(我爸是李刚)；华中科技大学文华学院一男生用212天时间写的16万字情书虽感动女同学但仍遭拒绝，由此引发的“十动然拒体”(十分感动，然后拒绝了他)。这类“××体”虽碰发点小，不过只是当时新闻传播的一瞥，但经过开放、包容、多元的网络传播，越发变得流行。从新闻事件“××体”后期的加速传播也可看出，它集合了网民对事件的认知与态度。归根结底，这也是众多网民共同情绪疏散的一种呈现方式。“××体”在整个传播的过程中，不仅影响着大众对于新闻事件的评判态度和新闻事件发展的方向，也影响着新闻信息传输的网络舆论环境。这类“××体”的形成过程为：传统媒体新闻事件隐喻报道——网友用其讽刺、调侃现实无力——“××体”映射、反思、考验新闻事实的真相。

除了上述指出的3种碰发点与传播路径以外，还有一些“××体”是网友们自行创造的。网友们根据表达的需要，临时创造出新的语、句、篇，将之融合到网络话语和现实语境中，使其构成一种颇为独特、新颖、形象的语言表达方式，从而达到了讽刺、嘲弄或幽默化的目的。

不论何种生产碰发点，纵观“××体”整个生成、传播过程，我们发现这其中均离不开两大因素：一方面是标榜个性、鼓励创造的网络语境与崇尚自由的风气；另一方面则是率性发挥的网络使用者。他们通过娱乐性的发现、游戏性的效仿、诉求性的改编和公共性的收编,创造了"××体"的生成路径。

二、"××体"的编码方式

"××体"的趣味性、个性化和影响力借助强大的网民舆论力量传播,其中蕴含的词、句、段和篇章,成为网民耳熟能详的流行语。"××体"的产生过程中,大众意识是关键。也就是说,"××体"主要的编码者便是接受者——网民自身。斯图亚特·霍尔认为,意义不是由传送者"传递"的,而是由接受者"生产"的。从大众接受方面来看,"××体"的构建呈现为原符号"××体"的生产输出——网友复制解构,"××体"产生新的所指——网络舆论空间自由多元传播——大众传媒和社会集体接受的模式。"××体"的编码方式具体表现为如下几个方面:

(一)借用固定短语

理查德·道金斯在《自私的基因》(*The Selfish Gene*)中首次提出"模因论"的观点。模因是一个文字信息单位,具体表征为那些不断得到复制和传播的语言、文化习俗、观念和社会行为等。在网络空间中的各种语言符号自我复制的竞争中,一些语言模因由于容易得到人们的注意、认同、记忆和感染,作为"强势模因"幸运地获得胜利,留了下来。比如,"淘宝体"中的"亲","元芳体"中的"元芳,你怎么看?""咆哮体"中的"有木有!!! 有木有!!!""李刚体"中的"我爸是李刚",等等。这种通过复制而传播的固定短语便是多产的强势模因(成功模因),通过这种模因方式形成的"××体",揭示了话语流传和语言传播的规律。固定短语在交际中得到反复传播、复制,经历发现(引起网友的注意与接受)、记忆(在网友大脑中长时间停留)、表达(网友以模因为突出手段传输)的过程,遵循"适者生存"的进化规律,就会逐渐被大家熟知并得到广泛使用。

(二)套用句式仿词填句

"语言的模因在复制、传递的过程中,往往与不同的语境相结合,出现新的集合,组成新的模因复合体。"[①]这种模因集合体具备与原型相同的句式框架,但需在内容和词汇上进行重新配置。因此,很大一部分"××体"是建立在对原型框架的提取、效仿、改编与类推中,都具有一定的模板。例如,"丹丹体"的模板为:____,我

---

① 谢朝群、陈新仁编著:《语用三论:关联论·顺应论·模因论》,上海教育出版社2007年版,第55页。

就是个____，没多少钱，我请你____，别再____了，真的，求你了！；“生活体”的模板为：____有时闲着闷了，会临时中午去____，随便赶____，比如____，独自____，不发一语，当晚再____，当没事发生过，突然觉得这TM才叫生活。网民们套用这种句式开始仿词填句，只需在原句上替换几个新的词语就配置成了新的“××体”集合体。这种异中有同的框填形式，保存了人们习以为常的框架，配置了新鲜好玩的内容，又不费力地表达了自身复杂的情愫与想法。所以，人们才津津乐道地接受，并乐此不疲地参与到这种“填词游戏”中去。

(三)沿袭格调，保持风格

有些“××”体在传播的过程中虽没有容易识别的模因符号，但是人们在接触时便能一眼认出，原因在于它们在编码的过程中都具有一贯的风格内涵。例如，“知音体”保持着煽情的语言、哀怨的情绪和华丽的辞藻。例如，《睡美人》版本——“拿什么来唤醒你啊，我的爱人”；《豌豆公主》版本——“花季少女体无完肤伤痕累累，谁才是伤害她的真正凶手”。除此之外，还有直白无味的“梨花体”、嗲到腻歪的“蜜糖体”、表示高富帅的“切糕体”、居高训斥的“纺纱体”、白话抒情的“羊羔体”，等等。

(四)赋予语体新的所指

符号学理论大师罗兰·巴特提出，“能指＋所指＝符号”只是符号表意系统的第一个层次，而将这个层次的符号作为第二个表意系统的能指时，就会产生一个新的所指。[①] 也就是说最早碰发的原符号，在不断交际、复制、传播的活动中，又被人们赋予新的所指意义。例如，“切糕体”最初源于一起殴打案件。警方表示案件中损失的切糕价值高达16万元，在新闻事实方面，“切糕体”原本的所指意义是切糕昂贵。后来，网民纷纷撰写“切糕体”，一方面借此讽刺哄抬价格、欺瞒消费者的现象，另一方面将天价切糕引入到第二层表意系统，使其产生多种所指意义。有的网民用切糕来吐槽高富帅，以此表达社会成员之间的不平等。切糕在这里成为车、房的标志——“一块切糕一平方，一个切糕换套房”“宁愿坐在切糕车上哭，也不愿坐在宝马车里笑”。一些网民还将切糕转换为生命、爱情的代名词——“人固有一死，或轻于鸿毛，或重于切糕”“切糕恒久远，一斤永流传。爱她就送她二斤切糕吧”。

---

① 余志鸿：《传播符号学》，上海交通大学出版社2007年版，第83页。

三、“××体”的传播动因

在“××体”的生成来源与编码传播过程中,网民集创造者与接受者于一体,发挥着至关重要的主体作用。他们敏锐地从网络信息、影视声音、新闻文本中攫取丰富的语料,充分发挥想象力和主观能动性,构建具有套路的词汇游戏和自由多元的意义解读。网民作为“××体”生产、传播的主力军,追求时尚、自主、个性,在畅所欲言的网络虚拟空间中,用标新立异的语言打破了传统语法的束缚。网民如此高效率、高热情地参与进“××体”的传播链条中,是出于何种心理动因与需求呢?

(一)巴赫金“狂欢广场语言”——自娱诉求

网络的自由性、匿名性、虚拟性与包容性,使网民得以在压抑规制的现实世界之外建立一个公共舆论空间,并畅所欲言、释放不满、反叛理性、颠倒权威。网络空间犹如巴赫金所说的“狂欢广场”,与之对应,形成了一种与常规语言不同的“狂欢广场语言”。在尼尔·波兹曼声称的娱乐至死的时代中,严肃公共的新闻语言、影视语言、网络公告被浮躁的人们当作发泄不满、排遣不悦、寻求快乐的对象,产生了一大批类似“幼稚婴儿语言”的狂欢广场语言“××体”。经网友重新解构后的“××体”已很少再能登上大雅之堂,但却作为特殊的符号在网络平台上被人津津乐道。“广场语言摆脱了规则与等级的束缚以及一般语言的种种清规戒律,而变成一种仿佛很特殊的语言,一种针对官方语言的黑话。这样的言语还造就了一个特殊的群体,一个不拘形迹地进行交往的群体,一个在言语世界里坦诚、直率、无拘无束的群体。”①

(二)“合作原则”“省力原则”——交际诉求

由于快节奏的生活方式,在简约便捷的网络交流中,时效性与通俗性成为网民愈加喜爱的沟通方式,加之“新型媒体”微博的140字的体例要求,网民在使用“××体”编码与解码的过程中,便采取“省力原则/经济原则”来完成自身的交际诉求。也就是用最小的力气、最简洁的语言符号来表现最丰富、最有趣的思想内容,同时信息也能更易被大众所快速理解和接受。一方面,网民希望复制原符号求同、求短的效果,只省力地用标志词语“亲”“有木有”“什么亚克西”等来表达概念,节省了敲打键盘的体力和费心思考的脑力。另一方面,网民希望人们一眼便能理解自己的

---

① M. M. Bakhtin:《拉伯雷研究》,《巴赫金全集》(第六卷),李兆林等译,河北教育出版社1998年版,第214页。

用意，因而用对应的字词和句式来表达。例如，“见与不见体”中字词和句式的对应：你____，或者____，____就在____，不____不____；“校长撑腰体”则更加方便，只简单地替换个别名词即可：你是____，看到老人摔倒了你就去扶。他要是讹你，____给你提供法律援助；要是败诉了，____替你赔偿！这样约定俗成的交流方式使接受者理解起来更为省力。

（三）“范畴”内的社会集体认同——政治诉求

随着时代的发展、技术的进步，网络给人们提供了可以尽情表达自我的环境，从而形成了一个公共话语空间，刺激着表达者意识的觉醒。在“畅所欲言”的网络语境中，作为某个人代表性观点的原版“××体”逐渐演变成一种“社会集体表达”，并迅速蔓延，进一步获得更多人的认同。“××体”通过微博评论转发、QQ签名使用、贴吧论坛的跟帖回复、社交网站的分享转载等辐射方式触及每一个网民。好奇心与归属感加速了网民对这类语言符号的获取和应用，并使他们继续传播。在社会集体表达的过程中，每一类“××体”都蕴含了网民的爱憎情绪、价值判断与理性思考。吐槽、讽刺高富帅的“切糕体”，拒绝冷漠、呼吁道德的“校长撑腰体”，揭穿世界末日不靠谱的“玛雅体”，期待破灭、重拾自信的“陆川体”，等等，这些“××体”都在一定程度上直指社会现实问题，以网络语言戏谑的方式表达着每个网民的政治诉求。

四、“××体”的传播效应

标新立异的网络新语体“××体”几年间已经不间断地产生了近百种，在网络上迅速发展。这源于网络自由、开放、多元的语言环境，求速、求广、求易、求奇的语言习惯，以及网民独特丰富的生产创造、猎奇热情的参与传播。在网络中，不论普通民众，还是社会精英，不论创造者本人，还是接受浏览者，在推广“××体”的同时，都会再次更深入地关注了解原版“××体”的前因后果，促进新闻事件的良性发展，促进影视语言的大众化，促进新媒体中受众的主动性，以及促进意义转化语言的灵活多变性。除了在网络中获得发展，“××体”也日渐辐射到现实生活中。机关部门与公司企业纷纷运用“××体”发布通知、公告、启事，吸引大众的眼球，希望收到预期效果，达到既定目的，实现通知、劝说、促销的功能。例如，南京理工大学采用“淘宝体”撰写大学录取通知书：亲，祝贺你哦！你被我们学校录取了哦！亲，记得9月2日报到哦！录取通知书明天“发货”哦！一些企业运用“甄嬛体”进行人才招聘：江苏广电本事极好的，倘若能任职靓妆频道，我便不负恩泽了。由此可见，

“××体”在现实社会的交际活动中占据着日益重要的地位，为信息传递、思想交流、情感表达提供了许多便利。

在网络中，网民生产使用新语体“××体”，获得了狂欢的空间、短暂的放松、虚拟的快感。但盲目的跟风和低级的戏谑仍然无法解除民众内心深处的苦闷，既无法让民众感受到幸福，也不便于“××体”元语言意义的渗透和输出。例如，“李刚体”红遍网络，随后产生了“李果体”。“官二代”李果被举报调进驻京联络处工作，不上班却拿了两年的空饷。他辩解的说辞“早就想把工资退还给联络处，只因受限于人在国外，一直无法返还工资”，被演绎成“李果体”的模板：早就想____，只因____，一直无法____。在这类“××体”的后期传播中，网民逐渐忽略社会事件的预设意义，只是贪图新奇好玩、跟风赶潮流，使“李刚体”“李果体”逐渐嬗变为一个空洞的文字符号，一种语文杂耍和玩味，其原本意义最终被消解殆尽。也正因此，很多“××体”才会很快没落，留给网民的是一时激情之后的迷惘。除此之外，把网络世界的语言游戏运用到实际现实世界中时，也会产生诸多问题，有损现代汉语的纯洁性与传统性，影响了语言文字的规范发展。因此，将“××体”运用到具体的语言表达中时，还需兼顾说话场合、交际语境、表达对象及目的，认真斟酌后再使用。

网络流行语“××体”的走红，源于新媒体网络的蓬勃发展，以及它在我们生活中不可或缺的地位。除此之外，影视、广告、新闻中新鲜语料的注入，为人们的传播欲望提供了充分的母版，大众的情感诉求、交际诉求和政治诉求，借助网络这一平台获得了满足。社会生活的多元与丰富刺激着民众的强烈表达欲求，激发着民众对语言积极创造的兴趣，由此产生出的网络新语体也将继续促进大众媒体的繁荣。

〔作者单位：中州大学文化与传播学院〕

微信语音:传播特点与偏向*

◎ 杜志红

摘　要:移动新媒体中声音功能的开发和应用,中介化了口语传播的行为方式。微信语音融合了此前所有的声音媒介,提升了声音在社交传播中的地位。同时,微信语音的存储功能,方便发声者撤回和修改发言,从而具有一种“声音之镜”的效果;存储功能还赋予接受者接收自由和回复自由,让微信交流比面对面的即兴交流更偏向理性;而且,存储功能打破了媒介对使用者的时间束缚,能够找回时间偏向和空间偏向相互平衡的理想状态;存储功能也让微电台之类的声音媒介更偏向单向的传播而非双向的交流,这让其内容制作不可以单纯效仿广播节目的即兴口语表达,而更加需要凝练和艺术化。

关键词:口语传播　媒介融合　声音之镜　传播偏向

移动新媒体中声音功能的开发和应用,让即时通讯软件中的语音通话行为变得日常化、普遍化,也让移动新媒体成为新型的声音媒介,激活并强化了移动新媒体的口语传播(speech communication)属性。同时,这种新型的移动声音媒介也为口语传播行为添加了一个中介物,使用者会因此获得一种“中介形态的互动和体验”,[①]人们的交流因而成为了一种中介化(mediation)的口语传播行为。那么,这种新型声音媒介与此前的声音媒介有何不同?这种中介化的口语传播与传统口语传播相比具有怎样的偏向?它又给口语传播活动中的个体体验和媒介特性带来什么影响?

* 本文系江苏省高校哲学社会科学研究项目“新媒介与文化传播研究”(项目编号:2014SJB538)的成果之一。

① 潘忠党:《“玩转我的 iPhone,搞掂我的世界!”——探讨新传媒技术应用中的“中介化”和“驯化”》,《苏州大学学报》2014 年第 4 期。

一、微信对语音媒介的融合

微信对语音的开发和应用,为社交媒介赋予了更多的声音交流元素,并把在它之前出现的几乎所有语音媒介,如电话、对讲机、广播等融合在一起,从而大大提升了声音(语音或口语)在新媒介传播中的地位。

微信用户的第一次显著增长,源于微信对于声音传播功能的开发,即新增了语音对讲功能。[①] 此后,微信又陆续增加了视频聊天、语音聊天、语音搜索等功能,这些技术开发很好地切中了用户对语音和视频通话的需求,帮助微信战胜了飞信、米聊等竞争对手。

仔细审视这些功能可以发现,其实微信融合了先前出现的几乎所有声音媒介。例如,语音聊天与打电话一样,可以使用它进行实时的互动式对话,在信号稳定的情况下,通话质量不逊色于打电话。在进行两人交流时,可以按住输入键说话,把声音输入到对话窗口中。如果打字速度慢,还可以把说话的声音通过"语音输入"键转化为文字。通过"实时对讲机"功能,还可以发起双人或多人实时对讲,这几乎就是对传统对讲机功能的模仿和整合。此外,视频通话功能则让原有的网络视频聊天变得更加自由,无论相隔多远,只要在有通信信号的地方,就可以随时随地进行面对面的讲话。

微信语音对声音媒介更突出的融合,表现在其开发的"广播"功能上。这表现在三个层面:一是群聊中的广播。群中不论有多少人,一个人的语音发布,可以让群里所有的人都听见,这属于小型广播。二是朋友圈广播。人们既可以借助百度手机输入法等软件,在朋友圈发布纯语音文件,也可以实时发布长度约为 8 秒的小视频。由于这些语音或小视频天然地携带着声音的信息,所以可以让声音传播具有广播的色彩。三是微信公众账号中的广播。最典型的例子是《罗辑思维》的微信公众号,虽然它每天只推送一条时长为 1 分钟的微信语音,但是却为其经营者开启了一片新的创业天地。更多的微信公众号还可以把声音与文字、图片、视频等信息介质一起编排,搅动着移动媒体融合传播的新格局。

二、声音存储的偏向与新功能

虽然微信语音融合了之前所有声音媒介的传播功能,却不是对先前声音媒介

---

① 《从 IM 到电商　微信:开启腾讯全新时代》,http://article.pchome.net/content-1585691-2.html。

的传播功能的简单重复，而是赋予这些声音媒介新的传播特点和偏向，其中的重要机制之一，便是声音的存储功能。

首先，在点对点或社群交流层面，这种声音的存储功能，让借助媒介的口语传播重回时间偏向和空间偏向的平衡状态。伊尼斯在《传播的偏向》中指出，“根据传播媒介的特征，某种媒介可能更加适合知识在时间中的传播，而不适合知识在空间中的横向传播，尤其是该媒介笨重而耐久、不适合运输的时候；它也可能更加适合知识在空间中的横向传播，而不适合知识在时间上的纵向传播，尤其是该媒介轻巧而便于运输的时候”。[①] 按照伊尼斯的理解，面对面的口头传播要求对话者既在同一时间，也必须在同一空间中进行，因而是一种时间偏向和空间偏向相互平衡的状态。当然，这种状态既无法摆脱时间的束缚，也无法摆脱空间的束缚。

电话、对讲机等的发明和使用，打破了这种时间和空间偏向相对平衡的状态。这些电子媒介让口语传播突破了空间的束缚，成为有利于在空间上延伸的媒介。因而电话、对讲机是一种空间偏向的媒介，同时仍然受到时间的束缚，不利于传播内容在时间上的延伸。

微信语音的存储功能，改变了这种空间偏向的不平衡状态。这种存储功能让微信语音与所有具有记录功能的媒介一样，可以召唤和重放存储对象。正如彼得斯所说：“记录媒介可以召唤缺席的人。与此同时，它又暗示新媒介的重放功能，记录（文字）胜过有限的记忆力。”[②]在这个意义上，微信语音让声音像文字一样可以存储、复制和广泛传播，但是却不像文字那样过于倚重眼睛，而是倚重耳朵。这让我们意识到，在数字媒介技术的条件下，口头传播传统可以借助声音的存储，平衡当今视觉时代过于倚重空间的偏向。由于交流者的对话可以存储在对话或群聊的窗口中，这使得交流内容可以在时间上得以延伸，传者和受者在发出语音和接受语音时，都事先知道对话的回答存在时间延迟的可能性，不必要求双方在同一时间进行交流。使用者既能享受跨越空间的便利，也能享受通话时间上的自由。这样，微信语音让中介化的口语传播能够找回时间偏向和空间偏向相互平衡的理想状态。

其次，存储功能方便发声者撤回和修改发言，让交流更偏向理性。由于微信语音交流的双方没有面对面交流时的即时感和电话交流时的共时性，所以可以使人很从容地反复重放对方的声音，认真思考后再回复，而且回复后还可以及时撤回和修改发出的声音。这就让人们在使用微信语音交流时可以比面对面交流和电话交流更为冷静和理性，微信语音在这一点上其实与文字回信并无不同。此外，由于声音具有直接性，它比文字回复能够更多地透露声音发出者的语气、腔调、周围环境

---

① 〔加〕哈罗德·伊尼斯：《传播的偏向》，何道宽译，中国人民大学出版社 2003 年版，第 27 页。

② 〔美〕约翰·彼得斯：《交流的无奈：传播思想史》，何道宽译，华夏出版社 2003 年版，第 34 页。

等,因而使用者在回复时会更加谨慎,这也让双方的交流更加理性。

最后,存储功能还让微信语音具有一种"声音之镜"的效果,使人们可以在声音上形塑自我。几千年来,人类发明的镜子都是偏向视觉的,人们照镜子都是为了审视自己的形象,却很少有一种"镜子"能够让人审视自己的声音。尽管唱片、广播、录音磁带的发明,让声音可以存储和传播,但这些声音的生产却是"声音精英"的特权,这些声音代表着艺术品位、垄断地位和价值标杆,功能是让人膜拜和模仿。在这种"声音精英"所垄断的封闭性声音工业系统中,"它的供给端是非常受限制而闭门造车的……所生产出来的只是贫乏的符号,而非多样的选择"。① 对于普罗大众来说,由于缺少对唱片业、磁带业等声音工业系统的接触,很少有人能够随时随地"照一照"自己的声音。

微信语音的出现,让每一个普通的手机用户可以随时随地发出声音、存储声音、重放自己的声音、认识自己的声音、审视自己的声音,从而更好地修饰自己的声音。这种认识、审视和修饰,促进了人类个体从声音角度展开的自我形塑,与人对自我的打扮的性质相似,让人在自我美化的过程中可以追求自由的境界。从这个意义上说,这种"声音之镜"弥补了千百年来人类在追求自我声音之美方面的工具欠缺和意识盲点。

三、微信语音公众号与传统电台的区别

许多微信公众号开设了语音传输通道,人们随手一点就可以听到类似于电台一样的广播内容。有人把这类语音广播称为"微电台"。那么,声音的存储记录功能,会使"微电台"与传统电台有哪些区别呢?

首先,微信语音公众号受众数量的准确性远高于传统电台。传统电台对声音的传播属于"撒播"的方式,有多少人通过收音机收听,电台并不能掌握准确的数字,因此需要通过抽样的方式进行收听率的调查,这个收听率是一个模糊的数字。微电台的收听者却有准确的受众数字和收听频次数字。其次,微信语音的存储功能,让微电台能够把节目存储下来,改变了传统电台线性播出、转瞬即逝的一次性传播方式。这种改变不仅赋予内容传播产生"长尾效应"的可能性,而且使其内容制作理念与传统电台不同。

传统电台的改革,一直沿着走向直播和对话的方向,不论20世纪八九十年代的"珠江模式""东广模式",还是后来的"北交模式",都把广播带向了直播、即时谈话

---

① 〔澳〕约翰·哈特利:《全民书写运动》,郑百雅译,台湾漫游者文化事业股份有限公司2012年版,第176页。

和双向交流的方向。从早期的“热线电话”到现在的“语音路况播报”，都使听众在参与到广播节目中和进行沟通交流时获得了便利。同时，这种线性的直播，把听众牢牢凝聚在同一个时间段中，让听众体验到一种同时共在感，其传播的意义已经超越了“信息在空中的扩散和分享”的“传递观”，而走向“传播的仪式观”，成为了“共享信仰的表征(representation)”，达到了“在时间上对一个社会的维系”，“建构并维系一个有秩序、有意义、能够用来支配和容纳人类行为的文化世界”。[①]换句话说，传统广播中的空间偏向，能够使散落在城乡各个角落的人们聚集在一个时间段中，共同感受一个新闻事件的过程和一段声音艺术的动人魅力。但由于其内容不利于在时间上延伸，因而受众必须被束缚在同一时间内，才能完成“收听”这个“共同的仪式”。在这个仪式中，传统广播主持人的直播谈话或与听众的热线交流，可以是相对即兴、随意的，有一定的不确定性，甚至夹杂着逗乐和冗余的话语，但这正是直播谈话和与听众的热线交流的魅力所在。

彼得斯把人类有史以来的交流方式分为“对话与撒播”(dialogue and dissemination)，并且认为“没有对话的撒播可能会成为胡乱抛撒，没有撒播的对话也可能是无休止的霸道。传播理论的座右铭应该是：和自己对话，和他人一道撒播”。[②] 传统电台对于即兴谈话和双向互动的追求，让对话实现了撒播，消除了霸道，也让撒播融合了对话，从而让撒播具有了对话交流的人情味。从这个意义上讲，传统电台让彼得斯所说的“撒播”和“对话”实现了很好的统一。

与传统电台相反，微电台的存储功能的存在，从根本上颠覆了这种直播式广播的特性。存储功能让微电台的听众不必在同一时间进行收听，从而解散了时间的同一性，让微电台重新找回了空间偏向与时间偏向上的相互平衡。但是，消除了同时共在感的时间束缚，也就丧失了在时间维度上对听众的维系，同一时间的“共同体”随之解体。这些分散在不同时间段内的微电台听众，转而会更看重内容的精致和凝练，而不能接受传统直播广播中常见的随意和口水。同时，微电台的存储功能也让节目内容具有产生“长尾效应”的可能性，即节目内容的到达时间、影响力和经济效益会持续较长的时间。

微电台的这种传播特性，要求生产制作者必须改变传统广播的制作理念。对微电台内容的制作，不应再单纯效仿传统的直播广播节目，不能再把即兴交流和对话互动作为内容制作追求的目标。应该让这种内容制作更加凝练、精良，减少不必要的冗余交流，使其能够经得起重复欣赏，具有一定的艺术特性。从这个意义上

---

① 〔美〕詹姆斯·W·凯瑞：《作为文化的传播：“媒介与社会”论文集》，丁未译，华夏出版社2005年版，第7页。

② 〔美〕约翰·彼得斯：《交流的无奈：传播思想史》，何道宽译，华夏出版社2003年版，第49页。

讲,微电台更偏向单向的传播而非双向的交流。

即使如此,并不是说微电台就不能进行互动交流。许多微电台开通了评论留言窗口,让用户可以以评论留言的方式参与互动和交流。而且,这些评论留言可以被放在公开的平台上,让其他用户看到。但总的来说,这些节目内容之外的互动,已不再像在传统电台中那样是节目内容的组成部分。

当然,无论是单向传播还是双向交流,两者之间并没有高低之分。彼得斯曾经对这个问题作了清晰说明,他的说明在今天也适用于理解新兴的微电台。他说:"单向撒播没有什么有失尊严或自相矛盾的地方。单向撒播或并非及时的对话自有其精妙之处。在许多人的想象中,对话仍然占有压倒的优势,他们认为对话就可能是很好的交流,但是单向撒播应该是我们更加冷静的基本选择。对我们这种有符号系统的动物来说,单向撒播仍然是更加友好的方式。"①

〔作者单位:苏州大学凤凰传媒学院〕

① 〔美〕约翰·彼得斯:《交流的无奈:传播思想史》,何道宽译,华夏出版社2003年版,第52页。

微传播环境下我国网络流行语探析*

◎叶 虎

摘 要:基于移动互联网的微博、微信等的日益流行,微传播急剧改变着中国的传播生态和舆论格局,也改变着人们的思维习惯和语言表达方式。微传播时代的到来把我们带入一种以普通大众日常活动及其感受来实现当下生活意义的环境。本文通过分析微传播对话语生产的影响,探讨了微传播环境下我国网络流行语的生产与传播机制,发掘了网络流行语背后的生产动因,阐述了微传播环境下我国网络流行语的价值意义和局限性。

关键词:微传播 媒体 网络流行语

当前,以微博、微信等为代表的"微媒体"如雨后春笋般出现,微传播急剧改变着传播生态和舆论格局,也改变着人们的思维习惯和语言表达方式。微传播时代的到来把我们带入一种以普通大众日常活动及其感受来实现当下生活意义的环境。

一、微传播时代的来临及其对话语生产的影响

微传播是相对于大众传播而言的。所谓大众传播,是一个"在技术和体制基础上大量生产和分配"符号、图像和信息的过程,它面向各种不同类型的受众,并在很大程度上不存在受众互动的成分。换言之,大众传播就是通过大众媒体所进行的传播。大众传播得以实现必须"具备一定的技术手段,以及存在能够大量生产和分

* 本文是2010年度教育部人文社会科学研究青年基金项目"海外华文传媒与中国软实力建设研究"(项目编号:10YJC860053)和中央高校基本科研业务费专项资金资助项目"海外华文传媒与中国软实力建设研究"(项目编号:0101-ZK1006)的项目成果。

配信息的社会组织”。[①] 在《大众传播理论：基础、争鸣与未来》一书中，作者也认为，当消息来源(通常是某个组织)使用一项技术作为媒介与大规模的受众进行沟通时，就可称为“大众传播”。[②] 与大众传播不同的是，微传播这个概念的诞生是新媒体时代的产物。科技的进步和互联网的普及，推动中国进入了新媒体时代。当前，整体互联网向移动端迁移的趋势愈发凸显，伴随着微博、微信等新兴媒介的产生和普及，我们迈进了一个处处是“微”的年代。根据中国互联网络信息中心第36次发布的《中国互联网络发展状况统计报告》的数据，截至2015年6月，我国网民规模达6.68亿，互联网普及率为48.8%，手机网民规模达5.94亿，网民中使用手机上网的人群占比由2014年底的85.8%提升至88.9%。随着手机终端的大屏化和手机应用体验的不断提升，手机作为网民主要上网终端的趋势进一步明显。我国微博用户规模为2.04亿，网民使用率为30.6%，手机端微博用户数为1.62亿，使用率为27.3%。手机端微博用户占总体的79.4%，比2014年底上升了10.7%。[③] 根据腾讯发布的《2015年微信平台数据研究报告》，微信WeChat活跃用户数超过4.68亿。[④] 中国已经成为移动互联网大国，微传播正成为中国的一种主流传播。

在我们看来，微传播是以微博、微信等新媒体为媒介的信息传播方式。当前，微博、微信、微电影、微小说、微营销等引领的“微”风暴正以迅雷不及掩耳之势在社会生活的方方面面引发“大”变革，人类社会正不可逆转地步入“微时代”。然而，处于微时代的微传播形“微”势却不“微”，伴随着互联网和智能手机的迅速普及，这些以“微”为特色的媒介正在信息社会的信息传播中扮演举足轻重的地位，其影响力和渗透力已经超越了许多传统的媒体。它们正逐渐发展成一条公民个人获取信息，传递、交流、发表意见甚至发挥舆论监督功能的重要通道。[⑤] 不仅如此，微传播也改变着人们的思维习惯和语言表达方式。微时代的微传播对话语生产产生了不容忽视的影响。

---

① 〔美〕鲍勃·富兰克林等：《新闻学关键概念》，诸葛蔚东等译，北京大学出版社2008年版，第183页。

② 〔美〕斯坦利·巴兰、丹尼斯·戴维斯：《大众传播理论：基础、争鸣与未来》，曹书乐译，清华大学出版社2004年版，第10页。

③ 《中国互联网络发展状况统计报告》，中国互联网络信息中心，http://www.cnnic.net.cn/hlwfzyj/hlwxzbg/hlwtjbg/201507/P020150723549500667087.pdf。

④ 《2015年微信平台数据研究报告》，http://www.cbdio.com/BigData/2015-01/27/content_2348200.htm。

⑤ 张韵：《微传播环境下的全民阅读推广策略研究》，暨南大学2014年硕士学位论文。

（一）对话语权分配格局的影响

在法国学者米歇尔·福柯看来，话语是权力争夺的对象，话语的秩序决定权力的秩序。“在我们这样的社会以及其他社会中，有多样的权力关系渗透到社会的肌体中去，构成社会肌体的特征，如果没有话语的生产、积累、流通和发挥功能的话，这些权力关系自身就不能建立起来和得到巩固。我们受权力对真理的生产的支配，如果不是通过对真理的生产，我们就不能实施权力。”①相比较而言，大众传播很大程度上都是单向式的，话语权只掌握在大众传播机构手里，受众很少能够提供直接的信息或是反馈。甚至是在读者来信栏目或是邀请受众参与的节目里，这种不平衡依然存在，大众传播机构有权选择纳入或是“剔除”某些参与者。② 传统的受众在微传播时代已不再是信息的被动接收者，而是信息的再生产者和用户，也就是“Prosumer”，即“producer ＋ consumer”（可以翻译成消费生产者）。以智能手机、iPad等移动终端为代表的新媒介对我国民众特别是青年人的学习、工作、生活等产生了深刻的影响，以前无处发声的话语借助互联网平台得到裂变式传播，其中的一些话语成为了网络流行语并迅速散布开来，彰显出了自身的存在价值和意义。

微传播彻底改变了大众传播时代话语权的分配格局，受众不再是信息的被动接收者，而是信息的积极生产者、传播者，其话语权力得到极大提升。

（二）对话语结构的影响

“碎片化”是描述当前我国社会传播语境的一个形象化的说法，原意为完整的东西破碎为诸多零块。有学者指出现代生活碎片化主要表现在四个方面：时间碎片化、空间碎片化、信息碎片化和人际关系碎片化。③ 无论碎片化以何种形式呈现，都彰显出当下社会的后现代性特征：深度模式的削平、主体的零散化与界限的消失。“贾君鹏，你妈妈喊你回家吃饭”“躲猫猫”“蒜你狠”“糖高宗”“俯卧撑”等网络流行语，以形象、具体、直接的特点背离了传统专业话语的抽象，穿越了不同领域的区隔和边界，充分展示出让群众喜闻乐见和广泛流传的效力。此外，在人们联系日益紧密和信息传播全球化的时代，速度越来越成为人们追求的目标。“生产、运输和消费的加速不仅改变了人们外在和内在的行为，还改变了人们的思维和行动，改变了人们的愿望和喜好。”④一般说来，科技的主要任务就是减轻人类为了生存而不得

① 包亚明主编：《权力的眼睛——福柯访谈录》，严锋译，上海人民出版社1997年版，第228页。
② 〔美〕鲍勃·富兰克林等：《新闻学关键概念》，诸葛蔚东等译，北京大学出版社2008年版，第184页。
③ 徐志宏：《生活世界的碎片化及其本体论批判》，《教学与研究》2015年第9期。
④ 〔德〕彼得·博夏德：《为什么我们越来越快》，佟文斌等译，中国人民大学出版社2009年版，第176页。

不做的工作的负担,并发展其潜能。然而,悖论却是"一个社会真正拥有的休闲时间,似乎与其所使用节省人力的机器之数量成反比"。[①] 在我们看来,休闲时间不仅与机器之数量成反比,还与机器之先进程度和质量成反比。时下,微博、微信等微媒介的大行其道就充分说明了在这个讲求"速度与激情"的时代,大段、整块的休闲时间已成为稀缺资源,因为时间都变成了"碎片时间"。在"碎片时间"中,网民之间交流与对话的符码不可能完全照搬实际生活中严肃、规整并有时显得拖沓而不够灵活变通的话语表达方式,可以采用短小、灵活、快捷的网络流行语,在话语的狂欢中实现对现实生活的表征、反思、批判与重构。

微传播的碎片化引发了话语本身的结构性变化,短小、新颖、快捷的话语呈现方式成为微时代话语的典型特征。

二、微传播环境下我国网络流行语的生产与传播机制

网络流行语是由网民创造或由网民积极传播的迅速流行于网络内外,并往往对社会现实产生影响的语言符号。值得注意的是,互联网上的书面交流具有口语的性质。"以互联网为中介的、基于文本的交流是一种口语,即第三种口语或数字口语。这是一种不说出来的口语。"[②]在互联网(包括移动互联网)上传播的网络流行语主要是基于文本交流的话语,具有口语性质,不妨也称为"数字口语"。

微传播环境下我国网络流行语的生产机制主要包括两个层面:一是网民自身的创造;二是网民借助社会事件或现象进行的模仿、改写、再造。

(一)网民自身的创造

早期的网络流行语,往往是以象形、谐音、缩写等方式表达某种特定意义的符号。例如,象形符号"^_^""O(∩_∩)O"分别表示"笑脸"和"哈哈";"orz"则由英文字母组合成人体下跪的图像,表示"佩服""拜托""被你打败了""真受不了你"等意思。谐音类如"斑竹"表示"版主","偶"表示"我","酱紫"表示"这样子","7456"表示"气死我了","520"表示"我爱你"等。缩写类主要包括汉语拼音和英语的简略缩写,诸如"GG"表示"哥哥","MM"表示"妹妹"或"美眉","FT"表示"faint"(因激动震惊而晕倒)等。其实,在西方以符号和缩略的形式出现的网络用语比比皆是。其中,用键盘产生的情绪图标(emoticon,由表示情绪的 emotion 与 表示图像的 icon 拼凑而成),就是用标点符号组成表达情感的符号或是表情符号(smileys),如":—)"代

① 〔英〕E. F. 舒马赫:《小的是美好的》,李华夏译,译林出版社 2007 年版,第 119 页。
② 〔加〕罗伯特·洛根:《理解新媒介——延伸麦克卢汉》,何道宽译,复旦大学出版社 2012 年版,第 91 页。

表微笑的脸，“，—）”代表眨眼的脸，“@＞—；—”代表一朵玫瑰。缩写字与首字母缩写的例子如：“THX”代表“感谢”（thanks），“IRL”代表“在真实生活中”（in real life），“F2F”代表“面对面”（face to face），“some 1”，代表“某人”（someone）。① “有趣的是，情感符本来可以用打字机发明的，可是它们只能与‘新媒介’一道出现；这是又一个证据，说明计算机和互联网中介的书面交流带有口语的味道。”②

网民自创、流传甚广的网络流行语有“哥吃的不是面，是寂寞”“贾君鹏，你妈妈喊你回家吃饭”等。网民自创的四字新词如“喜大普奔”“人艰不拆”等体现了与传统成语不同的造词方式，给人一种“陌生化”的效果。“陌生化”也称为“反常化”，是俄国形式主义学派的关键词之一。陌生化作为一种艺术程序，将日常生活中习惯性的行为、动作、言谈进行变形，更新我们对生活和世界的陈旧感觉，摆脱习以为常的约束，使我们面临各种事物时不断有新的发现，使读者对其产生一种特殊感受。“喜大普奔”就是四个成语“喜闻乐见、大快人心、普天同庆、奔走相告”的首字连在一起构成的词语，四个成语之间没有任何所谓的逻辑因果关系，但却给人一种“陌生化”的新颖之感。

（二）网民借助社会事件或现象进行的模仿、改写、再造

网络流行语的生成是对既有社会事件和现象“情动于中而形于言”的反映，往往是对已有话语的模仿、改写和再创造。法国后结构主义批评家朱莉娅·克里斯蒂娃（Julia Kristeva）于20世纪60年代提出了互文性（intertextuality）这一概念，指出文本是由引文镶嵌而成的，是对另一个文本的吸收和转换。③ 叙事学家杰拉德·普林斯（Gerald Prince）在《叙述学词典》中将“互文性”界定为“某一文本与其引用、重写、吸收、延长或者一般意义上转换另一些文本之间的关系”。④ 以文学作品为例，南宋诗人文天祥的《集杜诗》，就是借助对杜诗词句的重新排列组合而产生的，是一种通过“互文性”手段推陈出新的方式；爱尔兰作家乔伊斯的《尤利西斯》即是吸取了诸如荷马的《奥德赛》等文本的互文本。我们时下经常挂在嘴边并在微博、微信等微媒体上不时使用的网络流行语“土豪”一词，也生动地体现出“互文性”的特点。该词于2013年在中国风行一时，至今不衰，2014年还被《现代汉语规范词典》（第3版）正式收录。“土豪”的说法看似新潮，却并不新颖。在古代，土豪指有

① Crispin Thurlow，Laura Lengel，Alice Tomic：《电脑中介传播：人际互动与网际网路》，谢光萍、吴怡萱译，台湾韦伯文化国际出版有限公司2006年版，第186—187页。

② 〔加〕罗伯特·洛根：《理解新媒介——延伸麦克卢汉》，何道宽译，复旦大学出版社2012年版，第89页。

③ Julia Kristeva，“Word，Dialogue and Novel，”in Toril Moril（ed.），*The Kristeva Reader*，Oxford：Basil Blackwell Ltd，1986，p. 37.

④ 〔美〕杰拉德·普林斯：《叙述学词典》，乔国强、李孝弟译，上海译文出版社2011年版，第106—107页。

财、有势、有威望的地方豪强，或世居边境而有威望的一方首领。《宋书·殷琰传》有言："叔宝者，杜坦之子，既土豪乡望，内外诸军事并专之。"土豪后来演变成为地方上的豪强、恶霸的代名词，如《南史·韦鼎传》："州中有土豪，外修边幅，而内行不轨，常为劫盗。"大致在唐末宋初，土豪群体的不忠、尚武、逐利等品格特征愈发凸显。正如清人郝懿行在其《晋宋书故》中所言："古之土豪，乡贵之隆号；今之土豪，里庶之丑称。"[①]这个词在我国土地革命战争时期很常用，"打土豪，分田地"成为当时的流行语，土豪也被贴上了"为富不仁""剥削压迫贫苦大众""人民的阶级敌人"等标签。当前，对土豪的通常解释是"富有钱财而缺少文化和正确价值观的人"。土豪一词成了钱财巨多而品位不高、追求奢华而审美不足、炫耀消费而内涵不够、富而不贵的群体的指称。[②] 从世界的现代化历史角度来看，当下中国的土豪现象又是和19世纪欧洲的布尔乔亚现象相关的。另外，因为中国的现代化中财富分配和社会公平问题紧密相关，土豪一词在当下大众文化中的流行，涉及复杂的语义和情绪。有人用它，意在嘲讽和鞭挞；有人用它，难掩羡慕和嫉妒。人们对它褒贬不一，各取所需。土豪的符号语义非常多，指向多种互文本。[③] 网络流行语的互文性来源多种多样，主要包括以下几个方面：①热点新闻事件，如"做人不要太CNN""高铁体""我爸是李刚""有钱，任性""且行且珍惜""世界这么大，我想去看看"等。②流行文化，如"做人要厚道""也是蛮拼的""这个鱼塘被你承包了""我竟无言以对""不作死就不会死""凡客体""也是醉了"等。③贴吧、豆瓣、微博、微信等社交媒体，如"你懂的""萌萌哒""女汉子""小鲜肉""暖男""撕逼""逼格""你行你上"等。

微传播环境下从传播渠道来看，我国的网络流行语有一个发展变化的过程。早期的网络流行语仅仅依靠简单的论坛、聊天室、贴吧、QQ等网络社交平台传播，其传播内容、传播范围、传播群体均受到平台的限制和制约。这一时期的网络流行语，往往陷入封闭的圈子文化和群落文化中，自娱自乐、自说自话的成分居多，从社会和文化层面来看，其影响力比较有限。随着网络技术的快速发展和网络平台的更新换代，网络流行语的传播方式从相对封闭的网络平台转向了更为开放的微博、微信等自媒体平台，其传播范围、传播受众和传播效力在质和量上都较之从前有很大的提升。例如，"感觉自己萌萌哒"等成为流行语，均得益于新浪微博"热点话题"策划的造句运动。2013年9月9日，新浪微博上发起"与土豪做朋友"及"为土豪写诗"活动，助推了土豪一词的持续流行。红极一时的"挖掘机技术哪家强？中国山东找蓝翔"，本是蓝翔技校招生广告语，早先在贴吧零星出现，之后借微博和朋友圈

---

① 郝懿行撰：《晋宋书故》，中华书局1991年版，第16页。

② 胡青青：《网络热词"土豪"的文化解码及伦理反思》，《伦理学研究》2014年第4期。

③ 童明：《互文性》，《外国文学》2015年第3期。

得以扩散。①

在网络流行语的传播过程中，传统媒体也逐渐参与到其中，网络流行语从内循环不断向外部拓展。2010 年 11 月，“给力”一词进入《人民日报》新闻标题——《江苏给力“文化强省”》；2012 年，《人民日报·十八大特刊》出现网络流行语“屌丝”一词；2014 年部分网络流行语在网络生成之后旋即被媒体和大众接受，如“小鲜肉”“暖男”“有钱，任性”“也是醉了”等。网络流行语被传统媒体和官方接受和传播的频率越来越高，这体现出国家已经愈来愈认识到网络流行语在表达公民意见、反映民声以及公民参与社会管理等方面的功能。为了体现自身拉近与民众距离的意愿和决心，传统媒体和官方领导层改变了以往的话语传播策略，从僵化、呆板、不接地气的话语表达模式走向灵动、有趣、接地气的话语表达模式，使这种话语传播策略成为一种新的政治宽容和政治文明的体现。近年来，“蛮拼的”“点赞”“给力”“任性”等进入官方话语体系，正是政府改变话语传播策略的一个缩影。此外，越来越多的商业机构看到了网络流行语的商机所在，不仅在营销手段上竞相运用网络流行语，以至于“淘宝体”“凡客体”“甄嬛体”等网络流行语体及各类网络流行语大行其道，而且将“囧”“槑”“雷”“萌”“俯卧撑”“打酱油”等网络流行语，印在了 T 恤、箱包、内裤、抱枕、鞋子等各种产品上，网络流行语的商品化趋势已经掀起新一轮的时尚潮流。由此，微传播环境下的网络流行语最终不仅在互联网上引发广泛关注，还在现实生活中受到普遍关注与运用，形成引人瞩目的社会文化现象。

三、微传播时代网络流行语的生产动因

微传播时代网络流行语的生产动因，概括起来主要有以下几个方面：

（一）“身份认同”(identity)的需要

“身份认同”一词起源于拉丁文“idem”(the same，即“相同”)，它是一个反思性的自我意识概念，是“对某事物区别于其他所有事物的认可，这包括在其自身统一性中的所有内部变化和多样性。”②身份认同主要有两层含义：逻辑学意义上的同一性；在时间跨度中所体现出来的一贯性和连贯性。③ 身份认同是社会互动过程的结果，只有通过社会互动，人们才能对自己与他者之间的关系有一种明确的定位，进

---

① 《2014 年网络流行语分析》，海外网，http://finance.haiwainet.cn/n/2014/1230/c456763－28293658.html。

② James M. Baldwin(ed.), *Dictionary of Philosophy and Psychology*, vol. 1, NewYork: The Macmillan Company, 1998, p. 504.

③ Richard Jenkins, *Social Identity*, London: Routledge, 1996, pp. 3－4.

而产生对自己的地位、形象、角色以及与他者关系的判定。身份认同是生成性的、历史性的，其发生和演化的内在动力来自社会。离开了认同的社会环境，就无法理解和把握认同的产生、发展和变化。

在微传播时代，媒体的社交特性和自媒体特性活跃，虽然网民以较为个性化的方式参与媒体互动，各抒己见，但在赛博空间的具体交往和互动中，往往与群体保持着观点和意见上的一致。正如凯斯・R・桑斯坦所指出的，人们希望得到群体的其他成员的好感，以及对自己的好感。“有时候，我们的观点或多或少地起到展示自我的作用。当然，一些人要比别人更关心自我展示。但是，一旦我们听到别人的看法，我们当中的一些人就会起码稍稍地朝着占主导地位的立场调整自己的观点。我们有可能克制我们所持的相反意见，而对于多数派的观点，我们有可能要比自己实际的看法表达更多一些的热情支持。”①网络流行语是网民身份识别的符号标志。网民会更加积极地创造、使用、传播网络流行语来寻求群体的归属和文化的身份认同，以便更好地融入网络群体和社区而不被他人孤立。“在那些不了解网络语言的人眼中，诸如‘神马都是浮云’这样的表述不仅不符合语言规范，连最基本的构词逻辑都没有；但在那些熟知网络语言的人看来，这些词宛如一种新式的社会方言或接头暗号，使用这些流行语能够获取一种身份认同，进而使自己不至于‘out’（过时）或者成为网络时代的‘杯具’。”②

（二）狂欢精神的促发

狂欢理论是苏联著名思想家巴赫金毕生研究的核心问题之一。巴赫金指出，中世纪的人实际上面对着两个世界，过着两种生活，“一种是常规的、十分严肃而紧蹙眉头的生活，服从于严格的等级秩序的生活，充满了恐惧、教条、崇敬、虔诚的生活；另一种是狂欢广场式的自由自在的生活，充满了两重性的笑，充满了对一切神圣物的亵渎和歪曲，充满了不敬和猥亵，充满了同一切人、一切事的随意不拘的交往”。③ 在巴赫金看来，狂欢节的生活是一种脱离了常规的生活，它打破了等级森严的社会结构以及与之相关的恐惧、敬畏、虔诚和礼节。人们大可不必像平时那么严肃认真、刻板教条，相反，可以尽情在嬉笑打闹、放纵自我中释放心灵的快乐和生命的激情。这种生活就是“翻了个的生活”“反面的生活”。在狂欢中所有的人都是积

---

① 〔美〕凯斯・R・桑斯坦：《极端的人群：群体行为的心理学》，尹宏毅、郭彬彬译，新华出版社 2010 年版，第 34 页。

② 易艳刚：《网络流行语是时代的鲜活印记》，《中国改革报》2011 年 1 月 14 日。

③ M. M. Baxtnh：《诗学与访谈》，《巴赫金全集》（第五卷），白春仁、顾亚铃译，河北教育出版社 1998 年版，第 170 页。着重号为原有。

极的参加者,所有的人都参与狂欢戏的演出,不分演员和观众。人们不是消极地看狂欢,而是生活在狂欢之中,在按照狂欢式的规律生活。

网民利用微传播环境下网络自由开放、虚拟匿名的特性,发挥他们的创造性,对社会事件和现象进行戏拟、调侃、娱乐式恶搞,以缓解现实生活的压力,释放日常生活压抑的能量,追求狂欢的生命体验。

(三)批判意识的催生

改革开放30多年来,中国取得了举世瞩目的成就,也存在着不容忽视的问题。特别是改革开放进入攻坚期后,在收入分配差距、城乡二元结构、资源环境、民生等方面还存在较为突出的矛盾和问题,这在客观上成为微传播时代网络流行语批判意识兴起和勃发的必不可少的条件。此外,信息技术的不断发展和自媒体的日益兴盛,使得人人都可以成为网络话语的生产者和传播者,人们的主体意识大大增强,受众的话语权得到提升,原本就存在的民间批判意识借着微传播平台被迅速激发出来,并呈燎原之势。"蒜你狠""豆你玩""姜你军""糖高宗"系列,彰显出网民对物价频繁上涨的调侃和批评。"钓鱼执法""强拆""反正我信了""饭醉""爱国贼"等表达了网民对于公权腐败的抗议。网络流行语的批判意识很大程度上衔接了"诗可以怨"的文化传统,既可以"微辨"(隐约地讽喻)等婉转的批评方式出场,也可以直截了当、金刚怒目式的话语展现犀利直白的批判风格。

四、微传播环境下我国网络流行语的价值意义和局限

网络流行语作为一种语言现象、社会现象和文化现象,折射出特定时代的经济、政治、社会、文化状态以及社会大众尤其是年轻人的心理特征。在微传播时代,网民的主体性得到极大的张扬,其生产网络流行语的速度以及网络流行语传播、扩散的广度和深度都远远超出了传统社会民众的想象。具体说来,微传播环境下我国网络流行语的价值意义表现在以下两个方面:

(一)促进汉语发展,丰富民族文化

众所周知,语言是随着时代的变化而不断发展演进的,"语言比较不像大教堂,而像满地蔓生的植物。同时,语言有大量变化,受规则规范(但不见得合逻辑),有弹性,会更动。字词会有各种更动,增加新的微妙差别,重新排列组合,多出新的外

延意义”。[①] 2015 年,《中国青年报》社会调查中心通过民意中国网和问卷网,对 1 601人(其中 80 后占 45.3%,90 后占 21.9%,00 后占 1.0%)进行的一项调查显示,89.8%的受访者在日常生活中会使用网络流行语。受访者日常生活中使用频率较高的网络流行语依次是:“萌萌哒”(50.8%)、“有钱,任性”(40.2%)、“屌丝”(39.7%)、“小鲜肉”(29.0%)、“且行且珍惜”(28.3%)、“也是醉了”(28.2%)、“不作死就不会死”(26.2%)、“心塞”(23.4%)、“也是蛮拼的”(20.7%)。[②] 这从一个侧面说明使用网络流行语已成为人们,特别是年轻人的话语表达方式,而话语背后所展现的文化也成为言说者不得不关注的内容。至于指摘乃至贬斥网络流行语对传统的汉语言纯洁性有影响,一概将其视为洪水猛兽的言论和做法是值得商榷的。“换言之,势利眼或阶级歧视显示在语言上。这种态度渗透到中产阶级中,而此一阶级投注大量心力加以维持,因为他们接受了上层传下来的讯息,认为‘粗俗’语言是不合标准的,也因为作为中产阶级的他们永远力争上游。其企图心有很大一部分来自畏惧,生怕被视为粗鲁无文的一般大众。”[③]在不少批评者看来,某些网络流行语如“屌丝”等粗俗猥琐不堪,理应清理出“纯洁”语言的队伍。殊不知,这正是将语言泛道德化以及视“身体”“性”等为不洁的传统思想观念双重作用的结果。语言本身具有自净系统,作为主体的人也会根据不同的时间和场合使用语言。网络流行语是否具有生命力,是否属于昙花一现,最终还是由语言系统本身决定,由现实生活决定。某些网络流行语诸如“屌丝”颇有不雅的味道,但随着该词的传播和运用,其意涵出现雅化的趋势,被网民纷纷用来自称和他称。“屌丝”不仅对旧的语言传统和语言禁忌形成了巨大冲击,丰富和推动了社会用语的发展,而且释放了受众群体的心理压抑,使受众通过群际间的互动找到了同类的安全感。因此,我们应该用更加宽容、客观的态度对待“屌丝”的流行。[④]

(二)成为人们认知和理解社会现实的重要渠道

网络流行语不仅是人们在线上线下进行交流和沟通的工具,也在很大程度上塑造和建构着现实本身。通过微传播环境下的网络流行语,我们可以观测和体察到网民的思想情绪、心理动态,可以及时了解和认知社会舆情的起伏变化,这对于推进社会治理能力现代化无疑具有重要的参考和借鉴意义。

当然,微传播环境下我国的网络流行语也存在着局限性。一是盲目的跟风、低

---

① 〔澳〕露丝·韦津利:《脏话文化史》,颜韵译,文汇出版社 2008 年版,第 254—255 页。

② 《网络流行语让汉语不纯洁了?》,http://news.mydrivers.com/1/382/382857.htm。

③ 〔澳〕露丝·韦津利:《脏话文化史》,颜韵译,文汇出版社 2008 年版,第 250 页。

④ 董海军、黄启萍:《屌丝流行及意蕴分析》,《中国青年研究》2013 年第 1 期。

俗的戏谑、随心所欲的恶搞等对传统伦理观造成冲击。二是情绪性的政治和社会批判日积月累往往会形成挥之不散的社会戾气，不仅让民众对自己的生活失去安全感，也使其对权力部门缺乏信任感。这种紧张态势渐渐发展为“仇官仇富”“逢官必反”，乃至“逢不同意见即反”的心理和事件，甚至直接危及国家安全和社会稳定。

〔作者单位：厦门大学新闻传播学院〕

汉字的网络传播维度与交往功能

——以“赞”为例说起

◎ 董俊祺

摘　要：网络语言具有简洁、生动、意义流动、便于解读的特性，在网络传播中，汉字的符号价值和交往功能也十分丰富。“赞”成为社交网络中常用的且功能丰富的汉字，并逐渐向现实语用中转化和渗透。本文以对“赞”的分析为例，从语言符号的角度解读汉字在网络传播中的意指维度、联想维度和空间维度。

关键词：“赞”　符号学　语言符号　网络传播

不知不觉中，“赞”这个汉字已经成为了网络交往中一个干练而内涵丰富的汉字明星。在社交网络的传播空间中，似乎存在着这样一种语言，它与现实世界的语言并行不悖，虽然还在与现实世界的语言使用同一套汉字体系，但是表达的意味和传达的感情已经远不再是其原来规矩的本义。这种语言经过网络交往的影响向着自己的传播维度蔓延开去，让一个汉字被赋予了更多的意义和空间。“简洁”是网络用词的生命，过于冗长和拖沓的词语和发音拗口的汉字都不便于在网络上使用。长期的网络符号使用使得网络用词用法向现实口语变化发生了位移。现实与网络用词的无缝对接，让网络用词成为了一种现实和网络嫁接的产物。“点赞”让一个颇具动感和过程内涵的词从社交网络操作动作中被移植到现实生活中的一种态度使用，这是汉字在网络与现实空间的交错游走中发展的必然结果。

在网络环境中，尤其是社交网络中，重在传播的是“言语”本身而非“语言结构”，但并不是不存在语言结构。“赞”的单独成词，成为一种表象网络语言的标志之一就是它解构了传统构词法则和话语体系，而且逐渐趋向于对现实中的用语规范进行刻意的颠覆。“语言结构与言语这对概念的社会学意义是明显的，人们很早就指出过，在索绪尔的语言结构概念与杜尔凯姆的集体概念之间存在着明显的类似性，后者是独立于它的个别表现的。”[①]同时，网络语言具有极其口语化的书面语特征，即网络用语的表现方式是“书面”的，但是又要在同一套汉字体系的前提下发展出不同于传统意义上的书面语。

“赞”的走红是一个由网上用户不断求得认同和衍生的过程，是一种和而不同的社会心理机制：既希望求得认同和获得存在感，也希望由于对象的不同而产生不同的解读和含义。

一、为什么是“赞”：语言符号的任意性和“赞”的必然性

（一）语言符号的任意性——音、义、形结合的随机性

汉字本身的音、义和形的结合就是一个不断达成共识和契约的过程，但其产生最初并不具有必然性，而是具有随意性，只是这种随意性被沿袭和承认，从而达到了共识性的使用。现代语言学之父索绪尔在阐述语言符号的一般原则时提出任意性这一概念，并将其称作语言符号的第一原则。索绪尔认为，“语言符号中音与义的最初结合是任意的、无理据的。语言符号的任意性原则，客观而辩证地论述了语言符号的性质”。[②]

根据马修斯(Matthews)的定义，任意性是这样一种语言特性，即一个简单的词汇单位形式与该词汇单位所取代的事物之间一般不存在必然的联系。[③]

索绪尔认为，构成符号是“一个两面的心理实体”，也就是说它由人们大脑中产生联系的两个要素结合而成。构成符号一方面是“能指”(signifier)，表示符号的声觉形象；另一方面是“所指”(signified)，表示符号的意义。能指与所指都是心理的，两者的联系是任意的或者无理据的。网络空间和网络交往中的语言符号使用因为一套“音形”系统而同样具有这样的特点，而且其随意性更大、更新、更快，也有了群体和社区的色彩，但无疑这种语言符号的形成是不确定的、随机的，是在网络交往和传播过程中自发地形成的。

没有人能够为“赞”下定义，也没有下定义的必要。因为，每个节点的交互之间“赞”的内涵大相径庭，而每个个体的独立解释空间变大了。这是“赞”带给人无限互动感的一个原因。

---

① 〔法〕罗兰·巴尔特：《符号学原理》，李幼蒸译，中国人民大学出版社 2008 年版，第 12 页。

② 李明：《语言符号的根本属性是任意性的——兼与陆丙甫、郭中两位先生商榷》，《外国语》2008 年第 2 期。

③ 〔英〕马修斯编：《牛津语言学词典》(英文)，上海外语教育出版社 2000 年版。

(二)“赞”出现的必然性

1.“赞”的音和义

“赞”作为众多汉字中的一个,其发音、字形和含义都有特殊性。从“赞”作为一个汉字符号的发展历程来看,其意向所指皆为正向的索引,即使用本身不具备负面信息的表达倾向和潜质。“对‘赞’字的本意进行考究,该字在最初就含有褒义。”[①]之后“赞”发展成文体,也都是倾向于褒义的指向,而非贬义或负面的指向,所以“赞”有着非常优良的褒义和赞同的传统。

汉字有其丰富的声韵内涵,“赞”的“去声”的发音,代表的语气和情绪都相对干脆利落,作为单独汉字使用很合适,不需要和其他汉字成词形、成音变,其发音独立而且具有结论性。“当说话人处于某种情绪时,这些改变通过语音音高、音强、音长、音色、停顿等变化体现出来,被称为韵律,是从听觉角度出发的心理量。”[②]“赞”字的发音、本身发音所带来的发音联想和所产生的心理因素,都有利于其成为网络传播中作为符号的汉字传播和使用。

“赞”的本身延伸义并不多,基本都是表达“赞同”和“正面”之义,这也是网络传播中交流和互动得以继续和良性进行的保障。所以,作为一个汉字,“赞”的音和义都有其占有性和在汉字优胜劣汰中自然选择的优越性。

“赞”在中国有非常深厚的群众基础。比如,在中国的方言里,绍兴新昌方言中“赞”有形容词意“非常好”的意思;苏州话的常用口语,以及粤语里面也有类似发音的字,意思是“很好”。这都说明“赞”本身无论在普通话发音还是在地区方言中都有深厚的“正向”暗示和使用基础。

2.语言符号的社会约定性——规范根源于大众约定

不同语言在互相翻译、转化的时候必须通过现实链接。语言符号的一种社会约定性会保持相对稳定的规则。

作为“符号”的汉字其内涵已经远远大于汉字本身,而且也超越了原有的意指本身。在社交网络中,受众对“同”的追求是“认同”,受众产生“异”,在于同样的一个汉字符号因为来自不同的用户而变成了截然不同的表达,加强了“受赞者”本身的解读和理解过程,使得用户之间的互动变得更加多样化。但所有这些都由一个“赞”来承载,这说明“赞”在社交网络中的传播效率很高,也说明“赞”被赋予了“互

---

① 张立兵:《“赞”有无赞美之义略辨》,《芜湖职业技术学院学报》2004 年第 1 期。

② 高慧、苏广川、陈善广:《不同情绪状态下汉语语音的声学特征分析》,《航天医学与医学工程》2005 年第 5 期。

动”和“社交”的价值与内涵。

“赞”已经成为一种社会心理约定，其含义丰富，已经远远超出了作为汉字本身所具有的内涵。网络的传播放大作用在于，语言和汉字通过网络的传播和使用，自身的含义被无限放大。网络传播中的高语境的存在使得对汉字的解读完全依附于传播的内容和传播的对象，能指和所指之间的距离和途径被扩大和丰富了。

语言是社会性的，能指与所指结合形成语言符号的必然性，但两者在传播过程中会逐渐形成约定俗成的结合关系，这种结合关系具有相对的稳定性。保持相对稳定的结合规则，每个使用者都得接受而不能随意更改。

3.语言的创造性——语言变异是自然规律

创造性的意思是，我们能用语言创造新的意义，使语言丰富而复杂。“赞”的意义正是通过网络传播的渠道被无限放大和丰富，然后又以一种反哺的形式回到实际生活的语言运用中。

“YouTube 发现，……大多数人只需要情绪化态度，而非理性、客观、逻辑的分析。……‘赞’字在社交网络中使用的频率非常高，特别是网友看见别人的帖子想评论又无话可说的时候，于是只能用这一字归纳态度上的所有含混不清与暧昧。”[①]社交网络中存在这样一个互动的需求和必要以维持交流和关系的继续，所以反馈是必需的。但是，这种反馈的表达需要一个载体来实现，“赞”本身既具有符号属性，同时也具有合理的被解读空间，是一种恰当的载体。所以，“赞”作为汉字，作为符号，作为一种社交表达载体，有其应运而生的必然色彩。

短小精悍的一个“赞”，深刻代表了一种心理机制，代表了一种图像联想，代表了一种态度的非直观表达。它所表达和能传递的已经不仅仅是所指，还有无限丰富的延展性和内涵扩散性。

二、“赞”的符号学解读

皮尔士把符号问题的探讨推广到了各种符号现象中，从而建立了全面意义上的符号学体系。一切符号学的问题都不能回避符号、对象客体和解释项三个方面，这即是皮尔士的符号和对象的解读理论。皮尔士根据符号与对象的关系将符号分为三种：图像符号、索引符号与象征符号。[②] 由于汉字的特殊性，汉字的网络传播符

① 钟瑜婷、陈一斌：《点赞交际学：网络上，我们用“赞”归纳一切暧昧》，http://Chuansong.mt/n/2744231。

② 丁尔苏：《皮尔士符号理论与汉字分类》，《符号与传媒》2010年第1期。

合所有的象征性,即具有图像的意义,因为汉字是象形文字的本质属性和索引符号,其关系产生较为固定和有共识性。网络传播中走红的“赞”和有着符号联想的“竖起大拇指的手”“爱心”这两个可以在现实中很容易被还原的体态符号,丰富了整个符号传播系统。

形式主义、经验主义和实用主义这三种哲学思潮被莫里斯批判性地用来构建他的科学经验主义哲学主张,这三种哲学思潮的合理成果——语形学、语义学和语用学,构成了莫里斯符号学的有机组成部分。莫里斯符号学的观点对于西方语言文字的影响和归纳是重要的。这种归纳是否适用于文字系统和表达方式完全不同的东方语境呢?从对“赞”的探讨而言,“赞”引证了其符号学不仅包括语言符号的现实,而且包括其他类型的符号,因为现在“赞”有相应的图像符号和想象符号去表现自身的多元表现力和维度。“赞”的使用见证了自身从语言符号到非语言符号的演变和融合。语言符号确凿清晰,非语言符号生动而且也在逐渐达成共识,表意符号最终和文字符号一同完成了有效传播、合理想象的过程。

符号包含三种类型的关系:符号之间的关系,符号与对象的关系,符号与人的关系,这三种关系分别属于语形学、语义学和语用学的研究对象。

(一)从语形学看“赞”:符号之间的关系

“赞”的脱颖而出和被选择在之前的篇幅已经讲到,这里强调的是“赞”作为一种语言符号与其他同类符号和非语言符号的共同结合和互动。在网络传播空间中,语言符号和非语言符号通过不同的符号表现,但是通过同一个界面表达和传输出来。从语言的形态来看,这其实是语言和非语言的双向互动融合,是符号的融合和表达的统一,主要目的是让表达更加准确、生动和全面。

(二)从语义学看“赞”:符号与对象的关系

“赞”作为一个汉字,映射的范围是相当大的,映射的对象可以是一个人、一个物、一件事、一种观点,甚至可以是风马牛不相及的表现内容。“赞”通过与其本义的契合程度和冲突程度来确定表达性质的正负。这个解读结果有着相当大的不确定性和随意性,因为符号所指涉的对象不同,造成对同一事物的同一个“赞”的天差地别的解读,有可能是正面支持,也有可能是负面反讽。符号与对象之间是交流与互动的关系。正是从“语义”的角度看待“赞”,才使得一个小小的汉字能够有如此丰富的表达内涵。

(三)从语用学看“赞”:符号与人的关系

从语用学的角度看“赞”,也就是探讨实施传播的人与“赞”的关联。网络的无限互动、非单向的和不确定的特点，使传者和受者的界限模糊，成为完全靠符号连接和意义整合的分散单点。“赞”是一种归属和划分，是一种“存在感”的彰显。“赞”起到对人的一种规划作用，而不仅仅是表达作用。语言符号的直接意指和固定性使得这种存在真实可感，而且言之凿凿。

从语用学的角度来讲，“赞”是“为人所用”而且“所用为人”的。

三、“赞”的网络传播维度

虽然有大量的文献都使用了传播维度这个概念，但是大部分文献都是基于传播学视角的不同话题的讨论，而不是专门讨论传播维度。如果从传播维度字面意义上来理解，它是传播时需要处理的意义空间，即从被使用到接收，再到人内传播解读的过程中出现的分门别类。可以将汉字的网络传播维度归为意指维度、联想维度和空间维度，下文从这三方面维度探讨汉字网络传播的规律和价值。

（一）意指维度

意指分为直接意指和引申意指。“直接意指一般比较明确、固定、稳定，这是因为它是代码明确规定的”；“引申意指有时不明确，微观语境中的看似荒谬、令人费解的符号就只能在宏观语境中去根据信息接收者的意志来解码，尽量理解信息发出者的意图，赋予符号以另外的意义”。[①]

“赞”作为直接意指已经被固定下来，而不是用“好”或者“喜欢”。“赞”作为符号以固定的汉字形式被固定下来，既不是生僻字也不是新造字，而是一个普通的、既有的汉字，以一种约定俗成的方式被确定下来，得到了传播者的认可。“赞”的引申意指不仅仅局限于汉字符号本身的意义区隔，而是占据了更大的空间范围和语境选择，即“赞”不再是之前大家固有的意义生成，而是因为“赞”的使用而产生强烈的反差和对比效果；不再是常理和有时所涵盖的结果，而是直接意指和网络交流情境中发生冲突而形成的因人而异的碰撞和反差效果。网络文字再丰富多彩也无法超越电脑键盘能够赋予的范围。汉字是表意文字，但是这个“意”究竟是正向还是逆向地被表达出来，都可以通过“赞”的行为和符号本身与不同个体之间的人内传播发生的共同作用得到答案。语言学并非把事先确定的语言意义搬到现实的交往过程中，而是强调话语的表达，只有放到可能应用的情况中才有确定的意义。可以说，在我们试图重构情境条件时，也就意味着重构话语的意义。所谓构造性，即交

① 连甫：《直接意指与引申意指》，《学术交流》1997 年第 6 期。

往者之间要达到理想的目的，就要对其语境——可理解性的条件作出预设，从而对制约话语的诸条件进行整合了解。

(二)联想维度

每个汉字位于每个人的记忆系统和知识储备系统中，犹如千丝万缕的各个节点，每个环节链接不同记忆和情绪。“赞”的触发机制是既要联系语境和交流对话的对象分析，同时又要触发不同情境状态下的不同联想。“汉字是一种状似方块、形似物象、声究韵味的文字。只只孤立，字字独意。”①汉字就如同图画一样触发着一连串联想机制，网络交往过程中高语境的环境特点使得联想显得重要而且独特，是传播的成立得以个性化和专属化的一个源头机制。虽然在整个大网络社会中大家都使用“赞”来方便地表达，但是每一个“赞”的触发机制和表达语义都是不同的，其实是个性化的统一汉字符号。语言符号和非语言符号在网络空间建立起交相呼应的表达和传输系统，使得网络表达更加贴近于现实但又优于现实，这就是“赞”带来的图像联想。之前说到的现实和网络环境的无限对接，使得网络语言和网络汉字的使用习惯可向现实反攻和渗透。

和现实语境的高重合度贴合，使得“赞”不仅是一个静止不动的枯燥汉字，还是代表有动态过程的生动表达，这是“赞”带来的动态联想。一个汉字引发的联想是由一个意向得出的动态反哺过程，以及其所代表的语义联想。是“赞同”还是“支持”，“调侃”抑或“反讽”，这些丰富的语义联想都是由一个“赞”字而生发出的无限表达力，视不同情景、不同语境和不同的网络关系决定其内容的多重性和丰富性。一个操作按钮和一个汉字的区别，倾注了不同的注意力、关注度和认同感。比如，具有象征意义的点赞按钮和手动写赞的表达方式不同，使得一个汉字的网络使用空间感被多层次化了，即表达力度和投入程度通过一个界面作出区分，这是“赞”的联想传播维度所带来的表现力。

(三)空间维度

“赞”是公共空间的被认同向私密空间的被满足的成功转化和推移。汉字的网络化传播维度在于既求同又存异的跨维度的多维传播维度。

设计艺术的空间分为“物理空间”与“心理空间”。“物理空间，是指物质实体的空间，可以目视；而心理空间，则是由物理空间的位置、大小、尺度、色彩、材质、肌理等视觉元素所引发的理想空间感受，是人们在特定视觉空间里内心世界的一种反

① 蔡保清：《汉字的联想》，http://www.niwota.com/submsg/1443466/。

应。不同的空间会产生不同的感染力，这就是人们在不同的空间里产生的心理因素，即心理空间。”①在网络传播空间中，具有不同属性和特点的媒介产品创造出具有不同物理空间和心理空间的交流与表达空间，“赞”在网络传播中带来的影响会从网络界面平移到现实界面，即网络语言会在现实的使用中得以实现自身。比如，现在“点赞”已经不仅是一个只属于网络传播空间中表示动态的描述词语，而且是现实中为了表示“赞同”“认可”或者表示“喜欢”等各种多元情绪和复杂态度的一个词语。从“赞”的空间维度可见，汉字网络传播的空间维度的客观，不仅可以实现同一空间下的内涵扩散，而且可以实现跨界面的空间传播。

“人对空间需求兼具公共性和私密性。公共性表示人们具有对公共活动、互相交往以及共同使用空间的需求特性，这主要体现在人际交往上。人际是影响信息接收和对信息处理的重要因素，甚至影响着态度和立场的转化，会制造干扰因素。一方面，人们需要获得交往、关注、友谊，另一方面还以一定程度上的自我封闭，要求自我隐匿，有所保留。”②现在网络用户对自己传播空间的多维度构建使得网络传播环境兼具公共性和私密性，“赞”游走于这两者之间，具有不同的表现力。比如，公共的认同和私密的支持都是“赞”来表现的，但是不同的传播空间必然建立不同“赞”的表现空间。

网络和生活越来越无缝化的接合使得网络语言和现实使用语言越来越多地重合，不同群体间的语言越来越差异化，不同群体使用的“赞”和不同传播空间下的“赞”所代表的寓意必然不同，这造成不同空间构建下“赞”的含义不同。

四、结语

随着使用情景的丰富和媒介的完善构建，汉字已经不限于既有的表现形式和表达功能，从“符号学”的角度观察语言文字符号和非语言文字符号可以更好地认识汉字的网络传播。“赞”作为一个极具代表性的汉字网络符号，其归属能力和表达潜力是有目共睹的，完成了它的网络传播语境与现实使用的对接，赋予了自身强大的生命力。

〔作者单位：中国传媒大学广告学院〕

---

① 石春鸿：《设计的心理空间》，《美术大观》2009 年第 3 期。

② 俞国良、王青兰、杨治良：《环境心理学》，人民教育出版社 2000 年版，第 114 页。

微媒体时代的个人与公众

◎ 蒋　敏

摘　要：使用互联网已经逐渐成为工业社会中大多数人的生活常态，互联网领域的创新层出不穷，在这样一个大背景下关注微媒体在中国的发展趋势意义重大。本文从微媒体形态、微媒体表达、微媒体商业化、微媒体的公共性入手，结合中美两国微媒体的不同之处进行粗线条的比较，进而勾勒出一些研究上的新话题和盲点。

关键词：微媒体　表达　信息安全　公共空间

十几年前，互联网研究还不是口语传播学研究的主流，如今使用互联网已经逐渐成为工业社会中大多数人的生活常态。互联网领域的创新层出不穷，国内大力提倡"互联网＋"的发展战略，国际上斯诺登事件所折射出的个人隐私和互联网信息安全成为炙手可热的研究话题。在这样一个大背景下，对微媒体在中国的发展趋势的讨论非常有意义。

下文从四个方面谈谈微媒体时代的特征：微媒体形态，微媒体表达，微媒体商业化，微媒体的公共性。同时，本文对中美两国微媒体的不同之处进行了粗线条的比较，勾勒出了一些研究上的新话题和盲点。

一、微媒体：媒体形态

首先，微媒体是一种微型的媒体形态，包括微博、微视频、微小说、微电影等。微媒体在国内的主要代表是微博与微信，在美国的主要代表是推特、与微信相似的WhatsApp和微视频网站Vine。微媒体形态短小精悍，满足了现代社会快节奏生活中人们在短时间内获得信息的需要。不论是在地铁上、堵车的路上，还是在排队付款时，微媒体填充了这些生活中"碎片化"的时间。

值得一提的是，中国的微媒体从刚刚起步时对西方媒体的模仿到后来的本土化原创，在很短时间内有了长足的进步。比如，新浪独创了长微博，在文字基础上加入上传图片、视频功能和评论功能，微信发展出朋友圈的概念和语音对讲等方面的功能。在某些媒体功能方面，中国互联网公司的创新超越了国外的互联网公司。比如，推特于 2015 年才开始加入上传图片、视频功能与评论功能以促进使用者之间的互动。从模仿到被模仿，中国的微媒体公司在功能创新方面是值得一提的。

关注媒体的形态可以从微观技术层面提出很多媒体设计、人机互动上的问题。美国的大学在学术研究和教学上越来越注重跨学科、跨领域的"设计型思维"(design thinking)，强调传播学与计算机学、艺术设计领域的合作。在这个方面一个比较有意思的研究问题是"设计型思维"的跨文化性。拥有不同文化背景的设计者和用户在微媒体设计和使用上有区别吗？审美观念有不同吗？中国本土的设计会被国外使用者接受吗？反之成立吗？最近几年中国越来越强调文化软实力，"设计型思维"就是软实力的一个重要组成部分。

二、微媒体：表达，自媒体

当然微媒体不仅仅是一种媒体形态，它也和个性表达紧密相连。在这个意义上，微媒体可以被看作自媒体的一部分。在媒体对个人和社会的影响上，媒体学者经常引用 20 世纪 60 年代红极一时的加拿大学者麦克卢汉的观点——媒体是人的延伸。人首先创造工具，之后工具塑造着人。虽然他被认为是媒体决定论的代表人物，但他很清楚地看到了媒体的两面性。从他的视角来看，微媒体既可能带来希望，也可能带来失望。从乐观的一面看，微媒体降低了门槛，为更多人提供了更多的自由表达机会，使人人都拥有麦克风。从悲观的一面看，微媒体鼓励碎片化的传播交流，用户既是媒体生产者也是消费者，往往缺乏时间、无心思考，面对无时无刻不在更新的信息不免产生疲乏。这样一来，如何在信息的汪洋大海里有效地摄取信息、进行交流就显得尤为重要。

麻省理工学院有名的社会学教授雪莉·特克尔(Sherry Turkle)出版了一本热门书 *Alone Together*，中文可以翻译成《群体性孤独》。她在书中细致地描述了科技是如何让人们一起孤单的：在课堂上、饭桌上、会议上，甚至约会上，我们的手机时刻不离身，但我们不自觉地越来越忽视和家人、朋友面对面的高质量交流。虽然她的描述有些偏颇，但她提出了很重要的思考话题，即微媒体和移动媒体如何从根本上改变了人对于自我的认识和定义？我们应该如何有效地进行面对面的沟通？看过她的文章后，我的美国学生决定在出去吃饭的时候让所有人把手机都放在饭桌中间，谁第一个在吃饭的过程中拿手机谁就来买单。虽然这有些玩笑成分，但他们理解有效的沟通需要有效的自控。

三、微媒体:大数据,个人隐私和信息安全

微媒体对个人的影响不可忽视,微媒体作为一种商业模式更是提出了很多挑战。其中一个主要的挑战可以总结为“微媒体,大数据”,这两者并不冲突。前面提到微媒体降低了使用门槛,大量的用户产生大量的数据,大数据的商业化形成了巨大的广告市场。像谷歌、百度、推特这样的互联网公司实质上都是精准的互联网广告公司,它们免费为用户提供搜索、收发邮件等各种服务,同时又详细记录着用户在公司网站上的一举一动,并通过把用户数据卖给广告商来盈利。一个大的数据公司拥有几亿人的数据,这些数据有可能具体到某家的狗粮、猫粮的牌子是什么。仅在美国,网络广告的市场价值就有 400 亿～500 亿美元。可想而知,对这种数据的收集带来了重大的信息安全问题。

从某种程度上来说,互联网不仅有硬件层面、软件层面和内容层面,还有重要的广告和数据层面。对于广告制作来说,网络广告的增长不但意味着广告商需要越来越多的网络广告,还意味着广告需要面对不同的人群、更有针对性。对于从事数据收集的人来说,他们不但要对数据进行有效的收集和解释,更要采取措施保证用户数据的安全,因为数据的窃取和丢失逐渐成为了一种常态。许多国家有关数据层面的立法还处于一个灰色地带,而欧盟国家正在颁布越来越多的法律来保护用户的利益。谷歌从 2014 年起已经开始根据欧盟最高法院的裁定在搜索结果中删除一些特定内容,给予用户“被遗忘权”(删除用户以往不光彩的过去)。中国在网络被遗忘权、隐私权等问题的讨论上还很滞后,没有把隐私作为一种独立人格的权利纳入法律保护的范畴,用户数据存在很大的安全隐患。

四、微媒体:公共生活

在新传播杂志 *Social Media & Society*(《社交媒体与社会》)的发刊词中,主编谈道:“所有媒体都是社会的。”媒体在人们的公共生活中发挥着重要的作用,它不但是个人表达的工具、商业的平台,而且是社会文化政治的重要载体。微媒体也不例外。新浪微博 2010 年开始在中国兴起,曾一度被学者认为是中国的“草根公共领域”。它的确在许多重大事件上起到过不可替代的作用,但这个民间的网络舆论场因为各种原因逐渐衰落。微信取代了微博,小圈子取代了大社会,私人会客厅取代了城市广场的喧闹,这种微媒体的转变引发了很多值得研究的课题。

在以熟人和小圈子为主的微信传播模式中，公共信息的传播有什么特点？它与公共信息在微博上的传播有什么区别？与微信相比，微博真的更具有社会性吗？微博上曾一度充满意见领袖，这与微信上的意见领袖有什么区别？微信是否促进了使用者的小圈子化、“极化”现象？这对我们的公共生活产生了什么样的影响？中国的媒体很特殊，与中国社会文化和政治体系交互影响，给我们带来了很多研究课题。

〔作者单位：美国北卡罗来纳大学夏洛特分校传播系〕

流行通讯软件对口语传播的影响

——以微信为例

◎ 李爱红

摘　要:人类经过了口头传播阶段、文字传播阶段、印刷传播阶段、电子传播阶段,今天,已然步入了移动互联阶段。随着智能通讯技术的发展,人类社会的结构和人际关系面临重构,流行通讯软件对人类最基本的口语传播带来了不小的影响。本文通过以时下流行的通讯软件之一——微信为例,探讨流行通讯软件对口语传播的影响,以及口语传播对流行通讯软件自身应用和市场推广的影响。

关键词:流行通讯软件　微信　口语传播　影响　市场推广

由于互联网和通讯技术的发展,加拿大传播学家马歇尔·麦克卢汉在其著作《理解媒介——论人的延伸》中所预言的“地球村”,在今天已经成为现实。通讯软件得到了广泛应用,已经“形成了几乎覆盖所有用户群体的通讯网络”。[①] 时下流行的通讯软件之一——微信,更是在人们的日常通讯中占据着重要地位,这对口语传播产生了一定的影响。然而,微信的成功依然离不开口语传播的作用。对于最初的微信 1.0 测试版,外界并不看好,因为它只有即时通讯、分享照片和更换头像等简单功能。2011 年 5 月 18 日,微信 2.0 安卓版本发布,新增了语音对讲功能,使得微信用户群第一次有了显著增长;2012 年 7 月 19 日,微信 4.2 安卓版本增加了视频聊天插件,为用户提供了免费视频功能,到 2013 年 1 月 15 日,微信用户突破 3 亿;微信 4.5 安卓版本支持实时对讲和多人实时语音聊天功能,到 2015 年第一季度末,微信月活跃用户达 5.49 亿人。语音和视频聊天更加方便快捷,更具真实性,更易拉近双方距离,具有亲切感,可以说是对现实口语传播、人际传播场景的真切回归。

---

① 臧海峰、张力军:《通讯软件发展现状的分析与研究》,《计算机与数字工程》2008 年第 2 期。

一、流行通讯软件概况

通讯软件包括即时通讯软件、社交网络服务软件、个人信息管理软件。毫无疑问，目前网络上最为流行的通讯方式就是即时通讯，各种即时通讯软件也相继被研发出来。即时通讯软件是指通过即时通讯技术来实现在线交流的软件。它既包括方便个人沟通、娱乐和交友的个人局域网聊天工具，比如 YY 语音、QQ、移动飞信、微信等，也包括为企业内部实现有效协作交流提供帮助的企业即时通讯工具，比如 AnyChat 即时通讯、叮当旺业通、大蚂蚁(BigAnt)等。“目前，即时通讯软件正在积极向移动领域扩展，努力增强其跨越平台的能力，最大限度地实现互联网服务向移动领域的迁移。”①

二、口语传播概况

口语的诞生，标志着人类传播的第一次革命。口语传播亦称语言传播、口头传播，是主要借助有声语言进行的信息传播与交流。它是人类最原始、最普遍、最基本的传播形式，也是其他传播形式的基础。苏联著名心理学家巴甫洛夫说：“没有东西可以比语言更能使我们成为人类。”由于人类不断迁徙，交流日益增加，语言自诞生起，就处于不断发展变化之中。如今，“世界上还存在三千多种语言和重要的方言土语”。②

口语传播优点颇多：使用方便，可独立完成传播活动；不仅能传达简单信息，还能表达抽象概念；使人类的双手得以解放；发音具有经济性；具有巨大的能动性和创造性，不断丰富着语义世界，等等。但是，口语传播也存在转瞬即逝、传播距离有限等缺陷。③“以往的语言传播，是人与人之间的口耳相传、心记脑存，既不能‘通之于万里，推之于百年’，亦不能保证信息在传播中不被扭曲、变形、重组和丢失。”④

---

① 臧海峰、张力军：《通讯软件发展现状的分析与研究》，《计算机与数字工程》2008 年第 2 期。

② 熊澄宇：《媒介史纲》，清华大学出版社 2011 年版，第 18—19 页。

③ 熊澄宇：《媒介史纲》，清华大学出版社 2011 年版，第 18—19 页。

④ 邵培仁：《传播学》，高等教育出版社 2007 年版，第 66 页。

三、流行通讯软件对口语传播的影响

(一)跨越时空障碍,加强互动性

在传统的口语传播中,传受双方的传播活动往往是在特定的时间和特定的地点,通过面对面并充分调动语言行为和非语言行为的方式完成的。通讯软件的出现彻底改变了这种口语传播的形式,每个人都有机会随时随地与他人进行交流。[①]以微信为例,微信具有语音功能,只要将话语录制下来,就可以发送到对方手机上,完成传播活动。微信还具有视频功能,通过一块小小的屏幕,依然可以将处于异地的传受双方连接在一起,使双方可以自由接收反馈,互动性很强。微信朋友圈互动频率的增加,增强了人们的"强关系网"。

(二)灵活构筑传播情境

传播情境有狭义和广义之分,新媒体传播环境下,传播情境可分为共时情境、现实情境和广义上的大环境。传统的口语传播是传受双方在一致的现实情境下完成的。互联网的发展将身处不同现实情境的传受双方连接在了一起,人们可以根据自己喜欢的方式来构筑现实的传播情境。以微信为例,微信具有语音聊天和视频聊天功能,如果使用者喜欢聊天的同时刷刷微博、看看朋友圈、听听音乐,可自由选择。而且在交流过程中微信可延时反馈,使人们能留出时间控制情绪和润色语言,可避免不必要的冲突,促使人际关系更加和谐。

(三)方便人们存储、检索传播内容

传统的口语传播所传内容转瞬即逝,即使文字可以加以记录,但记录内容也不尽全面和准确。录音设备的出现,使这一目标得以实现。随着互联网和通讯技术的发展,通讯软件出现,使这一功能更加完备,更有灵活性。以微信为例,人们使用微信进行口语传播时,其视频功能可以达到构建共时情境的效果,而且关键信息可以通过文字、语音发送,或者直接使用手机的录制视频功能,软件会自动将信息记录,若有所需,可随时翻看和检索,为信息存储提供了极大的便利。[②]

---

① 薛可、余明阳主编:《人际传播学》,同济大学出版社 2007 年版,第 31 页。
② 薛可、余明阳主编:《人际传播学》,同济大学出版社 2007 年版,第 31 页。

(四)给口语传播带来便利和风险

互联网和通讯技术的发展,使世界成为一个"地球村",人与人之间的联系变得更加紧密。在传统的口语传播中,若无外界重大因素干扰,传受双方的交流活动在一般情况下可以顺利进行。互联网环境下的口语传播,要求双方同时使用机器媒介系统,所以受制于网络状况、电量、设备质量等技术因素,只要有一方出现状况,则传播活动即会中断。现代人几乎患有"手机依赖症",将自己的大脑记忆功能搁置,如若出现手机丢失或电量用完的情况,他们几乎不会记得一个电话号码,很难与他人取得联系。

(五)削弱现实的口语传播能力,影响人际交往

在这个信息泛滥的时代,人们都湮没在浩如烟海的信息巨浪中,普遍存在一种社会病理现象——"媒介依存症",即过度沉湎于媒介接触而不能自拔,价值和行为选择都必须从媒介中寻找依据,满足于与媒介中的虚拟社会互动而回避现实的社会互动,形成孤独自闭的社会性格等。[①] 这种现象削弱了人的现实口语传播能力。由于人的头脑中储存了大量信息,但这些信息几乎都是片段化的,人们在现实中不能完整表述它们,也怯于与人交流,甚至有人患有社交恐惧症,这削弱了现实的人际交往能力。而且,此时人们还缺乏独立思考的能力,很容易人云亦云,沦为单向度的人。

四、口语传播对流行通讯软件的自身应用和市场推广的影响

(一)语音功能解放人类的双手

文字发明前,手势是原始人进行交流的主要方式之一,劳动占用了双手,人们就不能传达信息。直到后来,口语发展成为一套完整的系统,才解放了人们的双手,逐渐成为人们最主要的传播手段。口语的诞生,标志着人类传播的第一次革命。[②] 最初的微信1.0测试版,只有即时通讯、分享照片和更换头像等简单功能。人们使用微信进行信息传播与交流时,必须使用双手操作,很多情况下跟不上聊天节奏。比如,在赶路的时候需要紧急回复一条重要信息,可能因为低头用手打字而耽误时间或出现安全问题等。微信增加语音功能后才解放了人们的双手:可以用

---

① 郭庆光:《传播学教程》,中国人民大学出版社1999年版,第152页。

② 熊澄宇:《媒介史纲》,清华大学出版社2011年版,第18—19页。

语音在微信上查路况，保证安全驾驶；不想打字时可以直接发送语音，既节省了时间又避免了文字的词不达意，等等。也正是因为语音功能的增加，微信用户才有了第一次的显著增长。

(二)促进语音类自媒体节目的蓬勃发展

自媒体(We Media)使普通大众经历了数字科技的强化和与全球知识体系的相连，是一种理解普通大众如何提供与分享他们自身的事实、新闻的途径。播客、微博、微信等都是自媒体。在自媒体中，“以文字形式表达分享个人观点的为文字类自媒体，而通过有声语言表达分享个人观点的则是语音类自媒体。”①微信是当下最活跃的自媒体，其用户数量已突破 6 亿人。以微信平台为依托的自媒体节目如雨后春笋般增多。文字类自媒体，如《壹读》《大家》等；语音类自媒体，如《凯子曰》《罗辑思维》《十点读书》《青音》等，都做得很成功。相比文字带给人们的视觉体验，语音带给受众的是不一样的听觉体验。听语音的同时可以兼做其他事情，这解放了人们的双手；语音更具真实性，仿佛把读者带入了一个真实的情景对话中。因此，语音类自媒体聚敛了一大批粉丝。以《十点读书》的公众号为例，截至 2015 年 8 月底，“根据公开的数据显示，《十点读书》的公众号(粉丝有 250 万人)受到众多文艺青年的热捧，位列全国读书类公众号第一名。2015 年 7 月在新版的月排行榜中，《十点读书》排在 500 强的第 4 位，位列《人民日报》《央视新闻》和《FM93 交通之声》之后”。②《青音》是国内首个“睡前语音”微信公众号，于 2014 年中国自媒体年会中获“年度最佳自媒体”奖。“《青音》在不到一年的时间里，已经覆盖 30 多万青年受众”，“日活跃用户超过 10 万人”。③

(三)促进流行通讯软件的推广

马斯洛将人类需求从低到高分为 5 种，即生理需求、安全需求、社交需求、尊重需求和自我实现需求。社会心理学家舒茨于 1958 年提出了人际需要的三维理论，他认为，“人际关系的模式大致上可以通过 3 种人际需要来表示，即包容需要、支配需要和情感需要。”“人际需要就是个体要求在自己与他人之间建立一种满意的关系。”④社会中的人们都有社交需要、情感需要和尊重的需要，希望情感得以宣泄，个

① 范杰：《论自媒体节目的有声语言传播》，《新闻传播》2014 年第 16 期。

② 《〈十点读书〉自媒体拿到 300 万天使投资　估值 3 000 万》，中商情报网，http://www.askci.com/news/2015/08/20/1441514cgi.shtml。

③ 康丽娜：《移动互联网时代基于微信的品牌传播——以〈青音〉为例》，《新闻传播》2014 年第 17 期。

④ 薛可、余明阳主编：《人际传播学》，同济大学出版社 2007 年版，第 90 页。

人为他人所接纳和尊重。在新媒体时代，流行通讯软件已经成为不可缺少的人际交往工具。以微信为例，2015 年第 1 季度末，微信月活跃用户达 5.49 亿人，微信塑造的“拟态环境”必然成为口语传播中必不可少的话题，未使用微信者，极可能被排除在话题之外而产生人际孤独感。所以，未使用者为满足自身的社交需求和情感需求，也开始使用微信，因而人际需要促进了微信这一流行通讯软件的推广。而且，微信本身就具备满足人们的社交需求和情感倾诉的功能。

(四)提高媒介使用能力

“数字鸿沟”这一概念提出于互联网刚刚兴起之际，由于社会经济发展水平的差异，互联网的接入者主要是社会经济地位较高的人，从而在经济发展水平较高的国家产生了“第一道数字鸿沟”。随着经济和技术的发展，互联网成为了普通人也可以共享的资源，第一道数字鸿沟逐渐缩小。然而，在新媒体时代，由于人们的媒介使用能力差异，“第二道数字鸿沟”即“使用沟”愈发明显。[①] 口语传播具有的面对面交流的亲近感和表达的清晰性，可以向人们传授使用新媒介的知识和技能，提高人们的媒介使用能力。以微信为例，许多孩子都通过口语传播的方式教会了爸爸妈妈或者爷爷奶奶使用微信交流的技能。可见，口语传播有助于提高人们的媒介使用能力，并因此会扩大流行通讯软件的使用人群和范围。

新媒体时代，流行通讯软件对口语传播的传受双方、传播内容、传播媒介、传播效果等方面都产生了相应的影响。而且，口语传播促进了流行通讯软件自身的应用和市场推广。然而，归根到底“媒介是人的创造物，重要的是人如何使用它，利用它来传播什么，达到什么样的社会目的，传播媒介的社会影响不仅取决于媒介的技术或形式特性，而且取决于掌握和运用它的人和社会组织，取决于它们生产和传播的信息内容”。[②] 流行通讯软件的各种功能都是为了更好地为人们的生活和交流提供便捷的服务。在今天，口语传播依然是应用最为广泛的传播形式，并发挥着极其重要的作用。口语传播和流行通讯软件各有所长，最好的发展方式是两者取长补短、相得益彰。口语传播借助功能丰富的流行通讯软件，具有快速传递信息、传播范围广、易于存储和检索等传播效果，流行通讯软件的传播内容也更接近真实的口语传播内容。使用流行通讯软件的人们还要注重自我形象，提高自身口语传播能力。

〔作者单位：浙江工业大学人文学院〕

---

① 韦路、张明新：《第三道数字鸿沟：互联网上的知识沟》，《新闻与传播研究》2006 年第 4 期。

② 郭庆光：《传播学教程》，中国人民大学出版社 1999 年版，第 156 页。

口语传播与表达

"微传播"时代个体媒介近用权对公共话语偏见的反抗

——基于2015年"世界艾滋病日"报道的批判话语研究

◎李　展

摘　要:本文通过以冯·戴伊克(Teun A. van Dijk)有关批判话语研究的理论为分析框架,以联合国艾滋病规划署等相关机构对待艾滋病和艾滋病患者的态度和战略目标的决议为依据,对2015年12月1日"世界艾滋病日"当天发表相关报道的58家报纸的103篇报道和150条新浪微博进行内容分析。通过研究发现,我国的大众媒介公共话语仍然对艾滋病和艾滋病患者充满歧视,将艾滋病与性道德败坏相关联,标记受害人,将艾滋病与男同性恋群体和一般意义上的男性群体相关联,极少强调反对歧视艾滋病和艾滋病患者的观点。在新浪微博上,传统媒体、各种社会组织、个人和同性恋群体的发声则明确反对对艾滋病患者和男同性恋的歧视。"微传播"时代赋予了普通公众借由个体媒介近用权反抗公共话语偏见的机会,但是微博使用者尚未充分行使这种权力,为受到不公平对待的群体进行有力的话语抗争和一般意义上的争取社会权利的抗争。

关键词:批判话语研究　"世界艾滋病日"　报纸和微博内容分析

一、"微传播"时代与批判话语研究

批判话语研究(critical discourse studies)是冯·戴伊克等学者对20世纪70年代西方兴起的批判话语分析(critical discourse analysis)理论的发展。在2008年出版的《话语与权力》(*Discourse and Power*)一书中,冯·戴伊克系统地阐释了批判话语研究与批判话语分析的区别,从理论视角和研究的方法论角度全面阐述了批判话语研究在当代的意义。众所周知,启蒙运动在西方确立了人人平等的政治和道德信条，并使之至少在名义上被西方近现代的民主政治制度固定下来，作为西方社会制度合法性的自我确证。① 发轫于语言学领域并逐步发展成为跨学科领域的批判话语研究则是要通过对各种公共话语(包括新闻、议会辩论、教科书、日常谈话等)的分析，揭示各种权力精英如何通过控制和影响公共话语来维护和再确立他们在社会中的主导地位，尤其关注大众媒介建构的基于性别、阶级和种族的公共话语所制造的社会不平等和不公正。

冯·戴伊克把批判话语研究定义为“致力于对权力滥用和社会不平等的话语再生产过程进行批判分析并形成理论的学术运动”，②其核心是分析和揭示权力滥用的形式、发生作用的社会条件和所造成的社会不平等、不公正的后果，并为受到不公平对待的社会群体赋权。冯·戴伊克特别指出，他不使用早前被学术界熟悉的“批判话语分析”这个词，而是使用“批判话语研究”这个概念，是因为过去大家往往把“批判话语分析”当成一种狭义的方法论，“批判话语研究”这一概念则有助于我们更广义地理解其自身在社会科学领域中的意义。他强调这是一个研究领域，而不是一种方法论。作为一种研究社会的路径，“批判话语研究可以有多种研究方法，取决于具体的研究课题、数据形式以及研究者本人的志趣”。③ 也就是说，社会科学常用的研究方法，包括质化的和量化的研究方法都可以被运用于这种研究中，而非局限于质化研究方法。

批判话语研究的目的是揭示权力滥用(power abuse)如何在话语再生产中得以实现，而不是一般意义上对权力本身的批判。正如冯·戴伊克所言，一般意义上的权力是社会正常运行所必需的，否则社会将陷入无序状态。批判话语研究所要分析的是“权力的滥用如何在日常生活中被生产和再生产，造成对人的伤害以及社会不平等”。④ 因此，无论具体的研究方法是什么，所有批判话语研究都必然以某种规范理论(normative theory)为前提。也就是说，批判话语研究者充分认识到自己进行的研究不是一般社会科学研究所声称的“客观的”研究，而是以某种被普遍承认的规范理论为基点的研究。例如从“社会不平等和社会不公正是坏事”的标准出发，进行社会政治性的研究。当然，这是批判话语研究在出发点上对社会不利群体的偏向性，而一旦进入研究过程，则只按照分析逻辑得出研究结论。换句话说，正如冯·戴伊克反复指明的那样，批判话语研究并不因其“批判性”而损失“科学性”

---

① S. Benhabib, "Deliberative Rationality and Models of Democratic Legitimacy," *Constellations*, vol. 1, no. 1, (2015), pp. 26—52.

② Teun A. van Dijk, *Discourse and Power*, NewYork: Palgrave Macmilian, 2008, p. vii.

③ Teun A. van Dijk, *Discourse and Power*, NewYork: Palgrave Macmilian, 2008, p. 2.

④ Teun A. van Dijk, *Discourse and Power*, NewYork: Palgrave Macmilian, 2008, p. 17.

和“严谨性”。[①]

在工业化时代，大众媒介建构的公共话语在社会中起到了巨大的作用。哈贝马斯认为报纸建构的媒介公共领域是西欧建成代议制民主政治的基石之一，而媒介公共领域的陷落是导致西方民主制度出现危机的重要因素。[②] 冯·戴伊克与哈贝马斯等学者一样，指出决定大众媒介公共话语的关键是“媒介近用权”（即 access），包括谁拥有新闻的生产权、新闻发布会的召开权和记者选择权、记者对新闻来源的把关权和对消息来源的选择权、编辑对读者来信的选择权等。也就是说，有能力拥有和影响大众媒介建构公共话语的权力精英，通过为公众定义社会现实而在一定程度上控制公众对社会现实的心理认知和思想，以维护和再生产他们的权力地位。因此，批判话语研究者致力于通过分析大众媒介建构的公共话语，推导公众是否对社会现实有更好的知晓，从而“能够抗拒大众媒介信息对他们的操纵”。[③]

按照冯·戴伊克的梳理，西方批判话语研究最常批判分析的大众媒介话语的主题是针对有色人种的种族歧视话语、针对女性的性别歧视话语和针对第三世界国家发展状况的各种负面报道。少数民族、女性、发展中国家在西方大众媒体中都是处于不利地位的群体，是相对于西方社会中居于主导地位的权力群体来说的“外在的他者”。这些处于弱势地位的群体在西方大众媒介建构的公共话语中，或者被忽略而得不到在媒体公共话语中被再现的机会，或者被当作不可信的消息来源呈现，或者被贴上社会“问题”或“负担”的刻板印象的标签，或者被认为是负面的甚至是威胁主流价值的，或者就是“落后的”、需要作为“我们自己人”的西方给予帮助的，并且应该主动学习“我们的”社会政治规范。[④]

艾滋病和艾滋病患者在中国的大众媒介话语中就是类似于少数民族、女性和发展中国家在西方公共话语中的受歧视的存在。2001 年通过的全球《关于艾滋病毒/艾滋病问题的承诺宣言》、2006 年通过的全球《关于艾滋病毒/艾滋病问题的政治宣言》、2010 年通过的《2011 年全面审查落实〈关于艾滋病毒/艾滋病问题的承诺宣言〉和〈关于艾滋病毒/艾滋病问题的政治宣言〉的进展情况的安排》的大会决

---

① Teun A. van Dijk, *Discourse and Power*, NewYork: Palgrave Macmilian, 2008, p. 7.

② J. Habermas, *The Structural Transformation of the Public Sphere: An Inquiry Into A Category of Bourgeois Society*, Cambridge: The MIT Press, 1989.

③ Teun A. van Dijk, *Discourse and Power*, NewYork: Palgrave Macmilian, 2008, pp. 10－11.

④ Teun A. van Dijk, *Discourse and Power*, NewYork: Palgrave Macmilian, 2008, p. 56.

议[①],联合国秘书长潘基文在2015年12月1日发表的《世界艾滋病日致辞》[②],以及《联合国教科文组织总干事伊琳娜·博科娃女士在世界艾滋病日的致辞》[③]等文件反复强调,全体国际社会对抗艾滋病的目标是"使所有艾滋病毒患者都能受益",要"消除与艾滋病毒有关的污名和歧视",要"以尊重和有尊严的方式向关键人群提供全面服务",要通过教育引导青年"充分了解艾滋病毒的传播途径和预防方法",达到让"青年人无论身在何处、性取向或性别认同如何,均享有保护自己不受艾滋病毒侵害的知识、技能、服务、权利和力量"的战略目标。

然而,我们知道,大众传媒的信息接受者最显著的特征就是要"听传播者说"[④]或被要求"不要回嘴"[⑤],社会权力精英通过控制媒介近用权而在大众传媒中建构符合社会主导群体价值观的公共话语。就艾滋病来说,杨天华通过对包括报纸和电视报道在内的有关同性恋报道的内容分析发现,自2000年到2006年底,在中国的媒介公共话语中,艾滋病不是作为普通的疾病被再现,而是被贴上了特殊的道德标签,被认为是性道德败坏的产物,艾滋病患者则被与男同性恋画上等号,男同性恋被公共话语塑造成丑恶的、病态的人,甚至是艾滋病的病源。这些歧视性话语对于社会公众了解正确的有关艾滋病的医学知识没有帮助,负面的道德标签可能阻碍艾滋病患者正常就医,从而使他们成为无法控制的传染源。[⑥] 也就是说,公共话语制造的偏见表面上可能只是对特定的社会群体产生影响,让他们成为社会生活中不受欢迎的"他者",但是偏见最终会贻害的是整个社会。

把联合国确立的国际社会对抗艾滋病的目标,包括帮助所有患者、消除污名和歧视、加强对青年的性和健康教育等,作为批判分析媒介公共话语有关艾滋病相关报道的规范性话语是无可争议的。对照这些规范性话语,杨天华对媒体有关同性恋和艾滋病相关报道的研究结论说明,我国的大众媒介话语至少在十年前与"应

---

① 这三个联合国文件的中文本见联合国抗击艾滋病规划署网站的"主要文件"页面,http://www.un.org/zh/ga/aidsmeeting2011/documents.shtml。

② 联合国秘书长潘基文的《世界艾滋病日致辞》中文本见网页:http://www.un.org/zh/sg/statements/2015/aidsday.shtml。

③ 《联合国教科文组织总干事伊琳娜·博科娃女士在世界艾滋病日的致辞》中文本见网页:http://unesdoc.unesco.org/images/0023/002355/235580c.pdf。

④ M. Poe, *A History of Communications: Media and Society From the Evolution of Speech To the Internet*, Cambridge: Cambridge University Press, 2011, p. 137.

⑤ J. Habermas, *The Structural Transformation of the Public Sphere: An Inquiry into A Category of Bourgeois Society*, Cambridge: The MIT Press, 1989, p. 170.

⑥ 杨天华:《同性恋群体的媒介形象建构:中国内地传统媒体同性恋议题报道研究》,载《中国"性"研究》(2007年第2辑),台湾万有出版社2007年版。

该"呈现的媒介公共话语是有很大差距的。[①] 冯·戴伊克等学者倡导的批判话语研究的最终目的是,通过揭示权力滥用如何制造不公平的公共话语而促成改变。那么,随着时间的变化和传播技术的进步,我国的大众媒介在报道艾滋病和艾滋病患者方面会向着联合国设定的抗击艾滋病的正确态度和目标改进吗?此外,新媒体与旧媒体最大的不同就是,前者给了电脑互联网使用者媒介近用权[②]。新浪微博在2009年底上线后,普通公众的媒介近用权更是有了本质的提升。那么,在"微传播"时代,获得了媒介近用权的普通公众,会对不公正的大众媒介公共话语进行对抗吗?会纠正索斯韦尔(Southwell)与索尔森(Thorson)所指出的虚假信息问题(misinformation),从而让公众更好地知晓有关艾滋病和艾滋病患者"应该"被传播的信息吗?

二、报纸对"世界艾滋病日"的报道:标记受害者

本研究收集了民生广告网列出的"在线看报——全国知名报纸大全"[③]中,所有在2015年12月1日的"世界艾滋病日"当天包含"艾滋病"一词的新闻报道。这些报道总共有103篇,来自58家报纸,包括北京的10家,广东的10家,福建的5家,江苏和陕西各4家,上海、宁夏、山东各3家,广西、天津、湖北、辽宁、四川各2家,河北、河南、贵州、黑龙江、吉林、内蒙古各1家。可以看出,全国有一半以上的省份有报纸报道了"世界艾滋病日"这一主题,但是集中在北京和广东这两个分别是中国的政治中心和改革开放最前沿的省份。在103篇报纸报道中,87篇是消息(84%),15篇是特写(15%),1篇是社论(1%)。换句话说,我国报纸建构的有关2015年"世界艾滋病日"的公共话语,是以告知公众有这样一个事件为主,有少量的特写报道描述艾滋病群体的生活状况,有几乎可以忽略不计的直接阐述报社立场的社论。

对于这些消息的内容分析只编码了标题和导语,也就是新闻的倒金字塔结构中最重要的信息部分,[④]将每篇消息的标题和导语作为一个分析单位,但将特写和社论的全篇文章作为一个分析单位。本研究的目的是用批判话语研究的理论框架来分析我国的报纸公共话语在何种程度上背离了联合国相关机构有关"世界艾滋病日"的规范性话语,或者说对艾滋病和艾滋病患者的不公平再现的程度。因此,

---

① 杨天华:《同性恋群体的媒介形象建构:中国内地传统媒体同性恋议题报道研究》,载《中国"性"研究》(2007年第2辑),台湾万有出版社2007年版。

② D. McQuail, *McQuail's Mass Communication Theory*, London: Sage Publications, 2010.

③ 见网页:http://www.oofof.com/baojiis.php。

④ H. Pottker, "News and Its Communicative Quality: The Inverted Pyramid—When and Why Did It Appear?" *Journalism Studies*, vol. 4, no. 4, (2003), pp. 501-511.

针对每个分析单位，只编码三个"是——否"的二分变量(dichotomy variable)，而不是对全部内容作复杂的分析。这三个变量是：①是否用明确的歧视性语言将艾滋病与道德败坏相关联；②是否明确反对艾滋病歧视和男同性恋歧视；③是否明确标记艾滋病患者的身份。编码时，以随机抽取的40篇报道的编码结果检验编码员间信度，三个变量的编码员间信度分别为克里彭多夫阿尔法值(Krippendorff's alpha) 1.0、1.0和0.9。

分析结果显示，在103个分析单位中，有4个分析单位(4%)将艾滋病与道德败坏相关联，认为艾滋病是"放纵性行为"的结果，有16个分析单位(16%)明确提出了反对艾滋病歧视和反对男同性恋歧视(各8个)，有95个分析单位(92%)出现了标记受害者的话语，也就是突出强调中国艾滋病患者是哪些人，具体分布如表1所示。

表1 报纸公共话语中的艾滋病患者身份

被明确标记出的艾滋病患者	数量和百分比
男同性恋	48(50%)
青年学生	31(32%)
中老年男性	7(7%)
青壮年男性	3(3%)
男性罪犯	2(2%)
吸毒者	2(2%)
非洲国家的女性和青少年	2(2%)
河南上蔡村的卖血农民	1(1%)
农民工	1(1%)
总数	97(100%)

注：百分比取整数。

从表1可以看出，在新闻的最重要的标题和导语中，有50%的报道明确把男同性恋和艾滋病连在一起，有32%的报道明确把青年学生与艾滋病连在一起。这两个最明显被标记出来的群体加起来超过了80%，这是对社会中一直存在的对男同性恋的负面刻板印象(stereotype)的呼应，也是制造关于青年男性的新刻板印象的表现。[①] 虽然青年学生没有标明性别，但是正如普通语言通常会以"他"或英文中的"he"来指代所有人，这里的青年学生极易被读者默认为是男性青年学生；吸毒者和农民工也是如此，虽然没有标明性别，但是会被读者默认为是男性。其他被标记出

① M. Pickering, *Stereotyping: The Politics of Representation*, Houndsmills: Macmillan, 2001.

来的艾滋病患者群体还有中老年男性、青壮年男性、男性罪犯、河南上蔡村的卖血农民、非洲国家的女性和青少年。

根据2015年12月1日联合国秘书长潘基文的《世界艾滋病日致辞》和《联合国教科文组织总干事伊琳娜·博科娃在世界艾滋病日的致辞》，在全世界范围内，人类抗击艾滋病已经取得了显著的成果，艾滋病已经不再是早期的与死亡等同的绝症，2015年7月全球已经超额完成了1 500万人获得抗逆转录病毒治疗的目标，并且在2030年之前，人类有望彻底终结艾滋病这一公共健康威胁。在中国，情况同样在好转，艾滋病呈低流行态势，死亡率大大降低。然而，我国的报纸在“世界艾滋病日”这一天的报道，却与联合国传递的信息相悖，重点不是在宣传抗击、救治和进行知识宣教，而是在突出描画受害人的身份。这些受害人本身正是社会中处于不利地位的群体，他们不利的社会形象被大众媒体的公共话语再次突出和放大了。

正确反映艾滋病当前态势的标题和导语，应该报道作为疾病的艾滋病的流行趋势和社会对待艾滋病的策略，例如：

强化监测，积极干预，我省防艾工作成效明显

今年12月1日是第28个“世界艾滋病日”，活动主题仍是“行动起来，向‘零’艾滋迈进”。近年来，我省不断加大防治力度，创新防治手段，在艾滋病监测检测、感染者和病人综合管理、高危人群干预、免费抗病毒治疗、宣传教育等方面取得显著成效。

——《吉林日报》

温国辉到省疾控中心调研时强调：全面提升广东艾滋病防治水平

30日上午，副省长温国辉和省府办公厅、省卫生计生委、教育厅、公安厅等部门有关负责同志到省疾病预防控制中心调研，听取我省“十二五”期间艾滋病防治工作汇报，详细了解省艾滋病确证中心实验室运作情况、全省艾滋病监测统计工作开展情况等，看望慰问疾控中心工作人员。

——《羊城晚报》

我区艾滋病疫情保持低流行状态：报告现存活病例1 004例，性传播成为主要传播途径

记者从自治区卫生计生委获悉，截至10月31日，我区共报告现存活的艾滋病病毒感染者和艾滋病病人1 004例，其中现存活的艾滋病病毒感染者765例，艾滋病病人239例，报告死亡病例167例，经性传播成为主要传播途径，总体疫情继续保持低流行状态。

——《宁夏日报》

上面引用的这三个导语来自103个分析单位中为数不多的8个(8%)没有标记艾滋病受害者的报道,是不含歧视意味的公共话语。但是,92%的报道都在标题或导语中直接标记受害者身份,例如:

中国疾病预防控制中心发布数据:我国艾滋病疫情呈低流行态势

中国疾病预防控制中心性病艾滋病预防控制中心11月30日发布数据报告显示,目前,全国艾滋疫情整体保持低流行态势,但男性同性性行为传播比例上升明显。

——《经济日报》

天津:青年学生感染艾滋病增速高于全市总体水平

今年12月1日是第28个世界艾滋病日。天津市卫生计生委今天发布的信息显示,近年来,当地报告的青年学生感染艾滋病病毒的比例增速较快。截至10月,新发现学生病例50例,较2014年同期增长了38.89%,增幅高于全市总体水平。值得注意的是,全部青年学生报告病例均为男性,以男男性接触传播为主,占所有新发现病例的87.18%。

——《中国青年报》

前十月增艾滋病3 000余例,青年学生感染人数增长较快

今天是世界艾滋病日,市卫计委昨天公布,今年前十月新增艾滋病病例3 000余例,增幅放缓。值得注意的是,青年学生感染人数上升较快。近两年本市大学生感染艾滋病每年新增100多例,以男男同性性行为传播为主。为此,卫生部门将与教育部门建立艾滋病疫情定期通报制度。

——《北京日报》

在以"篇"为分析单位的16个分析单位中(15篇特写,1篇社论),所有分析单位中都有明确反对艾滋病歧视和反对男同性恋歧视的话语。比如,《新京报》的社论《防艾首先是要反艾滋歧视》在正文第一段就明确提出"社会中遍布着对艾滋病患者的歧视,这可能会刺激高危群体回避和隐瞒艾滋病状况,而防艾,首先就是要反艾滋歧视、男同歧视"。其他15篇特写也在描述艾滋病患者遭遇的行文中不同程度地提及反对社会歧视才是解决问题之道。可以说,这些不含歧视的或者说"正确的"公共话语的存在令人欣慰。但是,这种声音太少,在报纸建构的公共话语中充斥的是与联合国精神相悖的对艾滋病患者不公平的刻板印象式的突出刻画。

三、新浪微博对"世界艾滋病日"的报道:声音多远,较少歧视

以"世界艾滋病日"为关键词对新浪微博搜索,在2015年12月1日共找到150

条相关微博,其中有些发布者不止发布了1条相关微博。从发布者的身份来看,有16条(11%)是各种媒体的微博账号发布的,如《财经杂志》《大公报》《凤凰新闻》等;有82条(55%)是各种组织机构(包括卫生健康机构、卫生与计生机构、街道办事处、共青团组织、公司、派出所、大中学校的班级和团委、大使馆、联合国妇女署等)的微博账号发布的;有48条(32%)是个人的微博账号发布的;此外,还有4条(3%)是与同性恋有关的组织(包括"上海骄傲节""北京同志中心"和"彩虹中国")的微博账号发布的。对微博内容的编码,只针对140字以内的内容,把每条140字以内的内容作为一个分析单位,不包括链接的内容。编码分析的3个二分变量与对报纸内容的分析相同,以随机抽取的40篇微博的编码结果检验编码员间信度,3个变量的编码员间信度都达到克里彭多夫阿尔法值1.0。

总体来看,无论是媒体组织的微博账号,各种组织机构的微博账号,个人的微博账号,还是与同性恋相关的组织的微博账号,在2015年12月1日"世界艾滋病日"这一天所发表的内容与前述58家报纸的报道相比,都更接近联合国对抗艾滋病的精神,即更多的是有关防艾抗艾的知识宣教(虽然140字很难在医学原理上阐述清楚),而不是对艾滋病和艾滋病受害者的歧视。在总共150个分析单位中,有2个(1%)将艾滋病与道德败坏相关联(是报纸报道的1/4);有21个(14%)明确提出了反对艾滋病歧视和反对男同性恋歧视(与报纸的16%几乎持平);有12个(8%)出现了标记受害者的话语(是报纸报道的近1/11)。

在12个标记受害者的分析单位中,有6个(50%)指向青年学生,5个(42%)指向男同性恋,1个(8%)指向"站街女"。虽然同为歧视性语言,报纸建构的公共话语中特别突出的是对男同性恋的歧视性指认,而男同性恋不是微博话语场标记的首要群体。可以说,社交媒体公共话语与联合国倡导的反对艾滋病歧视和反对男同性恋歧视的精神更为接近。

如果将微博内容按发布者的身份背景来看,同样可以发现一些值得注意的特点。与报纸建构的"世界艾滋病日"的公共话语相比,媒体的微博账号发布了16条微博。在这16个分析单位中,没有出现将艾滋病与道德败坏相关联的内容;2个出现了(13%)明确反对歧视的内容;5个出现了(31%)标记受害者的内容。各媒体的微博账号在社交媒体上对待艾滋病和艾滋病受害者要更宽容一些。被媒体的微博账号标记的艾滋病患者人群(共5个分析单位作了标记)依次是:大中学学生(3个分析单位作了标记,60%)、男同性恋(1个分析单位作了标记,20%)、站街女(1个分析单位作了标记,20%)。与报纸的内容相比,媒体的微博内容对男同性恋的指认减少,对青年学生的指认增多。

各种组织机构发布的82条微博中,没有出现将艾滋病与道德败坏相关联的内容;14 个分析单位(17%)出现了明确反对歧视的内容;4 个分析单位(5%)出现了标记受害者的内容。在这 4 个标记艾滋病患者的分析单位中,3 个分析单位(75%)出现了青年学生,1 个分析单位(25%)出现了男同性恋。在个人发布的 48 条微博(48 个分析单位)中,有 2 个分析单位(4%)将艾滋病与道德败坏相关联,直接将艾滋病等同于"滥交"的后果;有 4 个分析单位(8%)明确反对艾滋病歧视;有 3 个分析单位(6%)标记了艾滋病受害者,100%指向男同性恋。在与同性恋有关的组织发布的 4 条微博(4 个分析单位)中,没有将艾滋病与道德败坏相关联的内容;有 1 个分析单位(25%)明确反对艾滋病歧视;没有任何一个分析单位标记了艾滋病受害者。

四、结语

通过对 2015 年 12 月 1 日"世界艾滋病日"当天发表艾滋病相关报道的 58 家报纸的 103 篇报道和 150 条新浪微博进行内容分析,结果显示,报纸建构的公共话语仍然对艾滋病和艾滋病患者充满歧视,特别是对男同性恋群体、青年学生和一般意义上的男性群体充满歧视,虽然有 15%的报道提到要反对歧视艾滋病和艾滋病患者,但是只有 1 篇来自《新京报》的社论是真正以反对歧视为叙述核心的。在新浪微博上,传统媒体、各种机构组织、个人和与同性恋群体相关的组织借微博这一自媒体平台发声,明确反对艾滋病歧视和男同性恋歧视的内容多,标记艾滋病患者身份的内容少,而且没有把男同性恋当作首要的刻板印象描画的群体。

基于上述分析结果可以得出结论,我国的报纸作为大众媒介,因其对"媒介近用权"的垄断而持续建构和传播有悖于联合国抗击艾滋病战略精神的公共话语。这对于艾滋病作为疾病本身和艾滋病受害者群体来说是不公平的,既无助于社会公众清楚认识有关疾病的病理知识和建立正确对待艾滋病受害者的态度认知,也无助于鼓励可能患病的人群积极寻求治疗,普遍的歧视性公共话语非常有可能让受害者隐匿病情,从而对社会造成更大的伤害。在微博上,传统大众媒体对"媒介近用权"的垄断不再起作用,"微传播"时代赋予普通公众借由个体媒介近用权反抗公共话语偏见的机会,从而可以建构针对社会不利群体相对公平的公共话语,这是传播技术进步带给社会的进步。

同时,与媒体和各种机构组织发布的微博内容相比,反而是个人微博用户发表了歧视艾滋病的话语,并将艾滋病受害者标记为男同性恋。与同性恋相关的群体虽然获得了在微博空间发声的机会,却并没有利用这一机会进行有力的话语抗争和一般意义上的争取社会权利的抗争,而主要是发布有关"世界艾滋病日"这一事件的内容。因此,"微传播"时代赋予公民的媒介近用权还没有被充分运用,特别是那些关心公共事务、关注社会公平、愿意为社会不利群体的平等权利努力的公民还没有充分借助这个平台发声，社会不利群体本身也还没有充分利用这个平台为自身进行组织性的抗争。

批判话语研究作为一个研究取向，最终目的显然不是停留在“发现”社会的权利精英如何借助控制媒介近用权而在大众媒介中建构对社会不利群体不公平的公共话语。批判话语研究与一般意义上的西方马克思主义的批判传统是一致的，最终目的是向社会不利群体和社会公众揭示公共话语中的不平等，乃至由这种上层建筑中的不平等导致的社会现实中的各种权利不平等，为建设更为理想的社会提供努力的方向和理论路径。在这一点上，本文对报纸和微博内容的分析相对还只停留在对现象的描述上，未来可以在历时性维度上对大众媒介的公共话语作更进一步的分析，为建构科学的、没有歧视的有关艾滋病的公共话语提供可行性建议。

〔作者单位：厦门大学新闻传播学院〕

庄子对人类语言沟通困境的反思与超越*

◎ 谢清果

摘　要:《庄子》中充溢着语言沟通的智慧。本文以剖析"轮扁斫轮"的故事为切入点,全面阐述庄子的语言观,以洞悉其对于语言传播的基本观点:一方面反对贵书贵言,追求"得意而忘言"之境;另一方面又巧妙地使用寓言、重言、忘言等语言传播方法,达到交流的目的。总之,庄子既强调语言沟通的困境,又提出了超越这种困境的方法。

关键词:庄子　语言沟通　困境

春秋战国时期是中国文化发展的轴心时代。台湾的朱传誉在《先秦唐宋明清传播事业论集》一书中指出,"先秦传播方法以口传为主,虽然很幼稚,但是很多上古记录,赖口传而保存,周代的官方教育和春秋以后的私人讲学,都是以口传为教学方法。战国之所以能成为我国历史上学术思想的黄金时代,可以说是口传之功"。[①]从语言沟通的角度对先秦时期传播活动进行的研究已有相当成果。朱传誉的《先秦传播事业概要》一书从新闻起源、民意起源、先秦传播活动三方面展开,作者认为,当时"在民族融合和文化融合的过程中,交通扮演着很重要的角色……如果没有周和春秋初期所发展的完备的交通制度,春秋战国时的征战、外交活动,就将大大地减少,游士、商旅都将裹足,消息、知识的传递,也将为之停滞"。[②]张玉法的《先秦的传播活动及其影响》一书从传播符号、阶级间传播、区域间传播的角度进行研究,得出当时先进的传播工具和活跃的局面促进了平民社会的形成,促进了列国

---

* 本文是国家社科基金一般项目"海峡两岸数字公共领域与文化认同研究"(项目编号:15BXW060)和福建省科技厅软科学项目"海峡两岸数字公共领域与文化认同研究"(项目编号:2015R01010091)的成果。

① 朱传誉:《先秦唐宋明清传播事业论集》,台湾商务印书馆股份有限公司1988年版,第98页。

② 朱传誉:《先秦传播事业概要》,台湾商务印书馆股份有限公司1970年版,第125页。

沟通，为秦统一全国奠定了一定基础的结论。① 吴东权先生为先秦战国时期雄辩家的口语传播艺术所折服，于是从《战国策》《左传》等书中撷取许多相关史料，发现了“先秦时代口语传播的昌盛与影响力”。此外，关绍箕在《中国传播思想史》一书中单列“庄子的传播思想”一节，其中也有《庄子》一书的语言规范方面的内容②。

《庄子》一书作为战国口语传播盛行时代的产物，蕴藏着丰富的语言沟通智慧。庄子对日常的语言文字表达了深刻的怀疑，进而导向“不言”和“无言”，对此学人已有研究。③ 本文侧重从“轮扁斫轮”的故事着手，解释《庄子》一书对语言（口语与文字）沟通的理性思考。

一、庄子对语言交流困境的反思之路

《庄子·天道》有一则故事，借一位制作车轮的工匠轮扁之口表达了书所载圣人之言乃圣人之糟粕的观点。全文如下：

> 桓公读书于堂上，轮扁斫轮于堂下，释椎凿而上，问桓公曰：“敢问公之所读者何言邪？”公曰：“圣人之言也。”曰：“圣人在乎？”公曰：“已死矣。”曰：“然则君之所读者，古人之糟魄已夫！”桓公曰：“寡人读书，轮人安得议乎？有说则可，无说则死。”轮扁曰：“臣也以臣之事观之。斫轮，徐则甘而不固，疾则苦而不入。不徐不疾，得之于手而应于心，口不能言，有数存焉于其间。臣不能以喻臣之子，臣之子亦不能受之于臣，是以行年七十而老斫轮。古之人与其不可传也死矣，然则君之所读者，古人之糟魄已夫！”④

此则故事有以下方面的含义值得我们深思：

（一）对世人“贵言传书”做法的质疑

黑格尔曾说：“语言实质上只能表达普通的东西，但人们所想的只是特殊的东西，因此不能用语言表达人们所想的东西。”⑤这一点与庄子在此故事中所表达的观点是相同的。

---

① 张玉法：《先秦的传播活动及其影响》，台湾商务印书馆 1993 年版，第 4 页。

② 关绍箕：《中国传播思想史》，台湾正中书局 2000 年版，第 108—116 页。

③ 马德邻：《道何以言——兼论中国古代道家哲学的语言学问题》，三联出版社 2014 年版。

④ 方勇、陆永品撰：《庄子诠评》，巴蜀书社 2007 年版，第 434 页。本文所引《庄子》版本均依据此书，后面只注篇名。

⑤ 〔德〕黑格尔：《哲学讲演录》。

1. 意之所随者，不可以言传

“世之所贵道者，书也。书不过语，语有贵也。语之所贵者，意也，意有所随。意之所随者，不可以言传也，而世因贵言传书。世虽贵之，我犹不足贵也，为其贵非其贵也。”这段话是“意之所随者，不可以言传”的理论依据。作者认为书中所载的语言文字珍贵的地方在于其所承载的意义。从这一点来看，作者还是承认语言文字是能够表情达意的。但是，问题的关键是意义是被寄寓于文字之中的，意义的寄寓过程却是“不可以言传”的。换句话说，书中所载的语言文字固然是由作者所书写，文字背后的意义并不固定，或者说并不完全固定，因此，有时就会差之毫厘，谬以千里。《庄子・天运》表达了类似的思想，该文认为，“夫六经，先王之陈迹也，岂其所以迹我！今子之所言，犹迹也。夫迹，履之所出，而迹岂履哉”！作者认为六经不过是先王的遗迹，而这个遗迹如同脚印一般，并不是脚本身。不能简单地把脚印当成脚，因此作者表达了自己不同于世人的观点：“贵言传书”是不足贵的，因为“贵非其贵”。“故视而可见者，形与色也；听而可闻者，名与声也。悲夫，世人以形色名声为足以得彼之情！夫形色名声果不足以得彼之情，则知者不言，言者不知，而世岂识之哉？”（《庄子・天道》）在庄子看来，世人所贵的是可视、可听的形色名声，以为这样可以获得道的真实情景，然而可视、可听的形色名声其实不足以表征道的本质。至此，作者借此回应了老子“知者不言，言者不知”的观点。也就是说，智慧的人不轻易去“言”，轻易去“言”的人并不一定是智慧的。值得强调的是，“不”字非全称否定，而是强调对真实情景有所偏离之意。换句话说，“知者”与“言”“言者”与“知”都不存在必然的联系，不能画等号，这回应了“圣人之言”与作为智者的“圣人”并不能等同的观点。历史上曾经存在过的“圣人”，他们自身保有丰富、生动的治国理政实践，而一旦离世，徒留下些许言论。通过这些言论或可管窥他们的领导经验和智慧，但是他们的这些经验与智慧建立在无数的鲜活事例之上，离开了这些事例，经验、智慧就显得虚无缥渺，此正所谓“古之人与其不可传也死矣”。

2. 言意之所尽，极物而已

庄子对语言认知功能的有限性有着深刻思考，他认为“言之所尽，知之所至，极物而已”。（《庄子・则阳》）语言所能达到的尽头，认识所能达到的极致，不过是说明事物而已。从根本上讲，无法通达对道的认识，或者说，对道的认识不能仅靠语言来实现。这是因为“可以言论者，物之粗也；可以意致者，物之精也；言之所不能论，意之所不能察致者，不期精粗焉”。（《庄子・秋水》）就人类认识而言，庄子认为可以用言语表达的只是事物基本粗糙的方面，而通过意识（理性）实现的认识可以深入到事物的精细的方面。在此之外，还有言语无法阐论的，意识无法探查的方面。或者可以说，道始终在语言之外，语言及运用语言进行思维的意识活动都无法直接通达对道的把握。

海德格尔曾说："语言总是把敞开出来的在者保持为说出来者和所说者与还可再说者。所说者可以被重复说以及继续说下去。保持在此中的真理传播出去而且是这样传播，即不是每次传播时那原始地在采集中敞开出来了的在者本身都特地被体验到。在被继续说下去者中真理好似脱离了在者。"《庄子·则阳》篇亦说："可言可意，言而愈疏。"这说明庄子学派不反对言论，也不反对意识思维，但强调对"道"而言。我们不妨把"道"暂且理解为终极真理，那么人的一切活动都可以认识世界的每一个侧面，却永远无法认识世界整体。维特根斯坦就认为，"世界是我的世界，这表现在语言（我所唯一理解的语言）的界限就意味着我的世界的界限"。

（二）"得手应心，口不能言"的实践领悟观

轮扁斫轮数十年，能够做到"不徐不疾"，其境界正所谓"得之于手而应于心"。斫轮经磨炼可"得手"，即工具椎与凿相互响应，美妙地配合。当然作者明白"得手"必"应于心"，即心之神能够自然地驾驭工具，达到目的。不过，这种"得手"的状态，这种心的领悟却是"口不能言"的，作者想要表达的是口语无法表达这种妙境。更让人心焦的是轮扁在自身精妙的斫轮过程中必定是"有数存焉于其间"的。这里的"数"犹如恰到好处的黄金分割点，是种高超的技艺，在那个手工的时代诚然难以表达。"臣不能以喻臣之子，臣之子亦不能受之于臣"，轮扁无法清晰明白地晓谕自己的儿子，而自己的儿子也无法直接从他口中接受下来。不过，值得注意的是，从理论上讲，轮扁无法以语言直接告知的方式让儿子明白其中的道理。但是正如康德所言，"理论是灰色的，而生活之树常青"。轮扁的儿子未必直接通过看书或者从父亲口中直接达到"得手应心"，这里不提"得心应手"而提"得手应心"正说明经验生活是深切领悟语言文字的唯一路径。正所谓"纸上得来终觉浅，绝知此事要躬行"。方勇先生指出，"以心应手，说明自己的心智尚且不能预知双手实践活动，更何况想用语言把这一系列实践活动的奥妙之理传授给人家呢？"①

（三）对言语实践的深切反思

对言语实践的深切反思是庄子的一贯特色，也是道家的一贯特色。庄子之所以如此警觉"言""语"对意义完整性的影响，或许和他与名家的"白马非马"的论辩保持一定距离有相当的关联，也是对其他诸子百家以言辩乱是非做法的拒斥。例

① 方勇、陆永品撰：《庄子诠评》，巴蜀书社 2007 年版，第 435—436 页。

如，儒家的子贡凭借自己的三寸不烂之舌“存鲁，乱齐，破吴，强晋而霸越”①。“言语”作为“孔门四科”（德行、言语、政事、文学）之一，其实就是专为训练学生口才而设的，子贡是这方面人物的杰出代表。庄子之所以对“言语”有如此态度，是因为在他看来，“言者，风波也；行者，实丧也。夫风波易以动，实丧易以危”。（《庄子·人间世》）言语凭虚而生，如同风波忽起忽灭，不可捉摸。因此，一旦言语表达出来，就必然有些实情被遮蔽了。《庄子·齐物论》强调：

> 夫言非吹也。言者有言，其所言者特未定也。果有言邪？其未尝有言邪？……
>
> 道恶乎隐而有真伪？言恶乎隐而有是非？道恶乎往而不存？言恶乎存而不可？道隐于小成，言隐于荣华。故有儒墨之是非，以是其所非而非其所是。欲是其所非而非其所是，则莫若以明。

道家崇尚自然，自然之风吹而产生的天籁之音，无以名状，而人类的“言语”并非如此，言说者各有各的说法，他们所说的东西绝没有一个定准。那么他们果真说什么，还是没说什么？道是怎样被遮蔽而有真伪的呢？言语又是怎样被遮蔽而有是非之争的呢？道常被一孔之见所遮蔽，言语常被华丽的辞藻所遮蔽。所以，儒墨的是非分别不过是以肯定对方否定的方面来反对对方所肯定的方面，如此这般，还不如以空明之心观照事物的本来面貌。

道家并非不要言语，而是主张言语必当效法道的存在方式。《庄子·齐物论》指出：“夫道未始有封，言未始有常，为是而有畛也。”意思是说，道是没有边界的，言语也从来没有恒常不变的意义，而一旦确定了，就有了边界，其实也就陷于是非之辩中。接着，作者认为“大道不称，大辩不言……道昭而不道，言辩而不及，……孰知不言之辩，不道之道？若有能知，此之谓天府。注焉而不满，酌焉而不竭，知其所由来，此之谓葆光”。与大道相称的是至言，道性自身昭然明了，而一旦给予指称之后，反而“不及”了。因此，对于道的了悟只能以不言之言的方式。如果能够明白这一点，那么就能达到言道合一，即“言而足，则终日言而尽道；言而不足，则终日言而尽物”。人们能够充分、完整地言说时，则一切的言说都在说道，否则表达的都是具体的事物。“言无言，终身言，未尝言；终身不言，未尝不言。”（《庄子·则阳》）当言说不被限定的时候，那么终身言说似乎不曾言说；终身没说似乎并非没说。伽达默尔说得好，“我们生存于其中的语言世界并不是一道挡住对存在本身之认识的屏障，

① 司马迁：《史记·仲尼弟子列传》。

而是从根本上包囊了我们的洞识得以扩张深入的一切”。[①] 关键在于我们能够恰当地运用语言这种工具来实现对事物本真的把握。

英国汉学家葛瑞汉曾分析说:“他们(道家)只是明智地提醒我们语言的局限,他们用此把我们指向关于世界的变化的视域与生活技艺。他们用故事、散文、格言,任何可以掌握的语言手段来指明这个方向。远非不需要语言,他们需要全部文学艺术的有用资源。”[②]现实生活中人们的交流不可能离开语言,而语言有着天然的局限,因为语言在一定的范围中会失去更多的意义。人类交流固然需要语言,但言语过程却是语言与非语言符号综合起作用的。割裂了语言与生活,也就是使语言丧失一定的范围,言语就成为了干巴巴的文字,所以就成了糟粕。其实正是在这种悖论中语言才成为其自身,这也能防止我们把语言提高到不必要的程度。

(四)言论的自由是言语恰当发挥的重要条件

前述故事建构的场景中,轮扁与桓公共处于一堂,不过一人在堂上读书,一人在堂下从事斫轮技术实践。有趣的是,轮扁在没有得到桓公的允许下能够自由地放下椎与凿直接上前去问桓公读的是什么内容。对这种场景的建构,不论是作者有心,还是无意,都在一定程度上说明在春秋战国时代,虽然有等级差异,但是尊重知识、尊重人才的氛围还是有的。轮扁凭借其斫轮之神技服务于宫廷多年,具有类似于“士”的水平与地位,这一点正与当时“处士横议”的时代背景相符合。陈水云先生认为:“‘士’的内在构成的复杂性,决定着它具有传播的品质;它不受政治宗教及其他外在因素的影响,而是以出卖知识为职业,有恒心无恒产,具有职业自由人的品格;从士的活动范围看,他们既可上与王侯对话,也可下与庶人交流,他们涉及的领域十分广泛,在当时几乎所有的领域里都能找到他们的身影。”[③]可以说轮扁与墨家学派一样,不仅有技艺,而且还具有相当的文化素养,下可制造各类工具,上可议论朝政。他们的地位在中国历史上的各个朝代中是最高的。著名学者刘泽华分析得很到位:

> 人格相对独立是自由思考的前提,而自由思考的程度又是人格独立的标志之一。战国时期是中国古代之上绝无仅有的知识分子的自由时期。
>
> 战国时期并不是所有的人都获得人格相对独立和思考自由的机会,

---

① Hans-Georg Gadamer, *Truth and Method*, trans. Joel Weinsheimer, Donald G. Marshall, London: Continum International Publishing Group, 2004, p. 450.

② 〔英〕葛瑞汉:《论道者:中国古代哲学论辩》,张海晏译,中国社会科学出版社 2003 年版,第 234 页。

③ 陈水云:《“士”与战国时期的传播艺术》,《中南民族学院学报》2001 年第 1 期。

只有一少部分人，即士人，借用现代话说即知识分子才能获得。士人数量虽然不大，但其影响与作用却波及整个社会，而他们相对独立人格的形成与思想自由的宽度与深度是互相促进的。①

其实，庄子本人或其许多弟子应当熟悉或者精通当时的一些工艺。据研究，庄子曾为漆园吏，对漆器等相关制作技艺应当有相当体验。《庄子》中的许多能工巧匠的事例也能在一定程度上说明庄子学派并不是游离于社会之外的知识分子，而是对人民生活有着深切体会的百姓思想家。他们或许生活困顿，但是思想自由，并自觉地与政治保持相当的距离，因而能够对人们日用而不知的语言进行独特的思考，并以此期待人生与社会都能在言语中合道，在合道中言语，从而实现人类幸福、社会安宁的愿望。

二、庄子对语言文字交流障碍的超越之道

庄子在认识语言传播有限性问题的同时，也在一定程度上探讨了解决语言传播障碍的方法。

(一)忘言之言

尽管庄子对语言与意义的关联性表示了怀疑，但他并没有彻底否定语言的作用，只是希望语言不要成为人类对更深刻意义体悟的障碍。因此，他倡导在不能言语的时候，保持沉默，超越语言，甚至忘记语言，进入沉浸之境。所以，《庄子·外物》有“言者所以在意，得意而忘言。吾安得夫忘言之人而与之言哉?”的话。“忘言”并不是不要语言，而是“忘”掉语言，进入主客交融的状态。因为有“言”，便有了他者，有了彼此，有了对待，就有了阻碍。从这个意义上讲，庄子才提出“至言去言，至为去为”(《庄子·知北游》)的观点，认为“至言”就是要去掉言语的痕迹，而“至为”就是要去掉行迹。在庄子看来，“道不可言”，所能言的都不是“道”。所谓“道不可闻，闻而非也;道不可见，见而非也;道不可言，言而非也。知形形之不形乎！道不当名”。(《庄子·知北游》)正如上文所说，语言所能表达的是形名，而形名所指称的是物，道是“物物者”，是“形形之不形者”。因此，拘泥于语言会束缚住意义，使意义无法向深邃的大道延伸。“道”虽然不能为任何言行所把握，却可以因为言论而开启。陈鼓应认为，“庄子的‘道’，并非陈述事理的语言，乃是表达心灵境界的语言”。庄子确实知晓语言的苍白，也在不断地改变言语的方式，甚至提出寓言、重言、卮言

① 刘泽华、刘洪涛、李瑞兰:《士人与社会》(先秦卷)，天津人民出版社1988年版，第20页。

等语言,不是力求用不一般的语言直接去界定事物,而是借助他物、他人或自然间接地去表达,去试探。例如,“卮言日出,和以天倪,因以曼衍,所以穷年”。《庄子·寓言》的这种“卮言”能够因应自然变化,合乎自然分际的无心之言,似乎是“言自在言,是道在言,是物在言”。它日出日新,无所用心,无所人为,似乎是一种接近于大道的言说方式。

(二)目击道存,以象言道

《庄子·天地》有则寓言:

> 黄帝游乎赤水之北,登乎昆仑之丘而南望,还归,遗其玄珠。使知索之而不得,使离朱索之而不得,使喫诟索之而不得也。乃使象罔,象罔得之。黄帝曰:异哉!象罔乃可以得之乎?

这里“玄珠”喻指“玄妙之道”;“知”,即“致诘”,意指“有分”;“离朱”即“目”,意指“有形”;“喫诟”即“言辩”,意指“有名”。玄妙之道,混沌无形,而“象罔”则是对前三者的否定,是“无形无名无分”。混沌不分,故通于道。[①] 老子亦言:“大象无形,道隐无名。”[②]既然道隐而不显,世人自然无法通过对显现的有形之物的认识去获得大道。“所谓‘道隐无名‘只是表达真理的一半,真理的另一半为庄子所昭示:语言延请了道的出场和亮相,语言之光照亮了被事物遮蔽的道的本真面目。”[③]

语言无法直接通达大道,庄子提出了以立象尽意的方式来进一步探索“道”蕴。借用刘禹锡“境生象外”的观点,道也在象外,但可因象而悟道。王弼在注解《周易》时将《庄子》书中的“得意忘言”的思想进行了发挥,在“言”与“意”之间加入了“象”,提出“得象在忘言”说。王弼一方面提出“夫象者,出意者也;言者,明象者也。尽意莫若象,尽象莫若言”的说法,另一方面认为,“象生于意而存象焉,则所存者乃非其象也;言生于象而存言焉,则所存者乃非其言也”。“然则,忘象者,乃得意者也;忘言者,乃得象者也。得意在忘象,得象在忘言。”[④]这里王弼一方面深刻剖析了“言”的功能性作用,指出言能够“明象”,即刻画出事物的形象。透过这个形象,人们产生出对意义的感知,究其实质正是通过“象”来实现对意义的召唤。例如,《庄子·田子方》有言:“目击而道存矣,亦不可以容声矣。”要把握对象的本质,不用语言,可

---

① 赵奎英:《“道不可言”与“境生象外”——庄子语言哲学及其对意境论的影响》,《山东师范大学学报》2007 年第 3 期。

② 《老子》,第四十一章。

③ 颜翔林:《工具和本体:庄子美学的语言观》,《文艺理论研究》2013 年第 5 期。

④ 王弼:《周易略例·明象》。

以通过对形象的感知，而直通意义。“象”相对语言而言，更多地诠释空间，对意义限定较少，因此，“象”成为“忘言”的替代性手段，由“具象”进而感悟“大象”，犹如艺术创作那般。正如叶维廉所说：“一旦了悟到人在万物自放中的角色，我们自然不会重视滔滔欲言的自我，而调整我们的观、感角度与语言表式，转向无言而能独化、活泼地自生自发的万物万象。”①

综上所述，其实庄子也意识到正是“说”使说者与被说者同时进场，且“说”也是人存在的一种方式。只是这种“说”的方式常常成为人们通达大道（终极真理）的障碍，为了解决这一问题，需要反思。

〔作者单位：厦门大学新闻传播学院、两岸关系和平发展协同创新中心〕

① 叶维廉：《比较诗学/现象・经验・表现》，《叶维廉文集》（第1卷），安徽教育出版社2002年版，第136页。

新媒体传播语境中广播电视节目主持人的变革与创新

◎马 力 王 尧

摘 要:新媒体传播语境下,主持人具有一定的优势,同时存在一定的压力。主持人要想打响“说话革命”,就要熟悉、掌握新媒体技术,具备新闻敏感性和新闻意识,确立个性化的主持风格,平衡话语权、注重分众传播,积极与受众互动。

关键词:新媒体传播语境 自我创新 “说话革命”

我国社会环境的不断变化和网络的发展,造就了现在传媒界内所谓的“新媒体传播语境”。首先,在手机媒体和网络媒体等新兴数字媒体的驱动下,节目的制作速度和更新速度越来越快,这无疑对报纸、广播、电视等传统媒体形成了巨大的冲击。其次,在新媒体传播语境中,受众正在不断分流,因为在这样一个大环境下,受众的选择面变得越来越广,传统媒体一统天下的绝对优势正在不断被削弱,受众的年龄和经历差异对媒体的影响越来越大。要想在新媒体传播语境中占据“主导权”,我们必须了解新媒体传播语境的多元化特点,将已经发展得相对成熟的传统媒体主持与当下流行并形成规模的新媒体主持进行融合互补。

一、新媒体传播语境中主持人的生存态势和创新空间

(一)新媒体传播语境中主持人的优势特征

1.主持方式具有灵活性和互动性

在传统媒体主持中,每期节目的大致内容和议题基本都是节目制片人和编导在录制之前就把关好的,虽然在录制的环节中也存在一些不可预测的因素和主持人把控现场的创新空间,但是主持人基本上是按照台本要求在设定好的框架中稳

定发挥的。此外,传统媒体的频道定位和栏目定位相对明晰,对应的受众也相对稳定。总的来说,传统媒体主持呈现的方式不灵活,甚至略显僵硬。但是新媒体技术的出现,打破了这样的传播局面。在新媒体传播语境中,主持人可以灵活地穿梭于海量的资讯当中,并有选择性地把相应的信息传递给相应的受众。新媒体的传播方式呈现出辐射式的散发性,是网状的传播结构。与传统媒体主持相比较,新媒体主持显得更加灵活,而且更具有互动性,更有利于主持人的现场发挥,使主持人和受众的回馈状态更加真实。

2. 主持互动的话语权以受众为主

传统媒体中的主持人只能在规定的时间内与被邀请到录制现场的观众进行沟通,即便是现场观众也不可能都得到表达看法的机会。有时虽然场外的观众可以通过电话、视频连接等方式参与到节目中来,与主持人进行交流,但由于时间以及传统媒体技术方面的限制,只有极个别的观众能够获得这种机会。传统媒体节目的进程以及节奏大多都是既定的一套程序,受众的话语权相对较少,这不利于节目主持的互动传播。在新媒体传播语境下的节目中,所有的受众都能够公开、平等地参与到节目进程中,可以在最短的时间内发表自己对某个话题或者某个事件的看法。这确保了受众的话语权,可以让受众在短时间内做到真情流露,有利于受众参与到节目互动中,从而吸引受众的注意力。

3. 主持人成为话题的创新传播者

传统媒体平台下的主持人大多数时间充当的是话题引导者的角色,话题的创造空间比较狭窄。由于台本的束缚,主持人在大部分时间里只能在规定的台本动作里进行角色扮演。新媒体主持人的角色具有双重性,在节目中既是"真实的个人"又是"大众传播者"。作为"真实的个人",主持人需要理解既定的话题,然后用自己的情感与语言将其表达出来。而作为"大众传播者",主持人又在不断地创造话题,充实节目的内容,使节目更有看点,激发受众积极参与表达的愿望。在这样的拟态环境中,主持人可以根据需要进行角色互换,受众也可以灵活地参与到节目中,到达"第一现场",与主持人共同创造话题。这样一来,无论是节目话题的新颖程度还是自由程度都能够得到基本保证。新媒体传播语境中的主持人不仅充当了话题引导者,而且充当了话题创造者,是节目创新的先锋。

此外,从《上海大学生电视节目主持人调查报告》[①]中我们可以发现,"更新潮、更有创新精神""更具幽默感""更趋于年轻化""更重视青春靓丽的外表""主持人有

---

① 该报告由华东师范大学传播学院完成。

更大的自由度”“商业包装更完善”“更具有应变能力”“更有亲和力”“更能与观众互动吸引观众”“更有旺盛的生命力”“视角更广阔更具有新闻敏感”，以及“更具有国际视野”等12项要素是新媒体主持人具有的优势。

(二)新媒体传播语境中主持人的压力源

1.自我创新的要求

新媒体传播语境中主持人往往会面临非常大的压力和阻碍，这些压力和阻碍来源于多方面，但最主要来自主持人本身自我创新的要求。笔者有幸参与了《上海大学生电视节目主持人调查报告》的调查工作，根据调查结果，在新媒体传播语境中，主持人的创新意识和创新空间对于其自身来说是相当大的压力源。主持人只有提高创新能力，才能适应新媒体发展的趋势和潮流。新媒体本身就是时代和科技发展下的创新事物，是传媒行业创新的集中表现。主持人作为传媒行业的一个重要组成部分，其自我创新能力的不足就变成了亟待解决的问题。新媒体传播语境要求主持人在这样的大环境中找准目标，清晰定位，增强创新意识，培养创新能力。在适应新媒体传播平台发展的趋势时，主持人面临很多压力。

表1　新媒体环境下主持人主要的压力源

	频数	百分比	有效百分比	累积百分比
不清楚	545	15.1	16.2	16.2
没有任何压力	205	5.7	6.1	22.3
面临失业危险	374	10.3	11.1	33.5
需要进行创新、改变困境	2 208	61.0	65.8	99.2
其他	26	0.7	0.8	100.0
总和	3 358	92.8	100.0	271.2
缺失值	260	7.2		
总计	3 618	100.0		

表1准确地反映了新媒体传播语境中主持人主要的压力源。可以看到，61%的主持人认为自我创新是非常重要的。如今的传媒领域竞争激烈，要求节目推陈出新，很多受众早已经厌倦了中规中矩、一成不变的主持风格。这种形势下，更多的受众把目光聚焦到新媒体传播语境中，以寻求新鲜的感官刺激。所以，新媒体传播语境中的主持人必须要大胆自我创新，才不会被时代淘汰。

2.节目创新的要求

当前的媒体竞争已经进入到白热化的阶段，新节目不断出现，纷纷争抢收视份额。湖南卫视的《我是歌手》,江苏卫视的《星跳水立方》以及安徽卫视的《我为歌狂》都是媒体不断竞争、创新下的产物。新媒体传播不断发展并逐渐被受众认可,新媒体节目吸引了受众更多的目光,传统媒体节目不再能完全引发受众的兴趣。在这种形势下,要想赢得收视率就必须实现节目的创新。在新媒体传播语境中,不再是一点对多点的强权传播①,而是多点对多点的互动传播,受众完全有自主权来选择喜爱的节目。毋庸置疑,主持人只有在自我创新的基础上做到节目创新,努力地"迎合"受众,十八般武艺样样卖弄,将"创新"意识和理念带进新媒体并发挥到极致,才能使节目赢得市场,赢得收视份额。总体来看,新媒体传播语境的"洪流"中,创新意识非常重要,自我创新是节目创新的基础,节目创新是自我创新的归宿。

二、新媒体传播语境中主持人的"说话革命"势在必行

(一)最具竞争力的主持人类型

新媒体传播平台的介入,不仅让主持人出现在电视和广播中,而且让主持人出现在各种新媒体中。新媒体的发展给主持人提供了很多发挥的空间和展示的平台,不能忽视新媒体的力量。网络主持人和虚拟主持人越来越受到受众的欢迎和认可。要想在新媒体急速发展的浪潮中打响这场"说话革命",主持人必须提高自己的竞争力(最具竞争力主持人类型见表 2)。

表 2 最具竞争力主持人类型

	频数	百分比	有效百分比	累积百分比
电视栏目主持人	1 922	53.1	57.5	57.5
网络主持人	940	26.0	28.1	85.6
虚拟主持人	276	7.6	8.3	93.8
广播电台主持人	178	4.9	5.3	99.2
其他	28	0.8	0.8	100.0
总和	3 344	92.4	100.0	
缺失值	274	7.6		
总计	3 618	100.0		

① 张海鹰:《新媒体与受众习惯的互动关系》,《新闻大学》2001 年第 3 期。

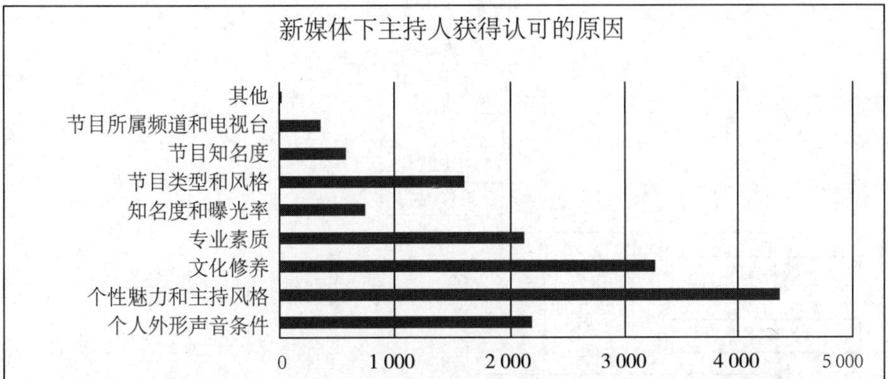

	个人外形声音条件	个人魅力和主持风格	文化修养	专业素质	知名度和曝光率	节目类型和风格	节目知名度	节目所属频道和电视台	其他
频数	2 187	4 363	3 273	2 130	749	1 609	574	358	19

图 1　新媒体下主持人获得认可的原因

从图 1 中我们发现，在激烈竞争的主持人行业中，要想崭露头角，在受众的心目当中占有一席之地，主持人自身的个性魅力和主持风格非常重要。个性魅力是现代媒体节目主持人艺术生命力的象征和源泉，一个缺少个性魅力的主持人是很难赢得受众的关注和喜爱的。个性魅力不仅是主持人个人的风格化标签，还是凸显节目风格的主要因素。具有浓厚个性魅力的主持人，更容易获得受众的喜爱，更容易主导受众接收信息的习惯。然而，主持人的个性魅力并不是一朝一夕就能形成的，而是建立在文化修为、专业素养等综合条件之上的。新媒体传播语境中，当各种条件和手段都可以被同等利用时，主持人的个性魅力或许将是决定自身去留的关键因素。

(二)主持人打响“说话革命”的成功要素

主持人要想打响“说话革命”，必须做到以下几点：

第一，熟悉、掌握新媒体技术。技术的改变和发展是新媒体传播语境节目主持的最大变化，主持人应该积极地去适应这样的变化。

在图 2 中我们可以清楚地看到，新媒体传播语境中，新闻已经不是单纯地通过广播或者电视输出。媒介不断融合、资讯逐步共享，新闻有可能同时通过不同的媒介形式输出。虽然在新闻的制作、输出等环节中有很多技术人员的参与，但是这依然对主持人在采写、编辑、制作到最后的播出过程中的工作提出了很高的要求。在节目形式上，新媒体传播语境中的主持人已经不是特定媒介形式的主持人，这就要

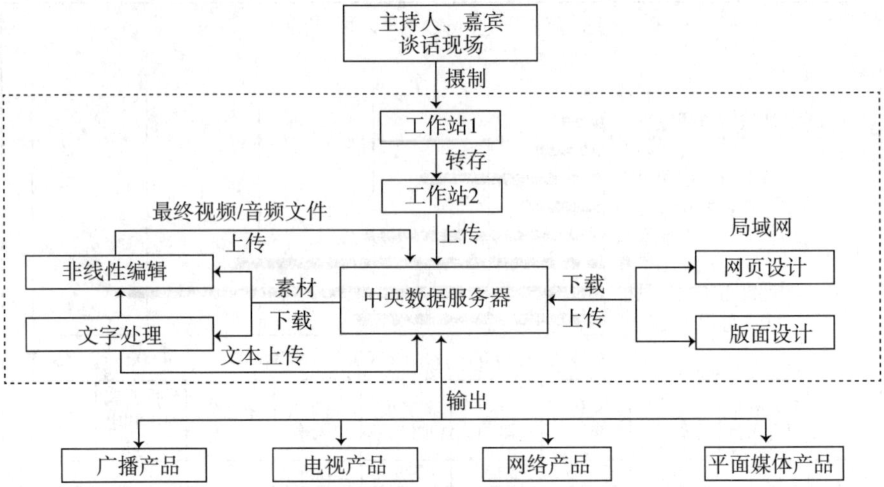

图 2 新媒体语境中的节目主持

资料来源:於春:《新媒体环境下视频类节目主持的发展创新——基于一种实证研究》,《现代传播》2011 年第 6 期。

求主持人必须熟悉各种媒介形式;在节目参与度上,新媒体传播语境中重点突出的是以主持人为核心的节目创作模式,这就要求主持人对节目制作的各个流程非常了解。此外,现在我们一再呼吁培养采编播一体化的主持人,电视台也会从人事角度考虑节目成本问题,要求主持人具有多种职能。所以,新媒体传播语境中的主持人不仅要做好节目主持工作,而且要在成品输出的每一个环节参与相应的工作、掌握相应的本领。新媒体目前都重视技术手段,偏重使用 3D 效果,目的就是给受众更多的节目真实度体验。如果主持人只懂得本分的主持,而不积极适应这种虚拟的传播模式环境,那么其主持只会显得生硬,就会与新媒体传播语境中的节目传播方式脱节。由此可见,在新媒体传播语境中,主持人应积极适应全新的说话环境,熟悉新媒体技术。

第二,具备更为强烈的新闻敏感性和新闻意识。由于新媒体传播平台可以突破各种传统媒体的束缚,特别是可以突破节目对时间和空间的限制,造成海量的资讯如洪流一般涌入,这对新媒体传播语境中的主持人提出了更高的要求。新媒体传播语境中的主持人,必须要保证在第一时间里挖掘出最有价值的新闻选题,也就是我们通常说的对于新闻事件要有敏感性。新媒体传播语境中每个人都是舆论领袖,每个人都掌握着话语权,可以利用微博、微信等社交平台来发布"一手新闻"。这对于新媒体传播语境中的主持人就更具有挑战性。他们只有时刻有这样的新闻意识，才能够在新媒体传播语境中先发制人，发现蕴藏在新闻中的核心价值，从而尽早抢占市场先机，在第一时间从海量的资讯中为受众选择出优质新闻。

第三，具备个性化的主持风格。笔者在网上发布了题为《新媒体时代你最喜欢的主持人类型》的调查问卷，调查的分析结果如图 3 所示。

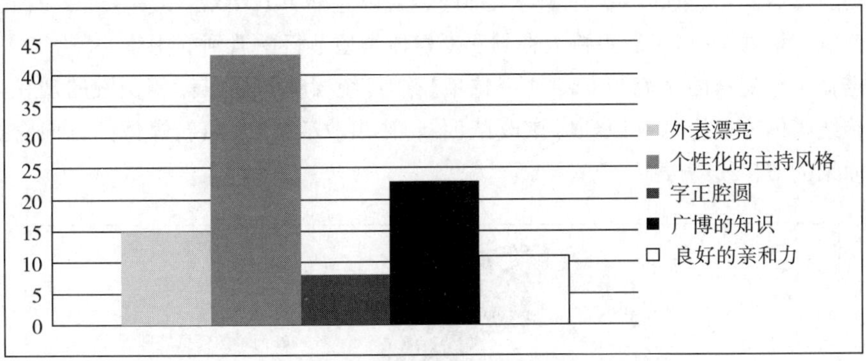

图 3　新媒体时代受众最喜欢的主持人类型

这次调查结果显示，在新媒体传播语境中，有 15%的受众喜欢外表漂亮型的主持人，有 43%的受众喜欢具有个性化的主持风格的主持人，有 8%的受众喜欢字正腔圆型的主持人，有 23%的受众喜欢有广博的知识的主持人，最后有 11%的受众喜欢有良好的亲和力的主持人。这次调查中可供选择的类别虽然有限，但是能基本反映受众对于新媒体传播语境中主持人的期待，那就是要具有个性化的主持风格。同时，新媒体传播语境中的受众更为关注自身的利益。是否能代表他们的利益，反映他们的呼声，是节目能否成功的关键因素。另外，在新媒体传播语境中，受众的兴趣也逐渐趋于多元化。受众会根据各自的利益点和兴趣点来选择性地观看和支持不同类型的节目，媒体传播越能够满足受众的现实需求就越能够吸引受众。受众普遍认为，个性化元素明显的主持人，比较具有个性化的主持风格，具有独特的魅力。

第四，平衡话语权，注重分众传播。由于种种因素，传统媒体主持人掌握着绝对的话语权，但是在新媒体传播语境中，由于点对点的传播引起很多平民舆论英雄的崛起，这就使得竞争更为复杂。微博、微信、人人网等平台，使得平民成为话语的发布者，因而主持人在新媒体传播语境中要摆正姿态，平衡话语权，让大众有话说。但是，主持人也要时刻把控好节目的节奏，不要忘记自己的主持人身份，不能成为一般的平民传播个体。主持人传播的内容首先要有真实性，其次要有价值性。传统媒体一味地讲求大众传播，主持人定位也停留在大众传播的角色上。新媒体传播语境的改变使得受众"各取所需",受众的选择性增强,主持人当然也要"投其所好"。由此,新媒体传播语境中的主持人需要从大众传播的角色向分众传播的角色过渡。

第五,与受众积极互动。互动性是新媒体的突出特征。在新媒体传播语境中,因为受众需要,大量的内容甚至是全部内容会以直播方式出现,很多主持人对此感到为难。根据调查,关于主持人在驾驭新媒体类型节目中遇到的困难,高达43%的人选择了与受众的交流与互动这一选项。在传统媒体与新媒体相交融的现在,很多传统媒体节目纷纷意识到应该改革创新,作出改变,于是向新媒体的方向靠拢,使原来的节目纷纷改版。

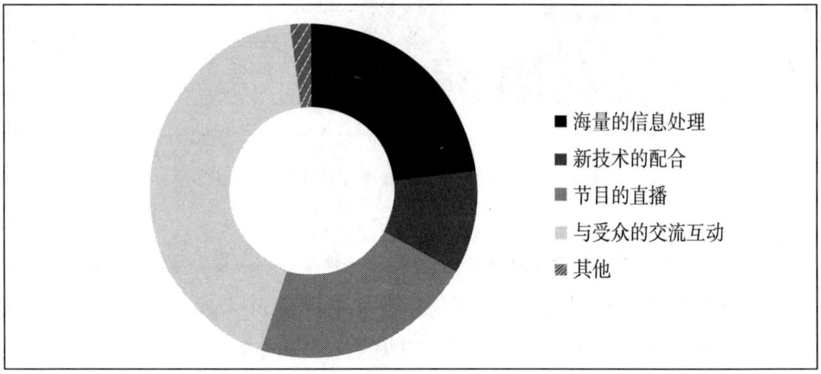

图4 新媒体传播语境下主持人的困难

以上海人民广播电台的《防务360》这个节目为例,这档节目原来是一个30分钟的资讯节目,主持人只需简单地播报当天重要的防务资讯。而改版以后,这档节目使节目时间增加到1小时,大大削弱了资讯播报的时常与比重,把更多的时间用于现场连线、与听众的互动中,而且积极通过微博、微信等新媒体方式来联系听众。

新媒体传播语境在技术层面上给予了广大受众新的接收渠道,给予了传统媒体节目主持一次新的机遇,更给予了传媒理念一个新的前进方向。

从现实层面来看,传统媒体依然拥有较为稳定的受众群和公信力,新媒体处在不断发展中。现在大部分传统媒体都开始注重与新媒体的互融共通,专门设有新媒体项目部;各大新媒体传播平台,也都设有传统媒体桥接部。传统媒体正在结合新媒体的优势,不断完善自己,并不局限于做新媒体传播平台的"供货商";新媒体传播平台也在结合传统媒体的强大力量,顺应时代传播的潮流,而不是只做传统媒体节目网络输出的"专卖店"。

作为新媒体传播语境中的主持人,必须认识新媒体、了解新媒体,在主持方式、主持理念和主持风格上积极向新媒体主持靠拢，同时又不能完全抛弃传统媒体主持的经验和优势。新媒体传播语境中的主持人要把两个平台的主持方式有效结合，满足受众的需求，把握住机会改变自己、提升自己，打响一场有意义的“说话革命”。[①]

〔作者单位：马力，华东师范大学传播学院；王尧，江苏广播电视总台新闻频道〕

① 王尧、马力：《新媒体语境中主持人革新发展策略》，载卑根源主编：《探究真谛——上海广播电视论文选》(第三辑)，文汇出版社 2014 年版。

广播主持人胜任特征的模型构建

——以北京交通广播36位主持人为对象

◎牛 力

摘 要:广播主持人胜任特征模型包含十个胜任要素,把这些胜任特征要素按层级划分后分别是:个行动机层包括目标聚集、人生阅历、幽默感和持久性四项,态度价值层包括自主性、自信和爱岗敬业三项,知识技能层包括博学、判断洞察力和表达逻辑性三项。

关键词:胜任特征 核心竞争力 关键行为

"传统媒体的巨人正在倒下,原因值得关注,但不必惊慌。"2006年4月,英国《经济学人》杂志对数字时代的传统媒体大势作出了上述判断。[①] 如今,一晃10年过去了,新媒体正在造就全时空传播的新局面,也正在造就信息爆炸和信息迅速更替的新世界。媒体竞争日趋激烈,媒体格局正在重新划分。国际上不少知名的传统媒体或并购,或转手,或向新媒体转型,国内包括广播在内的传统媒体也在危机中奋发向前,希望借助新技术和新内容探索出未来出路。

回首过去,作为一位近百岁的老人,广播之所以能在一次次浪潮冲击下傲然屹立,除了由于它作为电子媒介的诸多先天优势,更离不开广播人的智慧和勤奋,这自然包括作为广播最重要硬件的主持人的贡献。放眼未来,在广播数字化、专业化、类型化的大背景下,在边界日趋模糊的融合趋势下,在和"如狼似虎"的媒介同行竞争中,提炼和保持广播主持人的核心竞争力是当务之急。

什么才是广播主持人的核心竞争力?具备了哪些要素才算得上一个好的广播主持人?探讨广播主持人的胜任特征无疑是解答以上两个问题的一种研究思路。胜任特征由一系列个人特质构成,指那些能将某一工作或组织中有卓越成就者与表现一般者区分开来的个人潜在的、深层次的特征。它可以是动机、性格特质、自我形象、态

① 参见杜茜:《传统媒体困局》,财经网,http://politics.caijing.com.cn/2014/meiti/。

度或价值观、某领域知识、认知或行为技能，即那些可以被测量或计数的、能显著区分优秀与一般绩效的个体特征。[①] 可见，广播主持人的核心竞争力可以体现为一系列胜任特征的总和，构建广播主持人的胜任特征模型也因此成为评价其核心竞争力的基础。

本文的论述以北京交通广播的36位主持人为个案(其中播音主持“金话筒奖”或国家级主持人奖项获得者10人)，采用行为事件访谈法展开研究，共获得访谈资料21.8万字。本研究通过主题词分析编码的方法，制定了包含29项胜任要素的广播主持人胜任特征辞典，这在相关研究中尚属首次。基于该辞典，本研究构建了广播主持人胜任特征模型。该模型由表及里包含了3个层面的10项要素，即知识技能层(博学、判断洞察力和表达逻辑性)、态度价值层(自主性、自信和爱岗敬业)以及个性动机层(人生阅历、持久性、目标聚集和幽默感)。

建立一个完整的胜任特征模型，一般需要花费2～3个月，甚至更长时间。其中仅仅对该职位安排行为事件访谈以及对访谈结果进行处理，都需要至少30个左右的工作日，而且是由4名以上专业人员组成的小组共同完成的。[②] 鉴于研究方法的专业性和研究任务的复杂性，笔者在北京交通广播组建了一个7人访谈小组，并在后期与北京邮电大学的赵玉平教授团队合作，共同完成了广播主持人胜任特征模型的构建和统计分析工作。

鉴于研究方法的特殊要求，我们选择了广播主持人群体中最具代表性的对象展开研究。北京交通广播是全国广播行业的排头兵，是全国新闻工作先进集体、全国广播电影电视系统先进集体，在北京市场的收听率连续15年排名第一，广告创收遥遥领先。从传播特点看，北京交通广播重点锁定移动人群，符合当今广播专业化大背景下移动语境的总体要求和受众特点。特别是在2006年至2012年的6年间，北京交通广播中连续7届共11位主持人获得了中国播音主持界的最高奖项——“金话筒奖”，这在同类广播频率中是史无前例的。此外，北京电台从2005年起实行岗位首席制，迄今共有5位首席主持人出自北京交通广播。

能源源不断推出高质量人才和高质量作品的团队，应该有规律可循，应该有很强的凝聚力和竞争力，应该能最大限度地达成一致，从而有效地启动一个可以“唱大戏”的平台。广播主持人胜任特征模型的构建以北京交通广播的主持人为对象来寻找突破口，具有独特性、典型性、代表性和可行性，其成果会对同类方向的探索有直接的借鉴意义。

---

① 参见L. M. Spencer, S. M. Spencer, *Competence at Work*, New York: John Wiley&Sons, Inc., 1993, pp. 17－104.

② 参见方少华、方泓亮:《胜任力咨询》，机械工业出版社2007年版，第27页。

具体来说，本研究执行的步骤和流程如图 1 所示：

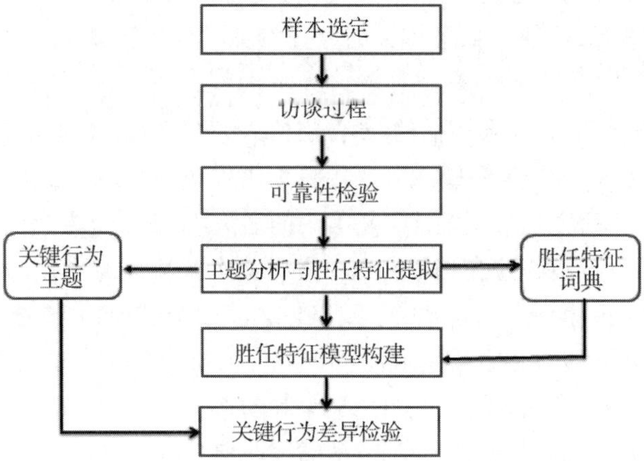

图 1　基本步骤及流程

一、样本的选定

样本范围为北京交通广播的全体节目主持人(实际取样超过北京交通广播主持人总数的 90%)。为了更好地利用行为事件访谈方法，本研究以是否获得过全国范围的播音主持类重要奖项和是否担任过北京电台首席主持人为依据，将北京交通广播的主持人划分为“绩优组”和“普通组”，分别展开访谈。表 1 是分组情况：

表 1　样本组别划分情况表

组别	层次	划分依据	人数
绩优组(10 人)	最佳(一)	曾任或现任首席主持人，并且获“金话筒奖”(或其他国家级主持人奖项)	5
	优秀(二)	“金话筒奖”(或其他国家级主持人奖项)获得者	5
普通组(26 人)	普通(三)	未曾担任首席主持人及未获以上任何一种重要奖项	26

样本总人数为 36 人，其中绩优组 10 人，占总人数的 27.8%；普通组 26 人，占总人数的62.2%。访谈过程中，为减少系统性干扰，采用了“双盲”访谈方式，被访者和访谈小组成员均不知道被访者属于绩优组还是属于普通组。

二、访谈过程

"行为事件访谈法"(Behavioral Event Interview,简称"BEI"),是构建胜任特征模型的最重要一种方法。它最早是心理学家用来进行心理测评的方法,现在发展为一种开放性的行为回顾式探索技术,是揭示胜任特征的主要工具。这种访谈方法通过请受访者回忆过去一段时间自己在工作上最有成就感(或挫折感)的关键事例,具体内容包括:情境描述,有哪些人参与,实际采取了哪些行为,个人有何感觉,结果如何,收集被访者在关键事件中与行为结果直接相关的具体行为和心理活动的详细信息。①

行为事件访谈一般会持续1个多小时,收集3个左右行为事件中完整的、详细的信息。然后通过对比分析,获得优秀员工与一般员工有显著区别的行为特征,再进行汇总、分析和编码,从而挖掘出大量有价值的信息,找出目标岗位所应具备的核心素质。这种方法的最大特点在于事先并不为岗位研究设定关键词,完全依赖样本分析,运用统计学原理得出忠实于调查过程的事实结论。

在本研究的访谈过程中,访谈小组成员使用采访机采集访谈内容,并通过笔记本电脑整理出访谈资料21.8万字。访谈按照预先设定的《广播主持人访谈提纲》展开,该提纲参照经典行为事件访谈的相关研究,并根据3名具有博士学位的人力资源管理专家的意见进行修改。访谈提纲的大致内容如表2所示:

表2 广播主持人访谈提纲

序号	内容	问题示例
1	自我介绍	兴趣爱好;对幸福、人生、生活等词汇的理解;存在的问题等
2	问成功	做主持人后,你最大的成功是什么
3	问转变	做主持人后,你个人发生的最大转变是什么
4	问挫折	做主持人后,你个人遇到的最大挫折是什么
5	问总结	请用简要的几句话总结你从事这项工作以后的感受

访谈过程严格按照以下步骤进行:

步骤一:介绍和解释。访谈小组成员介绍自己,让被访者了解访谈的目的和形式、访谈信息的用途等内容,并作保密承诺和放松暗示。

① 方少华、方泓亮:《胜任力咨询》,机械工业出版社2007年版,第68页。

步骤二：了解工作职责。这一步骤的主要目的是了解被访者的工作任务和职责。这需要请被访者作自我介绍，还可以附加一些问题。

步骤三：行为事件描述。这是访谈的核心步骤，被访者以“讲故事”的方式，详细描述自己在岗位上经历的2～3个典型或关键事件，包括成功和失败的事例。

访谈小组成员需要不时提一些问题，以确定对被访者素质的判断。如果被访者在几个事件中都涉及了相同或相似的经历与问题，访谈小组成员会特别关注这种经历中被访者的感受、观点及待人接物的方式。[1] 同时，访谈小组成员要对访谈的全过程进行录音。

步骤四：总结归纳。在这一步骤中，访谈小组成员要请被访者总结归纳胜任广播主持人这一岗位所需的知识和技能等特征，并对之前的访谈过程作必要补充，以获得一些与这些特征相关的其他关键信息。

步骤五：访谈尾声。访谈结束，访谈小组成员表示感谢，然后开始整理录音，详细记录访谈内容，同时注意发现新线索，以便在需要时进一步调查和确认。

三、可靠性检验

在后期的胜任特征数据库整理中，我们使用SPSS19.0数据软件进行数据统计处理及相关检验。本研究按照两组访谈长度以及评分者意见的一致性程度来衡量结果的可靠性。经统计，绩优组访谈平均长度为6 452字（标准偏差SD＝2 917字）[2]，普通组访谈平均长度为5 931字（标准偏差SD＝3 617字），T检验显示无显著差异（T＝0.67）[3]。这表明，在访谈长度上，绩优组和普通组没有显著差异。如表3：

表3 绩优组与普通组访谈长度对比

	绩优组		普通组		T值	df
比较项目	均值	标准差	均值	标准差	0.67	34
长度字数	6 452	2 917	5 931	3 617		

① 方少华、方泓亮：《胜任力咨询》，机械工业出版社2007年版，第70页。

② 标准偏差（Std Dev，Standard Deviation）——统计学名词。一种量度数据分布的分散程度之标准，用以衡量数据值偏离算术平均值的程度。

③ T检验是用T分布理论来推论差异发生的概率，从而比较两个平均数的差异是否显著的一种方式。

相关研究显示，检验评分者意见的一致性程度时，相对于总频次和最高等级分数，平均等级分数这一指标更为稳定可靠。① 在本研究中，评分者对被测各项胜任特征的评分之间的相关系数值为 0.72，处于可以接受的范围内，可以认为评分者间的一致性处于正常水平。

四、主题分析与胜任特征提取

(一)胜任特征辞典的制定

访谈结束后，需要采用主题分析的方法，从基于访谈录音整理的文本中，提取、统计、汇总胜任特征关键词以及行为事件关键词，并对它们进行编码。在具体实施中，将研究人员分为 2 个主题分析小组，由他们分别对全部的访谈文本进行主题分析。然后，参考通用胜任特征辞典，结合广播主持人所特有的一些人格特征，在访谈文本主题分析的基础上，制定出本论文的广播主持人胜任特征辞典。

首先，在文本分析过程中，小组成员根据通用胜任特征辞典，判别被访者在每个行为事件中所表现出的胜任特征，并进行标注。对于辞典中没有的胜任特征，则由分析人员用自己的语言进行初步归纳和命名。我们试图根据广播主持人所特有的人格特质，概念化一些共有的特征，让广播主持人胜任特征辞典更加适用且具有针对性。

其次，在 2 个组分别完成胜任特征关键词提取后，将得到的胜任特征进行比较。由于个体差异，2 个组对关键行为事件所反映的主题词会有不同定义。因此，在完成编译后，2 个小组需要通过反复讨论访谈文本中的关键事件和相应的行为表现，力图使最终的辞典用词一致。

最后，研究小组通过主题分析得到 35 项胜任特征，经与 2 名具有博士学位的人力资源管理专家反复沟通探讨，最终共确定了 29 项胜任特征，按照洋葱模型的理念，由内而外将其划分为 3 个层次，即个性动机层、态度价值层和知识技能层(见表 4)。

---

① 参见 N. J. Kaslow, S. E. Dunn, C. O. Smith, "Competencies for Psychologists in Academic Health Centers," *Journal of Clinical Psychology in Medical Settings*, vol. 15, (2008), pp. 18—27.

表 4　胜任特征及其分层

层级	名称	数量	胜任特征
核心层	个性动机	11	同理心　求知欲　爱好广泛　亲和力　正直公平　幽默感　目标聚集　成就动机　利他性　人生阅历　持久性
内里层	态度价值	10	乐观程度　责任感　自信　爱岗敬业　心态平和　自主性　慎言慎行　真诚　谦和　自省性
表现层	知识技能	8	声音条件　博学　判断洞察力　煽情能力　用词中性度　表达逻辑性　创新能力　应变能力

表 5 展示了行为事件访谈法的文本研究过程：

表 5　关键行为事件访谈文本示例

文本正文：	编码
实话实说，我那天喝多了。那天在后海那家孔乙己（酒楼），有一家采访单位跟我们记者联谊，我中午喝了点黄酒，是微醉的状态，再加上中午也很开心，整个人状态就很兴奋，所以真的不是精心准备的。	LGCD
时间还很紧张，我说我得赶紧走，回单位去采访。那天邓伟先生比我还早到了一点点。你现在问我（是怎么成功的），我想说可能一切都是跟老北京有关，	ZRG
因为邓伟先生其实也是老北京，然后我中午又是在什刹海吃的饭，这些都是北京的感觉，我自己也是北京的小孩儿。所以我们俩会有很多共同语言，这个谈话场是一个很好的场地。他说他在海外生活了许多年，飞机在北京一降落，就想到麻豆腐等，这些我也知道，我也有类似的感受。	QHL RSYL
我觉得这是一种情绪的出现，可能他听到我的北京口音，然后我能够听明白他说话的重点在哪儿。那种对北京的喜欢，我觉得这是我们能够对话的前提。	SYTJ
编码说明： LGCD——乐观程度：乐观对待工作和生活的程度 ZRG——责任感：把自己分内事情做好的精神状态 QHL——亲和力：使人亲近、愿意接触和交流的力量 RSYL——人生阅历：对人生的经历和感悟 SYTJ——声音条件：个人所具备的声音特征，包括音质、表达和口音等	

(二)关键行为主题词

研究小组按照胜任特征的编码过程，针对每一类关键行为，采用主题分析的方法确定了每一类关键行为的主题词。每一类行为对应的关键行为主题词及出现的频率统计如表 6 所示：

表 6　关键行为主题词统计表

关键行为	主题词	频率	占比	关键行为	主题词	频率	占比
如何定义成功	获奖	5	5.62%	如何看待挫折	心态乐观	9	16.36%
	实现梦想	5	5.62%		继续挑战	9	16.36%
	成就感	14	15.73%		成熟处理	14	25.45%
	自我成长	11	12.36%		听之由之	5	9.09%
	获得认同	15	16.85%		深刻反省	18	32.73%
	人际关系改善	4	4.49%				
	自我认同	15	16.85%				
喜欢什么样的人	简单直率	23	25.84%	排斥什么样的人	品行不端	8	13.56%
	善良利他	10	11.24%		虚情假意	13	22.03%
	阅历丰富	13	14.61%		不守时	1	1.69%
	积极开朗	3	3.37%		懒惰	2	3.39%
	有共同爱好	17	19.10%		阴郁复杂	9	15.25%
	幽默风趣	1	1.12%		嚣张跋扈	6	10.17%
	宽容大度	4	4.49%		小气	4	6.78%
	认真好学	4	4.49%		自私	4	6.78%
	谦虚平和	13	14.61%		功利谄媚	7	11.86%
	有创新精神	1	1.12%		愚钝	2	3.39%
发生了什么转变	沟通能力	12	17.91%	发生了什么转变(续)	换位思考	6	8.96%
	成熟稳重	21	31.34%		视野开阔	3	4.48%
	性格幽默	4	5.97%		应变能力	8	11.94%
	责任感	2	2.99%		注重精神	11	16.42%

五、胜任特征模型构建

针对 29 个胜任特征的统计和对比显示，北京交通广播主持人绩优组的胜任特征平均得分 3.41，普通组平均得分 2.93。由图 2 的曲线我们可以清晰地看到，绩优组在每一个胜任特征的得分上都超过了普通组。

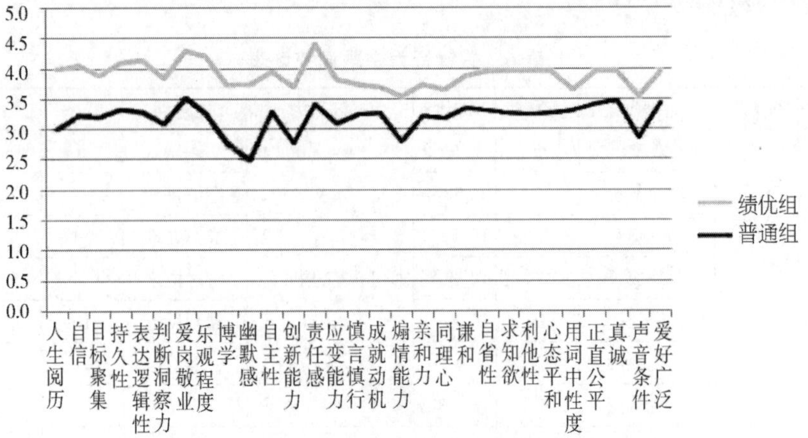

图 2　北京交通广播主持人绩优组与普通组胜任特征比较

随后，我们对绩优组与普通组的某项胜任特征在平均等级分数上的差异进行检验和对比。具体结果如表 7 所示：

表 7　绩优组与普通组胜任特征评价等级得分差异表

序号	胜任特征项目	绩优组(n=10)		普通组(n=26)		T	df	sig
		M	SD	M	SD			
1	同理心	3.08	0.27	3.30	0.48	2.619	34	.013
2	亲和力	2.92	0.27	3.20	0.42	2.617	34	.013
3	幽默感	2.23	0.43	3.60	0.52	4.820***	34	.000
4	自省性	3.12	0.33	3.70	0.48	2.578	34	.014
5	利他性	3.04	0.20	3.80	0.42	2.401	34	.022
6	求知欲	3.04	0.34	3.70	0.82	2.521	34	.016
7	博学	2.58	0.58	3.40	0.70	4.792***	34	.000
8	煽情能力	2.31	0.47	3.00	0.00	2.067	34	.014
9	用词中性度	3.12	0.33	3.00	0.00	2.568	34	.015
10	乐观程度	3.00	0.28	3.70	0.67	2.770	34	.020
11	判断洞察力	3.00	0.00	3.30	0.48	3.828***	34	.001
12	爱岗敬业	3.42	0.50	3.80	0.42	4.415***	34	.000
13	表达逻辑性	2.96	0.34	3.40	0.52	4.572***	34	.000
14	爱好广泛	3.00	0.00	3.70	0.48	.743	34	.463
15	正直公平	3.04	0.20	3.50	0.71	2.195	34	.027

续表

序号	胜任特征项目	绩优组(n=10)		普通组(n=26)		T	df	sig
		M	SD	M	SD			
16	真诚	3.00	0.00	3.40	0.52	2.089	34	.025
17	创新能力	2.58	0.64	3.40	0.70	2.478	34	.014
18	责任感	3.04	0.34	4.00	0.47	2.491	34	.022
19	持久性	3.04	0.20	3.30	0.48	4.875***	34	.000
20	目标聚集	3.00	0.00	3.10	0.32	5.460***	34	.000
21	自主性	3.00	0.00	3.20	0.42	4.630***	34	.000
22	声音条件	2.27	0.45	3.10	0.32	2.609	34	.013
23	应变能力	3.00	0.00	3.10	0.32	2.340	34	.025
24	心态平和	2.96	0.20	3.70	0.67	1.995	34	.054
25	谦和	3.00	0.00	3.40	0.52	2.618	34	.013
26	自信	3.04	0.20	3.40	0.52	4.824***	34	.000
27	人生阅历	2.96	0.34	3.40	0.52	5.304***	34	.000
28	成就动机	3.38	0.50	3.20	0.42	2.624	34	.019
29	慎言慎行	2.96	0.20	3.10	0.32	2.288	34	.012

注：*** 代表 $p<0.01$，p 是统计上的术语，即 possibility，中文叫作几率。$p\leqslant 0.01$ 或 0.05 指小概率事件，它在统计学中有着重要的应用。

可见，绩优组和普通组相比，得分等级在 $p<0.01$ 统计水平上有显著差异的胜任特征分别为：自信、人生阅历、自主性、目标聚集、持久性、表达逻辑性、爱岗敬业、判断洞察力、博学，以及幽默感。其中人生阅历、持久性和目标聚集是绩优组和普通组相比差别最为明显的 3 项胜任特征。

以行为事件访谈中所获取的绩优组与普通组相比有着显著差异的胜任特征为基础，我们可以初步构建广播主持人胜任特征模型。该模型包括 10 项胜任特征，分别属于 3 个层面：知识技能层（包括博学、判断洞察力和表达逻辑性）、态度价值层（包括自主性、自信和爱岗敬业）和个性动机层（包括人生阅历、持久性、目标聚集和幽默感）。其结构如图 3 所示：

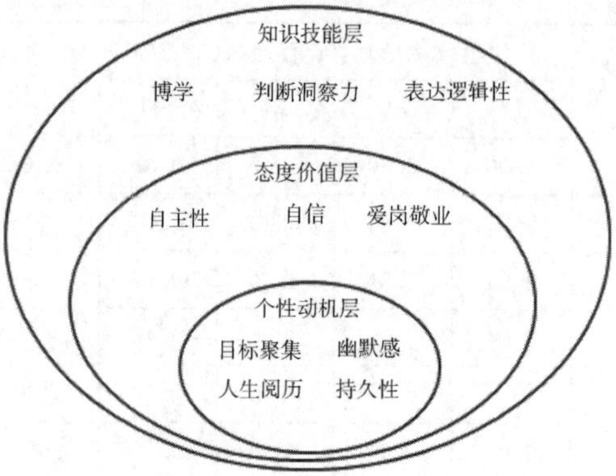

图 3　广播主持人胜任特征模型层次结构图

六、关键行为差异分析

对北京交通广播主持人的绩优组与普通组成员在几个关键行为差异方面的对比研究，主要有以下发现：

第一，2 组成员在成为广播主持人后发生的转变方面(即对自己的认知)以及不认同的品质上并没有显著差异，相对来讲普通组成员不认同的品质会更多一些，这和样本的选取量有一定关系。2 组成员关键行为上的差异主要来自其对成功和失败的认知和态度，以及他们所认同的品质。

第二，对成功和失败的认知和态度，2 组成员存在明显差异。绩优组成员更倾向于从自己身上寻求认同，也就是说绩优组成员所认为的成功更多地来源于自我的内部肯定，而普通组成员对成功的认知则更多地来源于外部的认同。面对失败，2 组成员表现出的态度也不尽相同，其中最大的不同之处就在于绩优组成员面对失败时，会进行深刻的自我反省，会从自己身上寻找失败的原因。

第三，2 组成员在认同的品质上存在差异，但在不认同的品质上则态度基本一致。相对于普通组成员，绩优组成员更喜欢那些简单直率、谦虚平和以及有一定生活阅历的人，而普通组成员则更喜欢与自己有相同爱好的人。质朴和谦虚是一个人内心成熟及修为到达一定境界之后所体现出的人格魅力，对这类品质的认同，进一步体现了绩优组成员对精神世界的重视，以及对人的本性的更加关注。

七、结论

综上所述，对胜任特征的模型构建和定量分析，为广播主持人核心竞争力的模型构建和评价体系的形成打下了坚实基础。本文基于行为事件访谈法，以北京交通广播主持人为案例，通过对访谈文本的整理和再加工，采用主题词分析方法，制定了广播主持人胜任特征辞典，然后进一步通过对比绩优组与普通组的异同，构建出了广播主持人的胜任特征模型。

不过，必须要说明的是，本研究存在两个方面的局限性：一是样本量有限，二是胜任特征辞典以及胜任特征模型的合理性和有效性尚需更为客观的研究加以检验。

基于研究的过程和主要结论，需要继续探讨以下 3 个问题：

(一)广播主持人胜任特征模型的贡献

从前面的统计数据中我们得出，广播主持人胜任特征模型包含 10 个胜任要素，把这些胜任要素按层级划分，个性动机层包括目标聚集、人生阅历、幽默感和持久性 4 项；态度价值层包括自主性、自信和爱岗敬业 3 项；知识技能层包括博学、判断洞察力和表达逻辑性 3 项。

在个性动机层中，人生阅历、持久性和目标聚集在绩优组和普通组之间的差别最大，可见对于广播主持人而言，个性动机层的胜任要素尤为重要。人生阅历和幽默感表现为一位主持人阅尽人生沧桑、看透世间百态后的沉淀、素养和修为；持久性则具体表现为坚韧不屈、坚持不懈和锲而不舍的职业精神；目标聚集则是广播主持人对于该职业的终生价值认同，可以说是持续性驱动力的来源。

态度价值层所包含的自主性、自信和爱岗敬业，体现的是一名优秀主持人对自己的认同、对工作的热爱和积极性以及敬业精神。其中，自主性展示的是主持人主动从事该项职业的意愿，自信则体现出主持人的工作能力，爱岗敬业是意愿和能力的综合，是主持人自主和自信的集中外化。

知识技能层的 3 项要素中，博学表示知识积累程度，判断洞察力表示对社会事件的敏锐性，表达逻辑性是判断的精准性、语言表达能力和逻辑思维能力的综合体现。从博学到判断洞察力，再到表达逻辑性，三者自成一体又互相呼应，由内而外、由浅入深。博学是基础，判断洞察力是保证，表达逻辑性强恰恰是主持人博学和判断洞察力强的成果。

从访谈的总体感受来看，绩优组成员的心态整体优于普通组，前者更为稳定，更为淡然，也更为平和。访谈中，绩优组成员普遍表现得更为健谈，其语言表达的逻辑性和条理性更强，在实际工作生活中更注重精神层面的修养，内心世界丰富，言语间散发着积极向上的正能量。他们更懂得去享受工作，工作对他们而言不仅是一份职业，更是一种创造价值和提升自我的方式。

（二）优秀广播主持人的认同风格

在对待成功和失败的态度以及认知上，绩优组成员和普通组成员存在显著差异。比如，在如何定义成功方面，绩优组成员倾向于自我认同，普通组成员则更多地关注上级或者听众的认同；在面对失败和挫折时，绩优组成员表现出更为明显的自省性倾向，也就是说他们会更多地从自身寻找问题的根源。

可见，优秀广播主持人表现出更倾向于内向化的认同风格，更重视自身人格、素养以及能力的培养。这与佛家所言“心外求法，不见如来”似有相通之处，最高境界的成功近乎觉悟的状态，最终只与自身有关，来自内心世界。

（三）优秀广播主持人的核心竞争力

本研究的成果广播主持人胜任特征辞典和广播主持人胜任特征模型，为进一步探讨优秀广播主持人核心竞争力的评价及培养提供了基础。成为一名优秀的广播主持人需要具备许多要素，比如出色的表达能力、渊博的学识、良好的心态以及对社会问题的敏感性等。那么优秀广播主持人称之为优秀的那些关键性因素是什么呢？

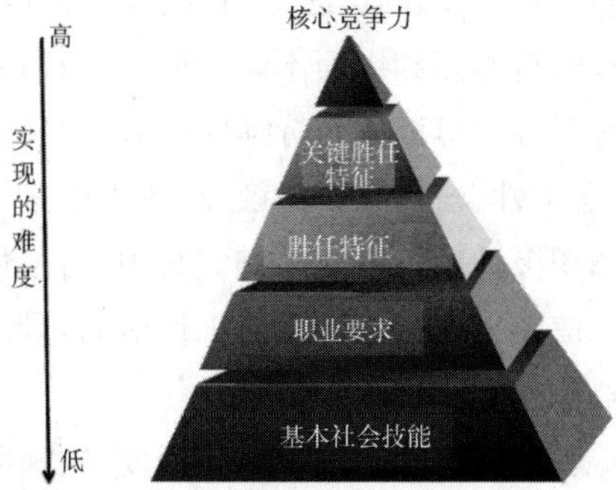

图 4　核心竞争力产生的基础

图 4 描述的是基本社会技能、职业要求、胜任特征、关键胜任特征与核心竞争力之间的关系。我们可以看到关键胜任特征正是核心竞争力产生的基础。具体到广

播主持人群体，博学、洞察力和表达等知识技能层的胜任要素可以通过培训、学习以及广泛的阅读等来补充；自信、自主性以及职业精神等工作态度可以通过企业文化教育和内外部激励等方式增强；核心层的胜任要素需要通过磨砺人生、不断修炼升华才能取得。

通过研究，我们发现优秀广播主持人与普通广播主持人相比，最大的不同来自前者的性格本身，来自前者对待工作、事业乃至人生的态度。所以，优秀广播主持人的核心竞争力很大程度上是人生的积淀，是自我身心和为人处世的修为，是积极的、淡泊的、友善的而又温暖的心境，而这些都指向一个人的灵魂深处。

〔作者单位：北京人民广播电台〕

新媒体环境下的主持传播格局

◎ 高贵武　刘　娟

摘　要:被认为是广播电视媒体重要环节的主持传播,如今在新媒体环境下呈现出新的特点,其构成格局也在悄然发生变化。本文通过对国内主持传播领域新现象的梳理发现,新媒体环境下主持传播具有基本格局,即传统媒体的主导地位发生动摇;中央媒体的主导地位发生动摇;体制内主持传播的主导地位发生动摇;正统型主持传播的主导地位发生动摇。新媒体环境下主持传播具有新特征,即主持传播风格日益多元,个性化和草根性渐成主流;主持传播的主体构成日益多样,人人皆可成为主持人;主持传播的客体日渐多元,网民和离线客体渐成主流;主持传播的内容日渐娱乐化,网络化主持渐成主流;主持传播的权威地位日渐消解,主持人被"舆论监督"渐成主流;主持传播的技术和平台日渐多元,多媒体多平台传播渐成主流。关于主持传播的融合发展策略,传统媒体和新媒体主持传播共存发展;转型已成新媒体环境下主持传播发展的大势所趋;传统媒体和新媒体主持传播处于融合发展中。

关键词:新媒体　主持人　传播格局

截至2015年第一季度末,微信每月活跃用户已经达到5.49亿,用户覆盖200多个国家,超过20种语言,各品牌的微信公众账号总数超过800万个,移动应用对接数量超过85 000个,25%的微信用户每天打开微信超过30次。[①] 以微信等自媒体代表的新媒体环境深刻地改变着社会结构和社会习惯,影响着人们的行为方式和思维路径,也使媒介自身发生着深刻的变化。

---

① 《2015微信用户数据报告:每月活跃用户数5.49亿》,中国新闻网,http://www.chinanews.com/sh/2015/06—11/7336225.shtml。

一、新媒体环境下的信息传播

新媒体是一个相对的概念，目前学者们所探讨的新媒体已不再是数字电视、移动电视、楼宇电视等传统意义上的新媒体，而是基于移动互联网、大数据及物联网技术，以播客、博客、微博、微信、H5、各类 APP 等为代表的新型媒体。此类新媒体具有超时空、小众化、平等化、个性化、移动化、互动化等传播特征。新媒体不仅改变了社会结构和社会习惯，影响着人的行为方式和思维路径，也使得传播媒介的信息生产和传播发生了巨大的变革。

(一)信息生产模式的变革

安东尼·吉登斯(Anthony Giddens)认为现代化是“时空脱域”的过程，时空被虚化，人从具体的时空中解脱出来。① 在上述环境下，电子媒介在物理环境中无处不在，产生出一种崭新的“在场”与“缺场”的关系。② 由于新媒体具备易操作、便携等特征，每个网民都可以通过新媒体直接进行内容的实时接收与传播。这使得传播边界无限拓展，传播时空交互共存，改变了伊尼斯的“时空偏向性”的媒介划分，报纸、电视、广播、网络、移动智能终端等介质之间的融合加速，信息时空很难再以时间和空间来划分，信息生产呈现出即时性、交互性特征。譬如，微信用户能以“缺席”的身份在异时空参与另一时空的群体会议活动，呈现出“在场”特征。

这种新的“缺场”与“在场”关系重塑了信息生产的方式。在传统媒体环境下，以报纸为代表的信息生产是平面的、延时的。在新媒体环境下，各种介质加速融合，多媒体式样的生产逻辑日趋显著，内容生产不再是单一模式，而是多媒体全方位呈现，文字、图片、音频、视频融合呈现，满足了受众多方面的要求。以微信为例，各种微信信息编辑器基本上都具备文字、图片、视频、音频使用的功能，可以按照生产的需求，选择不同的式样组合，最终实现多媒体呈现。

(二)信息传播主体的变革

在新媒体环境下，无线、互动、低成本和低门槛的传播方式，使传播主体越来越多元，普通网民借助“技术赋权”便可介入到信息的生产过程之中，进而使信息生产

---

① Anthony Giddens, *The Constitution of Society*, Cambrige: Polity, 1984; Anthony Giddens, *The Consequence of Modernity*, Cambrige: Polity, 1990.

② 胡泳:《众声喧哗:网络时代的个人表达与公共讨论》,广西师范大学出版社 2008 年版,第 75 页。

更加去中心化、去组织化，呈现出个性化、草根化特征；[1]传播和信息获取渠道也更加多元，受众使用媒介的能动性增强，参与到信息内容生产的热情高涨，不再满足于被动地接受信息，而是希望通过参与信息生产获得话语权。

新媒体时代的信息传播主体，从内容生产上来看，主要包括 PGC(Professional Generated Content，即专业生产内容)、UGC(User Generated Content，即用户生产内容)、BGC(Brand Generated Content，即品牌生产内容)，其中用户生产内容成为了新媒体时代最鲜明的标志。[2] 用户生产内容使"微内容"兴起，以微博为例，每个微博用户都可以在 140 个字的范围内发布信息。这些微内容的传播使受众拥有了自主话语权，造成了信息生产的"去中心化"态势，并逐渐呈现出个性化、碎片化的整体特征，[3]使传播主体拥有了多样化的传播渠道。

(三)信息接收方式的变革

新媒体时代的信息环境已经不再是由传统媒体精心设置议程后的一元化话语场，而是一个多元共振的话语场。在众声喧哗中，最先发声的往往不是媒体的从业者，而是使用博客、播客、微博和微信的公民。受众不再把官方媒体作为唯一的信息获取渠道，而是把微博、微信等自媒体作为获取信息的首选渠道。[4]

与此同时，受众的角色转换为消费者和用户，并越来越呈现出个性化和社会化两种倾向。[5] 受众拥有了更多话语权，受众的需求也开始多元化，他们不再对长篇累牍的信息感兴趣，不再喜欢花费太多脑力进行深度思考。弗朗索瓦・萨巴(Francoise Sabbah)在 1985 年就曾说："新媒体决定了区隔化、分众的观众……由于信息与信息来源的多样性，受众本身变得更会选择，因而强化了多区隔化。"[6]新媒体环境下，受众没有精力和时间甄别信息的真假，喜欢在碎片化的时空中自主获取信息，喜欢接收以多媒体方式展现的快餐化感性信息，并会对其进行感性化和个人化的解读。

---

① 师曾志等：《新媒介赋权及意义互联网的兴起》，社会科学文献出版社 2014 年版，第 85 页。
② 薛芙蓉：《"微"传播"巨"影响——网络微传播特点及效果浅析》，《今传媒》2012 年第 1 期。
③ 易龙：《新媒体环境下的信息生产与消费》，《新闻传播》2015 年第 9 期。
④ 栾轶玫：《融媒体传播》，中国金融出版社 2014 年版，第 21 页。
⑤ 彭兰：《个性化与社会化：Web2.0 时代信息消费的双重旋律》，《国际新闻界》2008 年第 3 期。
⑥ 〔西班牙〕曼纽尔・卡斯特：《网络社会的崛起》，夏铸九等译，社会科学文献出版社 2006 年版，第 219 页。

二、新媒体环境下的主持传播新格局

(一)传统媒体主持传播主导地位的动摇

长期以来,我国广播电视媒介一直承担着重要的“耳目喉舌”功能。传统广播电视媒体主持传播承担着“维护国家利益,捍卫文化安全,弘扬民族精神,唱响时代旋律”的重要责任。这种庄重的使命,使得传统广播电视媒体主持传播在主持传播格局中始终居于主导地位。

随着各种新媒体和社交媒体的兴起,传统广播电视媒体主持传播在主持传播中的主导地位开始动摇。在微博、微信等社交媒体的话题主持中,通过设置有趣的话题,新媒体已成功吸引众多粉丝从传统媒体转到新媒体平台。例如,微博名为“电视剧花千骨”的主持人,在 2015 年 9 月 6 日的粉丝量达到 89 万人,话题阅读量达到 78.5 亿人次,参与讨论的共有1 022.1万人,其最新话题“花千骨主题曲”获得 2 万人转发、1 万人评论、3 万人点赞;截至 2015 年 9 月 6 日,“娱乐喵”主持的“国民闺女贾云馨”话题,吸引了 18.3 万人参与讨论,阅读量达到 2.4 亿人次。新媒体主持传播显然已通过分流原来吸附在传统媒体主持传播上的受众,而成为了新环境下的主持传播格局中不可忽视的重要力量。

(二)中央媒体主持传播主导地位的动摇

传统广播电视媒体受到广泛的受众和行政力量的推动,自新中国成立后,以中央人民广播电台、中央电视台为代表的中央媒体(或国家级媒体)一直处于权威主导地位,此类媒体的主持传播亦一度在主持传播格局中居主导地位。随着新媒体主持传播的兴起,中央媒体主持传播一家独大的地位开始动摇。这不仅可以从近年来“金话筒”奖获得者及各类主持人影响力排行榜中地方主持人数量日渐增多的现象得到证明,还可以从中央媒体对主持人的吸引力日渐减弱的现象得到支持。近年来,不少中央电视台名嘴纷纷离开,如早期的曹颖、白燕升、李咏、崔永元,近期的刘建宏、柴静、张泉灵等,他们中的一些人离职后转战新媒体,这本身就已说明主持传播的传统格局正在发生变化。

新兴的非主流媒体主持传播地位的上升更是冲击着中央媒体主持传播的主导地位。譬如,截至 2015 年 7 月 26 日,六间房网站一共有 582 485 名新晋主播,在线听众有 3 887 259 位;秀吧网站有上万名主播,在线听众有 708 800 人。类似以音视频为主要传播形态的主持传播平台还有 YY 语音、我嗨网等。这些平台上的主播使用各种方法分割中央媒体主持人传播的受众已是不争的事实。

(三)正统型主持传播主导地位的动摇

端庄典雅、严肃大气,或者正襟危坐、字正腔圆一直以来都是主持传播的正统,也在主持传播格局中居于绝对的主导地位。从老一代的赵忠祥、敬一丹,到中生代的白岩松、崔永元,及至新生代的李梓萌、康辉,虽然也曾有李咏之类的“另类”,但传统主流媒体主持传播的风格一直由正统型作为主导。

与既有的正统型主持传播不同,新媒体环境下的主持传播更具有娱乐化、个性化、草根化和亲民化特征。比如,手机电台考拉 FM 的主持人就呈现出搞笑、重口味、后现代解构主义的风格;《不亦乐乎》的主持人小胆以个人特有的腔调和幽默来解构热点,演绎各种段子,辅以热辣的音乐和神吐槽,个性十足,累计收听人次达1 000多万;而喜马拉雅 FM、荔枝 FM、蜻蜓 FM 等新媒体电台的主持传播也都注重分享,注重个性化塑造。随着这些个性化主播受到越来越多受众的喜爱、社会影响日盛,其对正统型主持传播的影响与冲击自然也不容忽视,促使中央电视台的主持人开始在节目中“卖萌”。2014 年 1 月 1 日的《新闻联播》结尾,康辉总结道:“人们说 2013 就是爱你一生,2014 是爱你一世,《新闻联播》和你一起,传承一生一世的爱和正能量。”此语一出就在网民中掀起不少热议,网民纷纷留言,“《新闻联播》居然酱紫结尾”“越来越有人文气息了”“更高端了”,也有网友感叹“满满的都是爱啊”。

三、新媒体环境下主持传播的新特征

(一)主持传播风格日益多元,个性化和草根性渐成主流

随着受众需求的个性化趋势增强,新媒体环境下主持人的风格已不再都是传统的保守方式,而是网民喜闻乐见的方式。从原先字正腔圆的播音腔,到“说新闻、聊新闻”,主持传播的风格越来越呈现出多元趋势。在新媒体环境下,主持传播的空间变大,语言风格趋于网络化、个性化,主持人变得更加轻松幽默,更加平民化,也更具有表现力。

相较于传统广播电视,网络平台上的主持风格特征更加突出。例如,《晓松奇谈》的主持人高晓松穿一件普通的衬衫,摇一把纸扇,摇头晃脑便开说。高晓松的整个传播状态是轻松、诙谐的,使理性与幽默并重,正义与调侃共存。在《奇葩说》中,主持人马东身着红格苏格兰短裙出现在荧幕上,主持风格随意率性,不拘泥于章法,更是充满个性色彩。酷六网自制原创节目《山寨新闻》的主持人“西葫芦”,自称“山寨村”村长,手持红布包裹的麦克风和手摇扇。这种极具乡土气息的农民装扮,以鲜明的独特性使“西葫芦”很快就成了网络上的有名主持人。

(二)主持传播主体构成日益多样,人人皆可成为主持人

随着广播电视媒体的发展,主持人队伍亦呈现出日新月异的变化:主持人越来越具有年轻化、娱乐化趋势;主体来源越来越多样,不仅有播音员和记者,还有演员和从事其他职业者;既有“网络红人”,也有草根主持人和以虚拟形式出现的主持人。[①]

网民可以通过网络低成本和低门槛的渠道搭建平台,增加人气,成为网络红人。在人人都是记者的时代,人人也都可以是主持人。主持传播活动不再被传统媒体、中央媒体和专业化主持人所垄断,主持传播主体的多元化使得主持传播活动出现了更多的平民化趋势。

(三)客体日渐多元,网民和离线客体渐成主流

随着智能手机的普及,用手机接收视听节目者随处可见,发达的信息传播手段和畅通的信息传播渠道使世界范围内的沟通变得更加容易。[②] 新媒体的出现极大地扩展了主持传播中客体的范围和层次,使得主持传播的受众不再局限于一地,而是向更大范围扩展。

截至2014年12月,我国网民规模达6.49亿人,全年共计新增网民3 117万人。互联网普及率为47.9%,我国手机网民规模达5.57亿人。[③] 原来只能通过广播电视媒体接触主持传播的受众,现在可以通过网络、移动终端成为主持传播的受众。这不仅意味着主持传播受众范围的扩大,也意味着主持传播层次的扩大。

虽然在2012年底我国有线电视用户已经超过1.4亿户,有线数字化程度已经达到了66%,[④]但是随着电视开机率的下降,传统广播电视媒体主持传播的受众开始转移到新媒体平台。主持人不仅要面对传统广播电视的受众,还要面对数量庞大的网民。除了在线的受众,离线的受众也逐渐成为传播对象。这样,主持传播的客体不是一次性形成的,而是在多次循环中无限扩展的,这在传统广播电视媒体中是不可能出现的现象。

---

① 孔德轩:《网络主持人:信息向导,话题操盘手》,《视听界》2010年第2期。

② 郭琳:《多屏时代的媒体受众——从媒介融合背景下受众角色的转变谈起》,《电视研究》2010年第8期。

③ 《2013中国国际广播电视信息网络展览会(CCBN2013)主题报告》,中国通信网,http://www.c114.net/news/16/a753616.html。

④ 《CNNIC:2015年第35次中国互联网络发展状况统计报告——网民规模与结构(四)》,http://www.199it.com/archives/326792.html。

(四)主持传播平台日渐多元,多媒体多平台传播渐成主流

微博、微信、H5、大数据技术的快速发展,使不论是新媒体主持传播,还是传统媒体主持传播,都增加了许多传播的新技术和平台,使主持人真正实现了多媒体全方位传播。主持人不仅可以通过微博、微信与网友展开充分互动,而且可以以聚集的方式组成讨论社区,还可以通过 BBS、弹幕、二维码扫描等方式与网民接触。例如,湖南卫视主持人谢娜就通过新浪微博账号,每天发布各种搞笑的小视频,取名为"小咖秀"。

不仅如此,滑动触屏电视、平板电脑、笔记本电脑、手机等都成为主持传播中必不可少的平台支持。原来只局限于传统媒体主持节目的主持人越来越意识到网络平台和移动平台的重要性,纷纷转到新媒体技术平台上寻求更好的发展机会。各广播电视媒体的主持传播也开始利用新技术平台,开创新的发展领域。例如,相声演员郭德纲 2009 年前主要在传统媒体平台主持节目,而在 2009 年后则将触角延伸到新媒体平台,于 2009 年主持《优酷牛人盛典》、2012 年主持优酷真人秀《我是传奇》和爱奇艺的脱口秀《以德服人》,借助新媒体平台获得了很多网友的支持和喜爱。

(五)主持传播权威日渐消解,主持人被"围观"渐成主流

传统媒体时代,传播通常是线性、单向的,主持人往往在传播中处于主导地位,以强势姿态发挥着信息传播、舆论引导等功能,并在主持传播的过程中建立起"知识权威"的角色。新媒体的出现则改变了这种格局,播客、BBS、微博、微信等新媒体构建出双向互动的信息传播体系,赋权于草根网民,主持传播的权利弱化,媒体受众形成强大的评论团。[①] 新媒体平台不仅展示了主持人的前台行为,而且展示了受众平时难以见到的主持人"后台行为"。受众更是可以直接通过微博、弹幕、微信扫一扫、线上参与调查等多种方式发表观点,不仅关注播音员、主持人的表现,同时也留意他们日常的言行举止,随时随地进行评议,并通过自媒体渠道将之上传到网络上,形成比之前更大的"围观"和评议阵势。

著名主持人白岩松在节目中的评论被网民通过微博质疑,以及网络上流行的有关中央电视台主持人的各种"门"就是主持人被"舆论围观"的典型例证。例如,主播邱启明的"口误门"、康辉的"鼻涕门"、赵普的"吻痕门"、胡蝶的"整容门"、张宏民的"打嗝门"、文清的"哈欠门"、贺红梅的"补妆门"、段暄的"短裤门"等,中央电视台主持人的一举一动都受到了网友们的紧密关注,引起了网民围观和热议。

---

① 李洪岩:《多维传播语境中播音主持的功能与拓展》,《现代传播》2013 年第 8 期。

(六)主持传播内容日渐娱乐化,网络化主持渐成主流

由于管理不善,加之主持人的素质良莠不齐,在众声喧哗中,为追逐点击率和访问量,新媒体环境下的主持传播内容日渐娱乐化,甚至出现恶意炒作的现象。一些草根主持人为了赚取眼球随意发布娱乐、庸俗的信息,使主持传播活动呈现出越来越多的网络化特点,造成一些庸俗低下的主持传播内容在网络平台上肆意蔓延,并有渐成主流之势。例如,在六间房聊天室,大部分的内容都是各种庸俗的段子和音乐。该聊天室主播"远方的哥哥"在播放音乐的时候抽烟,另一位主播"阿亮"在主持节目时端着一盘炒饭吃,并以此为乐,有的主播甚至说脏话,与网友在聊天区对骂。

新媒体环境下的主持传播在语言上呈现出更多网络化特征,一些由网民创造、受到网民欢迎的语言在节目中随处可见。在《奇葩说》中,"有妻有妾有小三都不如有范儿""扛得住""简直是大众×点""表酱紫""开森"等诸如此类网络语言的应用不仅构成节目本身的特色,也成了主持人彰显个性的方式。由于把关的缺失,新媒体中的平民主持人在语言的规范化甚至是文明化等方面显示出严重问题。

四、新媒体环境下主持传播的发展路径

新媒体技术对主持传播的最大影响体现在平台上,平台既是一种机遇,也是一种挑战。[①] 平台开拓了新的发展领域和机会,也为主持传播的未来发展提供了新的路径。

(一)主持传播的互动空间

平板电脑、手机等媒介的出现丰富了主持人传播的工作平台。在线上,主持人利用平板电脑,或利用滑动触屏电视等新的平台,可以更加生动、形象、直观地进行主持。例如,《非诚勿扰》主持人孟非一上来就会递给嘉宾一台平板电脑,让其选择自己心仪的女生。在线下,主持人可以利用微博、微信与受众进行直接、及时的交流互动,弹幕的出现更是使得互动可以贯穿节目始终。在腾讯自制大型原创音乐真人秀节目《Hi 歌》的 2014 年 12 月 23 日年度盛典一期中,主持人李响和嘉宾大张伟通过巨大的弹幕空间与网友展开了充分自由的互动。大张伟说出"大张伟最帅""Hi 起来"后,弹幕空间就会出现无数条弹幕,包括"太疯狂了""李响最不帅""花花

---

① 江好:《新媒体环境下传统主持人面临的机遇与挑战》,《今传媒》2015 年第 1 期。

嫁给我”等不受主持人控制的弹幕。同时,屏幕下方会出现二维码,扫描二维码即可参与节目互动和投票,这弥补了传统主持传播中人际互动滞后的不足。目前,许多主持人都开通了微博和微信,在微博、微信里发布与工作相关的信息,利用自媒体平台再一次将受众凝聚了起来。

(二)主持传播的内容空间

平台的多样、渠道的丰富,使得广播电视节目内容也不断多元化。在新媒体环境下,主持传播的内容不再局限于由媒体内部生产,主持人可以利用新媒体平台拓宽信息生成空间,集思广益,丰富节目内容。在何炅主持的《你正常吗?》节目中,基于大数据调查的网友观点和网友互动成为节目内容的重要来源。湖南卫视 2015 年 8 月 1 日推出的节目《偶像来了》则利用大数据技术收集网友对林青霞、蔡少芬、朱茵等 11 名女星的喜爱信息,并以此来进行“人气队”和“气人队”的分组。如果没有网友提供的数据,主持活动就无法正常进行。基于网友提供的数据以及相关的内容,主持传播才有了更丰富的内容。

(三)主持传播的技术空间

新媒体环境下,电脑、iPad、智能手机、各类 APP、H5、微信编辑器、微型摄像机等软硬件设备层出不穷。新技术提升了媒体的传播力和传播效果,也拓展了节目主持的手段和样式。在“融媒体、富媒体、全媒体”概念之下,主持人不仅可以将文字、图片、音频、视频等上传至新媒体平台,而且可以与网友进行及时互动,还可以利用新的技术调动资源,让有效信息从海量信息中脱颖而出。

熟练掌握先进的新媒体技术,是新媒体时代对主持传播者提出的必然要求。在一些音视频聊天室中,草根主播已具备及时与网友互动、上传音视频等技能,并凭借新的媒体技术积聚了人气。事实上,“在网络内容生产领域实践着一种混合工作模式,集编辑、撰写、网上搜索、更新、编程和技术于一体”。① “大数据技术的运用,数据新闻和动新闻的制作”,②已经不仅是编辑记者的技术范围,而且是主持传播者所要具备的基本技术素养。

(四)主持传播的创新空间

在多种传播平台的同步直播中,主持人既要号召受众参与节目,进行多向性应

---

① 华婉伶,臧国仁:《液态新闻:新一代记者与当前媒介境况——以 Zygmunt Bauman“液态现代性”概念为理论基础》,《传播研究与实践》2011 年第 1 期。

② 李红光:《媒体融合环境下播音与主持艺术专业的定位》,《新闻界》2011 年第 6 期。

对，还要应对网上观众的参与和现场大众评审的挑战，因此要有良好的心理素质和协调能力。[①] 同时，在新媒体时代，面对激烈的竞争，主持人只有更加强调特色化的主持风格，方能够在竞争中取胜。[②] 但现实的情况是，主持人队伍目前的同质化现象严重，[③]大多数主持人的互联网思维薄弱，对技术与专业知识的融合较差，循规蹈矩，缺乏创新。[④] 无论是锻造素质，还是塑造风格都不是一蹴而就的。新媒体环境下，一切都瞬息万变，旧的素质短板还未补上，新的挑战又迎面而来。在媒体快速发展的背景下，主持人素质的提升和风格的形成无疑会面临更大的困难。由于主持人的素质不高，六间房、七喜视频社区、我嗨网、YY 语音里展现的很多内容格调不高，也容易触及媒介管理和媒介伦理的底线。例如，我嗨网主播“美人计”口中是“女人不骚、意外怀孕、小蛮腰”之类的词汇，除了显示出内容的低俗，也暴露出主持人在素质及创新能力方面的不足。

（五）主持传播的角色空间

新媒体环境下，“传统媒体运营的理念、模式和具体操作方式都在发生嬗变”。[⑤] 媒介融合趋势愈演愈烈，主持传播者的内涵、职能、和受众的关系均已改变，主持人角色“由信息发布者、呈现者向信息的把关人、导航人、意见领袖转变”。[⑥] 在信息泛滥时代，受众需要的不是信息的简单呈现和初级加工，而是更有深度的信息解读。主持传播者正面临职能的转型和角色的重构。[⑦] 原有严格的岗位分工已经消失，主持人不仅要完成主持工作，而且要参与到整个传播内容的制作过程中，[⑧]特别是还要从新媒体平台获取有价值的信息，对其进行阐释、印证，为受众提供可信、有效的信息。面对新的传播环境，主持人需要具备更加多元的知识、全面的专业技能。[⑨] 在媒体演进变革的洪流中，主持传播者只有主动出击，积极转换角色，再造流程，方能适应新媒体发展环境。

---

① 李红光：《媒体融合环境下播音与主持艺术专业的定位》，《新闻界》2011 年第 6 期。
② 郝伟：《媒体融合趋势下节目主持人的角色分析》，《今传媒》2015 年第 3 期。
③ 江好：《新媒体环境下传统主持人面临的机遇与挑战》，《今传媒》2015 年第 1 期。
④ 马树声：《试论全媒体时代播音主持岗位对能力的新要求》，《品牌》2015 年第 5 期。
⑤ 刘栋：《新媒体环境下的记者角色思考》，《新闻研究导刊》2014 年第 7 期。
⑥ 毕一鸣：《言由旨遣　语随境迁——新媒体语境下主持人的话语方式》，《视听界》2013 年第 5 期。
⑦ 孙璐：《媒介融合背景下主持人的角色重构与传播策略》，《中国广播电视学刊》2015 年第 4 期。
⑧ 李争艳：《新媒体环境下的信息传播及对主持人的要求》，《中国广播》2013 年第 6 期。
⑨ 赵娜：《新媒体背景下高校播音主持专业教学研究》，《新闻知识》2013 年第 9 期。

五、主持传播的融合发展

新媒体环境下，主持传播既面临新的机遇，也面临新的挑战。新媒体技术发展在带来主持传播主体多元、类型多样、方式新颖、内容丰富的特征的同时，也带来了主持传播职能改变、素质重塑、同质化等一系列新的问题。总体而言，未来的主持传播将呈现出以下新的发展趋势：

（一）传统媒体和新媒体主持传播共存

一直以来，传统媒体都处于被唱衰的境地，“纸媒已死”的呼声还未落下帷幕，“电视将死”的呼声很快登台。但是，我国的广播电视体制独特，广播电视媒体不仅是一种媒体，更是一种文化结构和文化意识存在的需要。所以，传统媒体在短时间内不会被新媒体所取代。

新媒体的主持传播存在传播内容随意、语言粗陋等问题，新媒体主持传播不可能在短时间内将传统媒体主持传播的发展空间挤压到极限。传统媒体主持传播仍具有强大的生命力和巨大的社会影响力。未来的主持传播格局势必呈现传统媒体和新媒体共存的局面，两者之间既相互合作，又相互竞争，并在一定时期内相互融合。无论是旧有的主持传播类型和方式，还是新的虚拟主持和网络化主持传播类型和方式，都会因为满足多样化受众需求而继续存在。

（二）传统媒体和新媒体主持传播融合

在数字技术与网络传播技术的推动下，各类媒介通过新介质实现汇聚和融合的趋势将进一步加强。从现实情况来看，传统媒体主持人涉足新媒体领域，借助原有的社会影响力，在新媒体平台继续延伸着既有的传播优势，而通过新媒体平台建立影响力的网络主持人迅速受到了传统媒介的关注。[①] 例如，因播客走红的网民“胖大海”成为北京电视台的节目主持人，开始在新的平台上转换角色。

主持传播的融合不仅是媒介融合的一个显著特征，也是促进媒介融合的重要力量。三网融合是媒体的发展趋势，也是我国媒体的发展战略和发展方向。传统媒体和新媒体的融合进程加快，而且两者在主持传播上实现融合发展也是必然趋势。

---

① 张卓：《网络视频节目主持人研究》，河南大学 2009 年硕士学位论文。

（三）主持传播面临转型

主持人队伍普遍年轻化，缺乏专业基本知识和基础训练，由此带来政策水平低、文化素质差、节目差错多、风格不突出，以及职业道德水准不高等诸多问题。这已经成为提高节目质量的障碍，也有悖于电视精品战略，并直接影响了电视事业的发展。[①] 在新媒体环境下，随着传播话语形态、叙事结构和叙事语态等发生的深层次变革，各媒体之间的交融和互补程度增大，无论是传统媒体的主持人还是新媒体的主持人都面临着从信息发布者向信息解读者的转型，从信息传递者向信息集成者的转型，从媒体代言人向公众代言人的转型。[②] "未来的主持人应该具有高度新闻敏感性和新闻意识"，[③]具备产品经理思维和互联网思维，具备用户意识和互动传播意识，具备整合传播能力和信息筛选、深度加工能力。这些不仅是主持传播面临的新挑战，也是主持传播转型的方向所在。

〔作者单位：中国人民大学新闻学院〕

① 敖大玮：《电视节目主持人队伍建设与管理》，《记者摇篮》2006 年第 11 期。
② 李飒：《主持传播：新闻主持人提升核心竞争力的实践与思考》，《视听纵横》2011 年第 5 期。
③ 杨宁：《论新媒体环境下高校播音主持专业的创新发展》，《天中学刊》2014 年第 6 期。

电视娱乐节目主持人的功能重设与话语重构

◎卜晨光

摘　要:中国电视娱乐节目主持人伴随着社会发展的步伐应运而生,并在社会大众的审美诉求与认知等方面给予了多层次的回应,主持人在广大电视观众中的传播影响力一度达到了顶点,尤其是节目中主持人的个性化表现成为了受众难以抹杀的记忆点和兴奋点。但是,随着近年来电视娱乐节目样态的变革和创新,电视娱乐节目主持人的传播地位也在悄然发生变化,其在节目中的功能重设与话语重构表现得较为明显。

关键词:电视娱乐节目　主持人　功能重设　话语重构

近年来,中国社会转型期的各种特质逐渐呈现,电视娱乐节目的转型也随之而来,只不过这次转型是电视媒介对新时期受众收视情态与话语的深层次关注。究竟在经济发展卷入之下、新兴媒体包裹之中、快餐文化渗透之下的电视观众希望接触或者收看怎样的电视娱乐节目,对于这一命题国内的电视媒介已经在实践中作出了回应。《中国好声音》《我是歌手》《超级演说家》等中国电视娱乐新锐节目掀起了新一轮的收视热潮,但在这些电视娱乐节目中,曾经作为关键性元素的主持人却在节目"热和火"的同时存在被边缘化和隐匿化的传播倾向。新的传播环境下,娱乐节目主持人的传播功能需要重设、话语需要重构。这是基于节目样态和电视观众收视诉求发生变化的一次深层次变革。

一、主角变换:专业化的嘉宾成为电视娱乐节目的"灵魂"

中国电视娱乐节目的发展与社会的发展同步甚至超前。20 世纪末到 21 世纪初是中国电视娱乐节目发展的黄金时期。此时,创新的节目形态、焦点的节目嘉宾、前卫的节目主持、高端的节目包装等都给国内电视观众留下了深刻印象。对于

70后、80后、90后的电视观众群体而言，电视娱乐节目更是在其电视媒介意识形成的初始阶段，起到了重要的推动作用。应该说，电视娱乐节目对中国电视观众进行了成功的“娱乐启蒙”。与此同时，一大批知名的电视娱乐节目主持人进入了我们的视野。他们幽默搞笑的语言表达、靓丽时尚的外形塑造、明星气质的适度烘托，都使娱乐节目的本体传播在一定程度上打上了主持人的烙印，使主持人成为了节目的“灵魂”，也决定着娱乐节目的成败，这在当时的娱乐节目生态环境下具有鲜明的时代特征和传播合理性。例如，早期电视观众收看《快乐大本营》，在很大程度上是因为对李湘的收视期待；对《幸运52》的忠实收看，在某种意义上是对李咏主持风格的直接肯定。

随着娱乐节目的发展，专业化的嘉宾与主持人之间的关系从初始阶段的以主持人为中心，到后来的双方平衡发展，发展到目前的节目重心向嘉宾偏移，嘉宾成为了娱乐节目的“灵魂”。这集中表现为嘉宾对娱乐节目话语权的把握，以及主持人在节目中的话语表现空间被边缘化甚至隐匿。这些现象在收视率较高的三档娱乐节目中均有不同程度的呈现。

湖南卫视《我是歌手》的主持人由参赛歌手胡海泉“客串担纲”。胡海泉在节目中的话语结构简约而逻辑清晰，语言情感真挚而朴实，但其独白式的主持风格给予了节目主题更为纯粹的诠释。与此形成鲜明对照的是，湖南卫视诸多主持人在节目中扮演了参演歌手的“跟班助手”，只是出现在节目录制的第二现场，所承担的节目传播功能则是寥寥数语的群言式场外助阵。浙江卫视《中国好声音》的第一现场没有主持人这一典型娱乐节目符号，四位明星导师在第一现场构成了核心的话语体系。导师们独到的话语评价、丰富的副语言表达、默契的互动与交流，以及对现场观众进行的情绪调动，都给受众留下了深刻印象。知名主持人华少只是出现在节目的第二现场，承担的节目传播职能是和参赛选手亲友一起为选手加油助阵，而并没有更多的话语空间。安徽卫视的《超级演说家》与上面两档节目有所不同，一名女性节目主持人的确会在节目现场出现，但这种物理意义上的存在更映衬出主持人与现场五位导师团成员在话语传播上的巨大反差。五位导师中有两位是资深节目主持人——鲁豫、李咏，语言表达功利可见一斑；有一位是知名媒体人——乐嘉，具有很高的媒介素养和语言意识；还有两位是知名艺人——林志颖、张铁林，具有较强的语言感染力。显而易见，如此强大的嘉宾话语体系构成使嘉宾在话语权的掌控上就具有了先天优势。节目主持人给人的整体感受是经常被挤压在一个狭小的话语空间内，导致主持人在节目中没有任何言语和主持张力。

在目前追求高收视率、高商业回报的娱乐节目发展生态环境下，收视率排位靠前的这三档节目中的话语权均被转移到了重量级、表现力极强的嘉宾手中。这的确与节目样态的创新有关,可节目创新之处恰恰是在客观上将被看作娱乐节目典型意象的主持人进行传播空间上的“冷处理”。这是娱乐节目的大势所趋,还是主持人应对生存的权宜之计,值得思考。

二、功能多元:电视娱乐节目主持人传播身份感的逐渐削弱

电视娱乐节目主持人从起步到迅速确立自己在电视媒体中的核心位置,并没有经过过于漫长的过程,应该说他们是在电视观众的收视期待中发展起来的。“千呼万唤始出来”的电视娱乐节目主持人,为广大观众尤其是年轻收视群体打开了多元文化的审美渠道。电视娱乐节目主持人从贴近生活、娱乐大众的语言表达到跨系配搭的出镜服饰,从与明星嘉宾的近邻式互动到对社会新鲜事物的娓娓评述,都给电视观众带来了感官上的“强刺激”,甚至连“港台腔”这种现在看来如此低端的话语表达形态都让电视观众感到耳目一新、意犹未尽。应该说,电视娱乐节目主持人盛极一时的传播地位的确立不是偶然的,这得益于他们不仅在话语表现上进一步打破了“官方话语”形式,更是在官方与民众之间开创了别具一格的“娱乐话语”形式。电视娱乐节目主持人源于生活,让电视观众亲切熟悉可触摸,但又高于生活,让普通电视观众尤其是年轻收视群体有主动追求和效仿的“情绪冲动”。很显然,一端的“电视文化饥渴”与另一端的“电视文化革新”在一瞬间成为了不谋而合的“默契组合”。

电视娱乐节目发展至今,其节目形态已经经过了几轮的变迁与改观,但与此对应的节目主持人却依然给观众一种“以不变应万变”的传播形象。纵观多档电视娱乐节目,其中老一代的主持人长期积累的品牌效应逐渐减弱,新生代主持人的业务能力亟待提升,主持人的新老更替没有顺利实现,而且他们在节目中表现出“集体失语”的态势。形成这种态势的原因表现为三个“没有”:一是话语体系没有格局性变化。电视娱乐节目主持人的话语方式在格局上没有显著变化,依旧是套路性的表达和问话。如果说老一代电视娱乐节目主持人的幽默搞笑是一种有深度思考的言语表达,那么新生代电视娱乐节目主持人给观众留下的印象是“话语枯竭”——表达的结构不清晰、层次不鲜明、主题不突出、节奏不明快、内容不鲜活。二是主持效果没有递进式提升。主持效果在早期电视娱乐节目中的映现是最直观的,一次次发自肺腑的欢愉、一阵阵来自共鸣的掌声、一场场源自内心的爆笑,这是中国电视娱乐节目主持人带给观众最真实的“审美享受”,当然这与早期电视娱乐节目受众的收视心理有着直接的关系。相比较而言,当下的电视娱乐节目在收视效果上显得“格外冷清”,这其中有客观存在的受众收视心理疲劳问题,也有电视娱乐节目主持人主观上的主持路径单一问题。例如,广大受众会更多地被游戏类娱乐节目

中参与者的各种窘态所吸引，而对主持人的主持手段视而不见，这实际上也是对主持效果的一种间接否定。三是主持人传播定位没有本质性确立。主持人和节目的关系、主持人和嘉宾的关系、主持人和观众的关系是电视娱乐节目形态的重要关系组合，它们对主持人的传播定位起到了至关重要的作用。可从多档电视娱乐节目的收视情况来看，主持人在节目现场的传播身份感逐渐削弱，主持人被节目进程影响、被节目嘉宾带动、被现场观众感召，这已经在较大程度上模糊了主持人自身的传播定位，使主持人在节目中不但没有扎根，反倒被牵扯进而游离在节目进程之外。应该说，电视娱乐节目主持人在节目中的"集体失语"与群体传播失位之间存在着内在联系，这一问题值得思考。

三、"化繁为简"：电视娱乐节目中话语体系的转化与重构

传统的电视娱乐节目话语体系包括三对组合关系，即主持人与嘉宾的关系、主持人与选手的关系和嘉宾与选手的关系，并且前两者关系占据节目传输的主导地位。也就是说，传统的电视娱乐节目形态中，主持人在节目话语体系中处于核心地位，其中包括大量与节目嘉宾的互动与沟通、对节目选手的即兴访谈和情绪疏导等，而嘉宾与选手的直接对话比重相对较低(见下图)。这种话语体系或者说话语构建模式长期主导着中国的电视娱乐节目，主持人在话语体系中的表现从某种意义上直接影响着节目的传播效果。

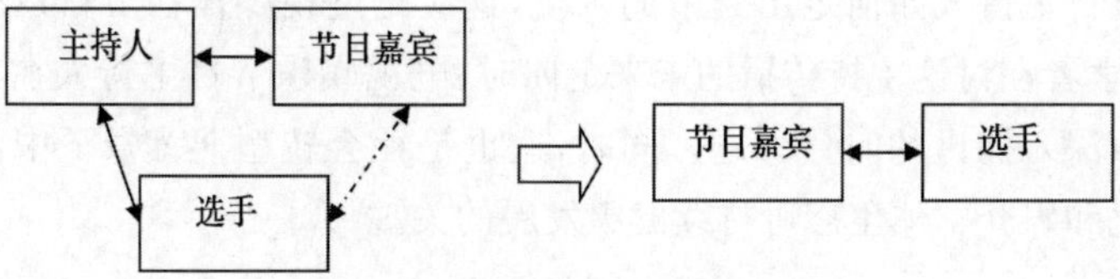

电视娱乐节目话语体系转化示意图

现阶段的电视娱乐节目传播创新模式已经越来越多地采用嘉宾与选手直接对话的话语体系，舍弃了主持人在话语体系中的建构作用，原来的三组关系简化为如今的一组关系，更多的信息传播不再依靠节目主持人这一中介形式进行转述、调和和组织，而直接由节目嘉宾和选手创造"戏剧冲突"，这增加了电视娱乐节目的可视性。对于电视观众而言，这种节目话语体系传递的信息没有被修饰、没有被二度创作、没有方位偏差，取而代之的是信息的真实性、可信度和时效性，电视娱乐节目的传播有效性也就进一步得到了保证。当然也必须看到，仅由嘉宾和选手构建起的二元话语体系存在传播风险，这种风险就在于两者在电视公共平台上的话语表现

不一定符合电视媒介的传播规则,但是节目后期剪辑手段的介入使这一风险可以得到较好的规避。

很显然,电视娱乐节目基于话语体系的创新从表象上来看是一次形式上的化繁为简,但是究其本质仍是对主持人的取舍问题。主持人在新时期电视娱乐节目中真的可有可无?对这一问题不能轻易作出判断,但至少广大电视观众目前并没有因为主持人的缺失而降低对电视娱乐节目热衷的程度,这是重要的价值判断标准。节目主持人是应该积极地去适应这一传播样态的变化,还是应该去找寻自身在这种节目话语体系中继续存在的理由,这是电视娱乐节目主持人需要进一步探究和说明的。

中国电视娱乐节目应紧跟社会改革和转型的步伐,这是社会生态所决定的必然选择。商业化模式运作背景下的高收视率仍旧是电视娱乐节目的恒定主题。今天广大电视观众的"电视娱乐狂欢"从不同纬度映射出全民电视娱乐节目的收视标准和价值取向已经发生了根本性变化,而电视娱乐节目主持人在新时期全民娱乐意识形态领域中的地位和作用也已经被搁置到了远不能和从前相提并论的传播境遇,这是对客观现实的认定。

不能否认的是在电视娱乐节目主持人经历了传播效应的巅峰之后,必然会规律性地经历相对平缓甚至些许惨淡的瓶颈期。尤其在全媒体传播环境下,在电视娱乐节目主持人再度起航的方向似乎还不甚明朗的现阶段乃至未来很长一段时间内,更是如此。没有了老一代电视娱乐节目主持人"生逢其时"的生态保障,新生代电视娱乐节目主持人如何走出当下的困境,这应是电视媒体在节目运行及节目创新中、专家学者在讨论主持传播的未来走向时、电视娱乐节目主持人在日常的业务实践中应该深入探讨的时代课题。同时,这也是社会转型期背景下中国电视娱乐节目产业化和媒介整体生态可持续健康发展的关键。

〔作者单位:北京联合大学艺术学院〕

全媒体语境下加强主持人非言语传播研究的必要性*

◎ 成越洋　李　真

摘　要:广播电视媒体的主持人,既是公众人物,又是大众传媒中的主要传播者,其非言语传播行为近年来形成了多个备受关注的传播事件或热点现象。本文结合相关案例,分析了在当今全媒体语境下传播载体、传播内容和传播渠道的深刻变化。主持人非言语传播的信息表现形式更丰富、传播速度更快、传播效果也更显著。目前我国学界对主持人非言语传播的研究却相对滞后,主要存在着重视言语传播研究而轻视非言语传播研究,研究对象具有局限性,缺乏科学的研究方法等问题。根据主持人非言语传播的实践和理论研究现状,全媒体语境下加强主持人非言语传播研究具有必要性,相关研究有一些亟待解决的问题。

关键词:全媒体语境　主持人　非言语传播

2013年3月下旬,国家主席习近平圆满完成了对俄罗斯、非洲三国的国事访问,并出席金砖国家领导人第五次会议。首次以第一夫人身份随行的习主席夫人彭丽媛也备受关注,而她此次出访的服饰装扮更成了媒体关注的焦点。有的人评价服装款式体现了她的端庄大气,有的人称赞她和习主席服饰的和谐搭配,还有的人认为她身着非奢侈品牌的本土服装,体现出了厉行节俭和对民族工业的支持,人们从其服饰中捕捉到了非常丰富的信息。服饰属于典型的非言语传播信息,从彭丽媛的服饰成为传播焦点的事件来看,公众人物的影响力不仅来源于他们的言语行为,同时也来源于其非言语传播行为。

---

* 本文是国家新闻出版广电总局部级社科项目"主持人非言语传播力研究"(项目编号:GD1132)的阶段性成果。

一、语言、言语、言语传播与非言语传播

“非言语传播”的概念，是建立在“语言”与“言语”“言语传播”与“非言语传播”两组概念的对比基础之上的。对“语言”和“言语”的区分是现代语言学之父索绪尔的语言学理论基石。索绪尔是在对比“语言”和“言语”的过程中表述“语言”和“言语”的内涵、特征、差异的，他指出：“语言是一种社会产品，它是被动的，它位居群体之中，它是社会代码，用于组织言语并构成使用言语机能所必需的工具；言语是主动的和个人的。”[①]换言之，语言是人类发明的一种符号系统，是以语音为物质外壳，以语义为意义内容的，音义结合的词汇建筑材料和语法组织规律的体系。关于言语，国内语言学者申小龙将其定义为“说话的总和，它既是动态的说话行为的总和，又是静态的说话结果的总和”。[②]语言是一种具有社会约定性的抽象系统，而言语则是具有个体差异的人对语言的具体运用。在“语言”和“言语”的概念基础上，人们通过语言符号进行的言语交流行为和方式称为言语传播；相应的，人们通过非语言符号进行的言语交流行为和方式称为非言语传播。国内第一位系统研究非言语传播的学者宋昭勋将“非言语传播”界定为“赋予除言语行为（说话和书写）之外的一切社会行为及其语境因素以意义的过程”。[③] 非言语传播包含的信息范围很广，包括传播者的表情、体态等信息，包括附着于传播者身体的服饰信息，还包括传播环境中的时间、空间、物体信息。在人的交际过程中，非言语传播行为与言语传播行为通常是相随相伴的，共同传递着人的思想、感情等信息。

在网络媒体不断发展、传统媒体与新媒体不断融合，信息覆盖无处不在，大众参与信息发布的自由度不断扩大的全媒体时代，公众人物的非言语传播信息不断成为传播热点。广播电视媒体的主持人，既是公众人物，又是大众传媒中的主要传播者，其非言语传播行为近年来形成了一个个传播事件或热点现象。例如，赵普主持汶川地震特别节目时的哽咽，柳岩的性感火爆服饰风格，主持人孟非的光头造型等，其传播效果并不亚于主持人的言语传播效果。

二、全媒体语境下主持人非言语传播的显著效果

随着网络技术和通信技术的发展，传统媒体和新兴媒体融合的全媒体时代已经

---

① 〔瑞士〕费尔迪南·德·索绪尔：《普通语言学教程：1910—1911　索绪尔第三度讲授》，张绍杰译，湖南教育出版社 2001 年版，第 77 页。

② 申小龙：《索绪尔“语言”和“言语”概念研究》，《中国海洋大学学报》2004 年第 6 期。

③ 宋昭勋：《非言语传播学》，复旦大学出版社 2008 年版，第 8 页。

到来。“全媒体是在信息、通讯、网络技术快速发展的条件下，各种新旧媒介形态，包括报纸、广播、电视、网络媒体、手机媒体等，借助文字、图像、动画、音频和视频等各种表现手段进行深度融合，产生的一种新的、开放的、不断兼容并蓄的媒介传播形态和运营模式。”[①]在全媒体语境下，传播载体、传播内容和传播渠道都发生了深刻变化，主持人非言语传播的信息表现形式更丰富，传播速度更快，传播效果也更显著。

（一）传播载体的融合性

不同传播载体之间的融合程度在不断加深，使主持人非言语传播的表现方式呈现出多样化特征。传统媒体正在向全媒体转型，新兴媒体处于全方位发展中，多媒体竞合成为传媒业发展的新型业态。传统媒体主持人在这种新形势下，也要改变自身传播手段。例如，在广播、电视媒体合并的背景下，衍生出一些广播、电视媒体同步播出的节目。以往主要靠有声语言传递信息的电台主持人，就要关注自己出镜的表情、服饰等非言语信息。一些广播、电视媒体在实现全媒体转型过程中，纷纷建立了自己的网络平台。电视平台和网络平台的内容互为所用，形成了台网通融的平台，节目可以在这两个平台中同步播出。在网络平台中，主持人的形象还可能被制作成某些特殊的动画造型，以突出主持人的某种相貌特征。这些被突出的非言语信息可能会直接影响人们对主持人的总体评判。

（二）传播内容的多形态

在全媒体时代，信息内容呈现为图、文、音频、视频等多种形态，分别对应受众的视觉、听觉、触觉等多种感官感觉。除了广播、电视，受众还可以通过网络、手机等其他媒介接收主持人的非言语信息。尤其是网络新媒体，充分融合了多种信息表现形态，增加了大量的图片和视频信息。“读图时代”来临，人类视觉接收的非言语信息含量是最大的，受众对主持人非言语信息的接收途径和接收量大大增加。

（三）传播内容的海量性

传播内容的海量性是全媒体语境下信息传播的另一个重要特点，来自传媒机构、其他组织群体及个人发布者的信息充斥着大众媒体及手机、电脑等个人终端载体。由于现代社会的节奏加快，这些海量的信息大多数又以碎片化的方式呈现，在这样的传播背景下，受众的思维方式日趋“扁平化”。所谓“扁平化”，是一种关注感官直觉信息，善于捕捉碎片化的瞬间细节，但缺乏逻辑性、系统化的思维方式。而

① 王庚年:《关于全媒体的认识与探索》,《中国广播电视学刊》2012 年第 11 期。

非言语信息则具有直接诉诸感官、片段化、分散化的特点,“扁平化”的思维方式对非言语信息更为关注,从近些年流行的网络模仿视频就可见一斑。这些视频都是以模仿某种显著的非言语信息为主,比如骑马舞中的骑马动作、包公的黑脸造型等。对于逻辑性强、具有指代性的语言符号信息,由于需要词汇意义的梳理、语境的整体关照,受众的解读敏感性则降低了。中央电视台主播赵普的“哽咽事件”就是典型的明证。此前,作为中央电视台的众多新闻主播之一,赵普并未受到更多关注。但是,汶川地震特别报道期间,赵普在解说灾区现场救援的视频时,眼含热泪并用哽咽的声音说出了“因为我们爱这个土地,这个土地上的人们懂得相互关怀”。他再一次低头,终究没有掩饰住内心的悲痛,潸然泪下。他的言语信息并未受到特别关注,但是他眼圈发红、因哽咽而几度停顿的一系列非言语信息让很多观众忍不住热泪盈眶。这一主持片段在网络中盛传,这一幕也印在了很多观众的脑海中。尽管赵普早就是个成熟的主持人,但有网友评价他是“一哭成名”。

(四)传播渠道的广泛性

2011 年 12 月 17 日,朝鲜最高领导人金正日逝世,朝鲜著名播音员李春姬沉痛播报了这一消息。就在当天,台湾的华视晚间新闻中出现了备受指责的“梁春姬”事件。主播梁芳瑜以戏谑的方式模仿李春姬的服饰和表情,报道中国台湾的消息。“本来应该是字正腔圆的主播梁芳瑜,却模仿起朝鲜主播李春姬的造型,自称‘梁春姬’,以韩文开场问候,还用一口台湾腔,配上韩文播新闻。此举让台湾网友觉得太夸张,简直是在侮辱观众的智慧,更让人觉得是拿金正日过世开玩笑,网友们痛批其新闻专业性荡然无存。”①在全媒体时代,信息传播的渠道呈现出多层次、立体化、多终端的特点,几乎是无所不在,这就使信息的传播速度加快。尤其是跨文化、跨语种的信息,由于存在一定的语言障碍,相比较来说,其中共通性更强的非言语信息就可能更受关注。比如,在“梁春姬”事件中,主持人的服饰、表情被过度解读或模仿恶搞。

(五)受众参与的深度性

随着三网融合技术的进步,受众对媒体信息的参与也越来越深入。对于广播电视节目来说,多数节目都开设有微博、微信和网络论坛,有的节目还有多个媒介平台可供受众发表见解,与节目实现互动。受众参与的手段也因技术条件的成熟而变得多样化。如前文所述,非言语信息由于直接诉诸感官而更容易引起受众注

---

① 《台湾新闻模仿朝鲜主播遭质疑 主播换人经理请辞》,环球网,http://taiwan.huanqiu.com/news/2011－12/2285911.html。

意。在这种条件下，主持人的非言语信息会被受众用多种手段解读，包括从最基本的言语议论到娱乐性的模仿或恶搞，从而扩大了信息的影响力。受众津津乐道于李咏的长脸、孟非的光头；赵普的哽咽主持被受众盛赞；而黄健翔对世界杯的“疯狂解说”事件，曾被网友恶搞成“疯狂打电话”等多个版本，其中的言语信息被改换，但是嘶哑的声调这种非言语信息则是被模仿恶搞的主要成分。

虽然主持人的非言语信息非常丰富，传播效果也非常引人注目，但目前国内对主持人非言语传播的研究相对滞后。

三、对主持人非言语传播的认知现状

（一）主持人非言语传播

国内理论界缺乏对主持人非言语传播的准确界定。首先，国内研究者将“非言语传播”与“非语言传播”的概念混用。“非语言”和“非言语”是分别相对于“语言”和“言语”的一组概念。“语言”是人类发明的用于交流的，具有一套音、形、意符号系统的概念，而“言语”是人类对语言符号的具体应用行为的概念。言语传播是关于人们对语言符号的应用行为的研究，相应的，非言语传播才是关于人们对非语言符号的应用行为的研究。其次，有些研究者把非言语传播视为言语行为的辅助行为而称之为“副语言”，有些研究者甚至仅以主持人非言语传播中的某个细分领域（例如体态语）来代替主持人非言语传播的概念。

（二）主持人非言语信息

根据宋昭勋先生对非言语传播的界定，结合主持人传播活动的特性，可将主持人非言语信息分为主持人自身的非言语信息和主持环境中的非言语信息两大部分。

1. 主持人自身的非言语信息

主持人在主持节目的过程中，通过身体的某个或某些部分组合的运动来表达思想感情的信息传播方式，都可以划归为主持人自身的非言语信息，包括手、脚、躯干、头部、面部五官的关节、肌肉组合的运动。主持人自身的非言语信息是非常丰富的，既可以强化、补充、辅助主持人的言语信息，也可以单独传情达意。按照发出信息时声带是否发出声音，可以把非言语信息分为身体动作和副言语两大部分。按照发出非言语信息的身体部位的不同，可以把身体动作划分为局部的面部表情、四肢动作和全身的身体姿态。副言语也称类语言，是指伴随言语出现的传达说话者内在思想感情的声音形态。

2. 主持环境中的非言语信息

主持环境中的非言语信息不是由主持人自身发出的，而是附着在主持人身体上的装束及主持环境中除言语以外的传播信息。它包括主持人的服饰信息、主持（采访）现场的空间信息、主持（采访）现场的时间信息和主持（采访）现场的物体信息。

（三）研究的局限性

1. 轻视非言语传播研究

纵观播音与主持艺术专业教学领域和研究领域，对于播音主持业务能力的探讨几乎都集中于语言符号和言语行为研究以及相关的技能培训。以目前大部分开设播音与主持艺术专业的院校使用的“实用播音教程”为例，这套教材是播音专业核心课程配套教材，包含了《实用播音教程第 1 册：普通话语音和播音发声》《实用播音教程第 2 册：语言表达》《实用播音教程第 3 册：广播播音与主持》和《实用播音教程第 4 册：电视播音与主持》4 册，教学时间一般为 3 年。这几册教材基本以语言能力教学为主，包括语言表达技巧、即兴口语、不同类型节目的语言表达等言语传播内容。《实用播音教程第 4 册：电视播音与主持》仅有个别章节涉及主持人的体态、服饰、化妆等非言语传播内容。

关于主持人业务的研究领域，笔者在中国知网搜索了 2003 年 1 月至 2013 年 2 月的相关文献标题。输入“主持人非言语传播”，共检索到 13 篇文献（包括主持人非言语沟通、行为等近似关键词）；输入“主持人非语言传播”，共检索到 27 篇文献（包括主持人非言语沟通、行为等近似关键词）；还有一些零散的研究非言语传播某个领域的论文，包括主持人体态语、表情符号、造型设计等。仅搜索到的 2010 年 2 月至 2013 年 2 月关于主持人语言研究方面的论文，就有 228 篇，涉及主持人语言风格、语言个性、语言样态、话语生成等多个方面。

相比较而言，无论是教学领域还是研究领域，都存在着明显的重视主持人言语传播研究，轻视主持人非言语传播研究的现象。

2. 研究视野狭窄

（1）研究内容的局限性

目前，国内学者对主持人非言语传播进行的系统研究尚处于探索阶段。陈虹的《论电视节目主持人的非语言传播》、河南大学王心心的硕士学位论文《试析电视主持人的非语言传播》，在罗列主持人非言语传播的表现方式基础上，初步探讨了非言语传播的基本原则和传播中的误区。大部分文献基本集中于对主持人自身非言语信息的研究，其中最有代表性的是《实用播音教程第 4 册：电视播音与主持》。该书有专门的章节探讨播音员、主持人自身的非言语信息，以罗列体形、体态与体态语现象和相应信息传播的基本规律为主。关于主持环境中的非言语信息研究则屈指可数。

(2)研究方法的局限性

西方国家非言语传播的研究方法是基于社会学、心理学、生物学等多学科基础之上的，大部分理论是定性研究和定量研究相结合的成果，尤其在理论当中涉及的数据是建立在充分的量化研究和实证研究基础上的。目前国内大部分研究主持人非言语传播的文献，基本上以借鉴西方国家的现有理论为主。比如，利用美国语言学家艾伯特・梅瑞宾的信息总量来源公式说明非言语传播的重要性。但是，国内的相关研究缺乏对真实样本的量化研究，缺乏对典型非言语传播事件的实证研究。此外，在引用西方学者的量化研究结果时，国内研究者没有充分考虑文化的差异性和时代变迁对非言语传播行为的影响。

四、全媒体语境下主持人非言语传播研究亟待解决的问题

(一)主持人非言语传播研究系统工程的建立

目前，亟待建立主持人非言语传播研究的系统工程：确立主持人非言语传播的研究对象，对主持人非言语信息进行分类研究；完善现有的研究方法，将定性研究和定量研究相结合；在高校相关专业教材中完善主持人非言语传播范畴的教学内容，设置相关课程，开展系统的教学和科研工作，将教学科研成果应用于完善主持人非言语传播能力培养上；在业界的主持人选拔和考核环节中设置关于非言语传播能力的量化考察指标等。

(二)主持人非言语传播效果研究的加强

首先，应梳理全媒体语境下受众对主持人非言语信息的接收途径及反馈方式，按主持人非言语信息的分类，进行几个重要类别的传播效果研究。同时，也可以按照节目类别的差异，对主持人非言语传播效果进行综合研究。其次，对于引起热议的主持人非言语传播事件(现象)，应该建立跟踪研究机制，搜集样本资料进行实证研究，研究受众的关注度和评议重点。

(三)主持人非言语传播能力的提升

通过建立主持人非言语传播系统工程和加强对主持人非言语传播效果的研究,最终目的还是促进主持人非言语传播能力的提升。对于主持人个体来说,可以侧重于提高自身的非言语传播能力、提高跨媒体的非言语传播能力和应对受众评价、反馈的能力。对于传媒机构来说,应侧重于科学设置和改变主持环境中的非言语信息,充分利用非言语信息打造主持人的媒体形象。

〔作者单位:陕西师范大学新闻与传播学院〕

说服之生成

——微传播时代大学生价值观转化之探讨*

◎ 蔡鸿滨

摘　要:本研究探讨了微传播时代的价值观竞合(co-competition)与转变,即当前价值观的竞争与合作特性。言说者若能洞察一个社会文化情境之中价值观的高低排序,则不论是否处在微传播时代中,均相对能对听者取得较高的说服力。基于此,本研究使用德尔菲法(Technique of Delphi)勾勒当前华人社会的价值观地图,对两岸三校大学生进行问卷调查,取得217份有效问卷,初步研究了微传播时代两岸大学生价值观的递嬗。

微传播时代大学生的价值观已逐渐产生变化,在当前数位传播时代,大学生内在的价值观排序受到了大环境变迁的影响,已逐渐重新排序。他们认为生活中的健康与幸福等,比功成名就、追求财富、提高地位、反抗权威、追求自由等价值观更为重要。此结果显示出两岸大学生较重视个人生活层面的享受,说明对新一代大学生的说服重点应有所改变,呼应了语艺说服的情境性、灵动性的原初观点。

关键词:语艺　价值观　竞合　情境　说服

一、研究动机与问题

"正义:一场思辨之旅"是哈佛大学最受欢迎的课程之一。近千名学生挤满哈佛大学桑德斯礼堂聆听麦克尔·桑德尔(Michael Sandel)教授对正义、平等、民主和公民权的谈论。哈佛大学还将课程对全世界开放,在台湾引发了许多学子进行道德反思。

---

* 本研究是台湾南华大学补助的校内专题研究计划(计划编号:Y103001073)的成果。

桑德尔在这门课中讨论了正义、平等、民主和公民权。这门课的目的是借由讨论日常生活中会遇到的道德难题（自然碰到价值观的评价），刺激受众进行批判性思维。在他提出的电车问题中，就可以发现正义没有绝对性，一个所谓“对的”决定，只要情况稍有不同，就可能翻转。究竟要如何抉择呢？你会扭转失控的电车撞死一个人以拯救五个人吗？如果是推下一个人到铁轨上阻止电车呢？杀死一个人用他健康的器官救活五个人是道德的吗？为什么？

桑德尔认为，“正义不仅是财物名分的正确分配，也是价值的正确评估”，令人印象深刻。诚然，在正义之外，公平、爱、环保、勇敢、仁慈、慷慨等在人类社会中的传播，也是一种对价值的正确评估与使用。例如，所谓公平，是对价值的正确评估，更是一种名与利合理的分配过程。

弥尔顿·罗克奇(Milton Rokeach)指出，价值观是一种具有持久性以及稳定性的信念，是衡量或评断事物、行为、目标的标准。① 换言之，价值观是一种信念，也是个体行为的导引。从语艺学的观点来说，语艺的说服与听者的信念息息相关，推而论之，即与听者的价值观密切相关。

不过，也如同“正义”影集中所述，价值观是一种选择的过程，或一种论辩的过程，甚至可以说是一种变异的过程，任何一种价值观都不可以想当然地成为听者必然的选项。举例来说，发展经济以福国利民与追求环保以拯救地球两种价值观之间的选择并非一个不证自明的过程，而是一种竞争，一种价值观的角力，最终会是优胜劣败。问题是，我们何以知孰优孰劣呢？或者说如何判断呢？当两种价值观的价值位阶相仿之际，谁能胜出？谁会失败？不过，可以确认的是，胜出者更有说服力。

2013 年 3 月 9 日至 10 日，由台湾绿色公民行动联盟等 150 个民间团体共同发起的反核游行，参与总人数有约 22 万人，活动口号为“终结核四，核电归零”，其中年轻人参与人数为历年新高。一些媒体便指出，支持反核价值的年轻人力量日增，时代的转变可能影响未来的核电政策。这一价值观问题，事实上契合了语艺学中的说服问题，可是语艺学界长期以来都视这种价值选择为一种不证自明的过程，无法为我们说明言者与听者内在世界的价值观地图。进一步来说，若言者无法掌握某一社会文化的时空环境中价值观位阶的地图，则如缺乏罗盘，很容易失去方向感，迷失在茫茫无边际的价值观“海洋”中。

“语艺是情境的”(rhetoric is situational)，在某些情境使用某些语艺策略相对有效，例如婚宴中说吉祥话、丧礼中说哀悼之语。但是，我们仍然不知道某一社会环

---

① M. Rokeach, *The Nature of Human Values*, New York: The Free Press, 1973.

境之中的价值观地图、这些价值观的发展过程以及如何对它们进行排序。如果我们能够回答上述问题,则有助于言者在特定情境之中操作某些特定的价值观,并取得较强的说服力。

简言之,语艺情境的内涵由许多价值观构成,言者之所以具有说服力,并非源自传受双方自由心证的过程。这是由于言者精确掌握了情境中听者内心蕴含的重要价值观,确实把握了情境中人们内心的价值位阶与它们排序的高低。

二、文献探讨

(一)价值观的内涵

价值观是一种高度抽象的概念,古今中外学者早就从不同的层面探讨过价值观。深入来说,价值观是种具有持久性以及稳定性的信念,是衡量或评断事物、行为、目标的标准,[①]是个体对于目的的欲求态度,是影响思想及态度的动因。它能够引导个体行为,激励个体达成自我目标之实践。

不过,随着大众传播媒体的勃兴,媒介发展一日千里,许多价值观不免受到潮流等因素之影响而快速变迁,古人所谓"风行草偃"正可解释今日这种价值观风行的趋势。当然过多的价值观在一个社会中的激荡与流行,不免影响到人们的选择与判断,也会影响社会的整体氛围。

价值观就像植物一般,受到呵护与灌溉就会开始茁壮成长。事实上,价值观长期以来一直是个经常受到讨论的议题。我们也不难发现一个社会文化情境不免经常面临着价值观不断嬗变的现象,尤其在现今大众传播媒体的推波助澜之下,价值观改变的速度,数倍于从前。不论价值观转变的背后代表的是观念的进步还是某些价值的沦丧,从语艺学的观点来看,某种价值观的流行、改变与退场,是选择的结果,其背后更隐含着诸多说服的运作。

(二)价值观与语艺

若从语艺的观点来看,价值观则有诸多值得深入探讨之处。深入来说,价值观是一种意义的呈现。按照肯尼斯·伯克的逻辑,"有说服的地方就有语艺,有意义的地方就有说服"。[②] 由于意义俯拾皆是,举凡日常生活中的衣、食、住、行、娱乐,皆

---

① M. Rokeach, *The Nature of Human Values*, New York: The Free Press, 1973.

② 原文为"Wherever there is persuasion, there is rhetoric; wherever there is meaning, there is persuasion."Kenneth Burke, *A Rhetoric of Motives*, Berkeley: University of California Press, 1969, p. 172.

有意义的存在,因此可说人是活在充满意义的世界上。那么有价值观的地方就有说服的存在,自然就有语艺的实践。

言者若能洞察(insight)某人的价值观,就能看透个体行为的基础,可以利用这些信息,发展说服策略,从而能够创造出说服个体的契机,甚至会使个体直接改变行动。例如,我们熟知关公的忠肝义胆,则与关公讲义气,此价值观便能投其所好;又如某人是位孝子,与其谈孝,便有契机与之一拍即合,甚至产生行动的机会。

1.语艺的价值观论述

语艺关切的核心主题长期以来即是价值(value),并被视为意识形态(ideology)的同义词,且与信念(belief)、认同(identification)近义。在研究新语艺(new rhetoric)的诸多学者中,许多人都强调价值观在说服中的重要性。例如,理查德·韦弗(Richard Weaver)提出"终极名词"(ultimate terms)与"宰制形象"(tyrannizing image)的概念,肯尼斯·伯克提出阶层观与完美观[①]。

(1)韦弗的终极名词与宰制形象

首先,就"终极名词"概念而言,有学者指出它是了解言者的世界观与价值观的方式。[②] 终极名词代表着文化成员所赋予的最高意义与价值,通常是一个社会或文化中最高、颠扑不破、不容置疑与挑战的价值。此类名词代表着文化中理想的宰制形象,因此在一种文化中便具有极高的语艺效用。

再者,韦弗将终极名词分为"上帝名词"(god terms)、"魔鬼名词"(devil terms)与"魅力名词"(charismatic terms)。就上帝名词而言,乃指一种使其他名词都从属于它的名词。换言之,上帝名词是一个文化中的最高标准,有牺牲次级名词与价值的力量。而且,在一种文化中若存在强烈信仰,则通常会有数个名词争夺上帝名词的地位。例如,"爱台湾""正义""多元"等在台湾文化中就是上帝名词。

就魔鬼名词而言,它是上帝名词的反面,是文化中的敌人或最大恶魔。韦弗指出,"纳粹""法西斯""核子战争""贫穷"与"福利"等都曾是美国文化中的魔鬼名词,此一终极性价值有被鄙视的味道。[③] 例如,在两岸当前社会氛围中,"反环保者"(anti-environmentalism)与"不爱台湾"就是魔鬼名词。

最后,宰制形象和魅力名词就是克理斯玛(charisma)。克理斯玛异于前述两

① Kenneth Burke, *A Rhetoric of Motives*, Berkeley: University of California Press, 1969, pp. 138—141, 265.

② S. K. Foss, K. A. Foss, R. Trapp, *Contemporary Perspectives on Rhetoric*, Prospect Heights, ILL: Waveland Press, 2002, p. 172.

③ S. K. Foss, K. A. Foss, R. Trapp, *Contemporary Perspectives on Rhetoric*, Prospect Heights, ILL: Waveland Press, 2002, p. 172.

者，指的不是衍生出来的力量，而是被神秘赋予的力量。例如，领袖人格特质所产生的魅力，深深吸引了大众。[①]

基于此，韦弗的终极名词概念适合说明价值观在语艺学中的重要价值，也有助于我们理解为何价值观对言者的说服力有重要的加持效果。

(2)肯尼斯·伯克的"阶层—完美"观

在肯尼斯·伯克的价值观论述中，可作为价值观的论点者，乃为阶层(hierarchy)与完美(perfection)，且两者可一起来看。

肯尼斯·伯克认为语言必然导出阶层的概念。阶层植根于无数的负面与戒律，以及其被遵循的程度。阶层的概念也可称作官僚体系、阶梯、秩序的感觉。阶层虽然不是必然，但肯尼斯·伯克重视阶层原则的必然性，即人类凭雄心或阶层建立社会。阶层也激发人产生各种行动，事实上阶层排列的价值标准是渐层的，阶层中的每一个阶级力求达到阶层顶端所代表的完美(perfection)。阶层使动作产生谋求完美的驱动力。肯尼斯·伯克的完美概念的基础来自于亚里士多德的实体(entelechy)概念。每个生物趋向于其类属的自然完美目标，换言之，任何事物都试图达到自我完满或完成。阶层和完美原则解释了同一阶层事物之间的结合何以产生。事实上，阶层顶端代表着最佳理想，阶层的每一成员则显示次序，或是被灌输终极阶层的理念。所以，肯尼斯·伯克认为，阶层序列中的任何一个点或运动，在某种程度上都再现了终极设计中的完美原则，每个细微行动都共享总体行动的绝对意义。[②]

从"阶层—完美"观来看，追求完美成为人类的本质特性，不断垫高的(价值)阶层可以通往完美的顶点。因此，有关语艺的价值论述对事物有一个完美的想象。在此前提下，可以想见许多论述企图或试图共享这个绝对意义，在这个绝对意义大伞之下的任何行动，便易获得说服的可能与契机。

2.语艺与价值观竞合

语艺学与价值观之间是"焦不离孟，孟不离焦"的紧密关系。换言之，语艺的说服力量的取得，来自于对价值观的运用。凡是能取得最大多数人认可的价值观，就可以获得最大的认同。可获得大多数人同意的价值观，通常是社会或文化中恒久不变的文化传统。华人社会中的儒家思想、西方社会中的基督教思想都是这样的文化传统。

研究者更加关切的是"价值观竞合"问题，即一种价值的流动与改变。"竞合"

---

① S. K. Foss, K. A. Foss, R. Trapp, *Contemporary Perspectives on Rhetoric*, Prospect Heights, ILL: Waveland Press, 2002, pp. 172—173.

② 〔美〕索尼娅·福斯：《当代语艺观点》，林静伶译，台湾五南图书出版公司1996年版，第205—207页。

(co-competition)强调市场中的合作行为与竞争行为具有相同的重要性。所谓“竞合”,指在市场上并不是只有竞争,也不是只有合作,竞争与合作交替出现,甚至同时存在。① 举例来说,厂商的彼此竞争之中,竞赛的胜利并非全然来自他人的失败,有时竞争与合作往往同步运作,竞争有时固然具有零合游戏(zero sum)的特质,但双赢也是一种取胜的策略,类似于异业结盟的概念。

关于价值观竞合,可认为“在一社会文化中,价值观具有竞争与合作特性,人们为自身的需求强调某些价值观优于其他价值观,但也不排除价值观之间的相互整并,以求价值之兼容并蓄、和平共存”。例如,因地球变暖现象严重,人们大力鼓吹环保的重要性,则环保成为超越其他价值观的终极价值观。但是,环保的价值观又与节省资源、自然生态保护、资源再利用等价值观契合,它们可以相互结合,进而扩充环保价值观的内涵、深度与广度。

从价值观竞合角度出发,可以说明价值观流动、权变的特性,体现语艺学灵动(fluid)的本质。不过,不论是价值观还是语艺学,都逃脱不了或是出自“情境”(situation)这个重要的语艺概念的影响。

语艺以实用目的与情境特性(pragmatic purpose and context)来定义,但这并非意味着语艺情境本质不是自我证明的(self-evidence),就是显而易见的(obvious)。劳埃德·比彻尔(Lloyd Bitzer)在《修辞情境》中勾勒出“语艺情境”②的假设,这成为20世纪上半叶语艺批评实践的重要指引。

所谓“语艺情境”,是指在实际或潜在的紧急状况中,不同的人、事、物及关系间的复杂组合。使用语艺情境可以制约人类的决定或行为,导致紧急状况被完全或部分地化解。语艺情境包括紧急状况(exigence)、阅听众(audience)、制约(constraints)三个要素。换言之,比彻尔的语艺观点直接且具体地说明了语艺的特性,也间接地点出了价值观的变异特性。在比彻尔的观点中,预设了不同情境对言者与听者回应类型的制约。例如,在婚丧嫁娶中,优良的言者使用语艺策略时,会因社会文化氛围与言谈对象的不同而有所取舍,基本上这便涉及(传统)文化或习俗对言者与听者的制约。在此之下,中国人传统的婚丧嫁娶就与非洲部落或欧洲国家有所差异。

---

① “竞合”(Co-competition)的概念最早由耶鲁管理学院拜瑞·J.内勒巴夫(Barry J. Nalebuff)和哈佛商学院亚当·布兰登勃格(Adam M. Brandenburge)于20世纪90年代中期提出,他们认为,“创造价值是一个合作过程,而攫取价值自然要通过竞争,这一过程不能孤军奋战,必须要相互依靠”。参见〔美〕亚当·布兰登勃格、贝利·奈勒波夫:《竞合策略》,许恩得译,台湾培生教育出版股份有限公司2004年版。

② L. F. Bitzer, “The Rhetoric Situation,” *Philosophy and Rhetoric*, vol. 1, (1968), pp. 1-14.

3.价值观类型概说

每个社会文化都包含着不同的价值观。社会心理学、组织行为学、人类学等学科已有价值观分类,这成为本研究勾勒华人价值观地图的文献资料。

首先,由于价值观定义众说纷纭,因此价值观的分类也相当多元。佩里(Perry)将价值观分为六类,罗克奇(Rokeach)将价值观分为两大类,恩佐(Enz)将价值观分为四类,整理如表1所示。

表1 Perry、Rokeach、Enz的价值观分类

学者	价值观种类
Perry(1926)	认知的(cognitive),道德的(moral),经济的(economic),政治的(political),审美的(aesthetic),宗教的(religious)
Rokeach(1973)	终极价值或目的价值(terminal values),工具价值或手段价值(instrumental values)
Enz(2003)	与环境有关的,与工作有关的,与人际有关的,个人独有的

其中,罗克奇的价值量表(Rokeach Value Scale,简称"RVS")是根据各种目标以及手段的重要性来进行排序的,用来衡量个人价值,是学界较为熟悉的价值测量方法,其如表2所示。

表2 Rokeach的价值量表

工具价值→	终极价值	工具价值→	终极价值
野心	舒适生活	独立	内在和谐
心胸广大	令人振奋的生活	理智的	成熟的爱
能耐	成就感	逻辑的	国家安全
欢乐	世界和平	爱	救助
清白	美丽世界	顺从	自尊
勇气	公平性	礼貌	社会认可
宽恕	家庭安全	责任	真正友谊
诚实	自由	自我控制	智慧
想象	快乐		

资料来源:M. Rokeach, *The Nature of Human Values*, New York: The Free Press, 1973.

根据罗克奇整理出的工具性与目的性价值观，卡勒(Kale)整理出简单的九种价值观①。这九种价值观主要是和个人在日常生活中扮演的角色相关的价值观，具有精简性(concise)和直观性(straightforward)，但没有包括攸关他人的集体价值观，如慈善(benevolence)、传统(tradition)、普遍主义(universalism)与一致性(conformity)等。施瓦兹(Schwartz)提炼出更为细致的个人价值观，将它们分成十种价值观类型。

表 3　Schwartz 的十种价值观类型

价值观类型	定义	典型的价值观
权力	社会地位与威望，对于人们和资源具有控制力或主宰力量	社会权力、职权、财富
成就	依据社会标准来证明能力以取得个人的成功	成功的、能力的、野心的
享乐主义	为了自己本身而获得欢愉和感官的满足	欢乐、享受生命
刺激	生命中的兴奋、新奇与挑战	敢于冒险的、变化的以及令人兴奋的人生
自我指引	独立地思考与行动——抉择，创造与探险	创造力、好奇、自由
普世主义	以全人类及大自然的福祉为目的的理解、感谢和容忍	心胸广阔、社会正义、公平、环境保护
慈善	维护与强化个人所经常接触的人们之福祉	救助、诚实、原谅
传统	尊重、承诺与接纳传统文化或宗教所提出的风俗习惯与观念	谦恭、虔诚、认命
服从	对可能违反或损害其他人或违背社会预期或规范的一些行为倾向，以及冲动的克制	有理、服从、尊敬一个人的父母或老者
安全	安全、知识与和谐的稳定，关系的稳定，自我的稳定	社会秩序、干净

资料来源：S. H. Schwartz，“Are There Universal Aspects in the Structure and Contents of Human Values?”*Journal of Social Issues*，vol. 50，iss. 4，(1994)，pp. 19-45.

① L. R. Kale，*Social Values and Social Change*：*Adaptation to Life in America*，New York：Praeger，1983.

施瓦兹用这十种价值观类型来衡量他所认为的每个人都具有的价值，他推翻了罗克奇原先所提出的工具价值与终极价值的分类。通过比较罗克奇与施瓦兹的价值观理论①可以发现，罗克奇未提出有关重视传统的个人价值观。施瓦兹研究的重要贡献在于他找出了一套普遍性的价值观，并且厘清了各项价值观之间的结构关系，其如表 3 所示。

由前述整理可知，从个人到社会层面的价值观种类繁多，均有助于本研究使用文献资料与专家问卷来勾勒出华人社会的价值观。

三、研究方法

本研究采用德尔菲法勾勒华人社会的价值观地图，并用所得价值观对两岸大学生施测，尝试推论当代大学生价值观的变化状况。

（一）方法的适用性

Y. G. 古普塔和 R. E. 克拉克在《德尔菲法的理论与应用》中指出，德尔菲法是一种质性研究技巧，主要通过反复征询过程找出一群人或专家的共同预测意见。在研究过程中，研究者针对设定的议题，经由多次的思考程序，诱导专家以其专业知识、专业能力、经验与意见，建立一致性的共识(consensus)，以提升决策质量，解决复杂的问题。② 整体来说，德尔菲法的主要作用就是通过一系列的问卷回应或互动过程，取得可信赖的专家的一致性意见。③ 因此，本文使用它具有方法的适用性。基于此，本研究选择语艺学，即口语传播、组织行为、大众传播与营销领域的专家学者作为研究对象，整理如表 4 所示。

---

① S. H. Schwartz, "Universals in the Content and Structure of Values: Theoretical Advances and Empirical Tests in 20 Countries," in M. Zanna (ed.), *Advances in Experimental Social Psychology*," vol. 25, San Diego: Academic Press, 1992. S. H. Schwartz, "Are There Unirersal Aspects in the Structure and Contonts of Human Values?" *Journal of Social Issues*, vol. 50, iss4, (1994). S. H. Schwartz, "Values Priorities and Behavior: Applying a Theory of Integrated Values Systems," in C. Seligman, J. M. Olson, M. P. Zanna (eds.), *The Psychology of Values*, *vol.* 8, Hillsdale, NJ: Erlbaum, 1996.

② Y. G. Gupta, R. E. Clark, "Theory and Applications of the Delphi Technique: A Bibliography," *Technological Forecasting and Social Change*, vol. 53, iss. 2, (1996).

③ Y. G. Gupta, R. E. Clark, "Theory and Applications of the Delphi Technique: A Bibliography," *Technological Forecasting and Social Change*, vol. 53, iss. 2, (1996). 转引自潘淑满：《质性研究：理论与应用》，台湾心理出版社 2003 年版。

表 4 研究对象(专家学者)的选择

学术领域	人数	备注
口语传播、语艺学领域	2	
社会心理学	2	
大众传播领域	1	
营销	1	
小计	6	

(二)问卷调查

因经费、时间有限,本问卷调查的大学生为中国台湾中部与云嘉南地区的大学生,以及选择到台湾进行交流的内地学生。研究者寻找到 2015 年 7 月间在世新大学、逢甲大学进行交流的香港理工大学与同济大学的学生,于逢甲大学积学堂施测,计有 58 人填答问卷,扣除 1 份无效问卷,共获得 57 份有效问卷。

另外,本研究选择南华大学通识中心、传播系与生死学系学生作为台湾学生代表来施测,共有 163 人接受施测,扣除 3 份无效问卷,共获得 160 份有效问卷。本研究共取得 217 份有效问卷,整理如表 6 所示。

表 5 两岸大学生价值观问卷的施测对象

校名	施测地点	人数	有效问卷	备注
同济大学 香港理工大学	逢甲大学积学堂	58	57	赴台交流之学生
南华大学	南华大学	163	160	通识中心、生死学系、传播系
合计	217 人			

四、研究结果与讨论

对施测对象的选择,采取了立意抽样法,因此样本的代表性、解释力与推论力等稍显不足。不过,本研究仍可被视为探讨两岸大学生价值观的第一手资料。

(一)两岸大学生价值观分析

通过调查问卷得出的两岸大学生价值观计有 73 种。以罗克其的价值量表对两岸大学生施测,得出 217 位学生的价值观平均分数为 5.34 分。

73 种价值观在两岸大学生心目中重要性的平均分如下:“团结”为 5.74 分、“贤妻良母”为 4.53 分、“爱国”为 4.47 分、“长幼有序”为 4.70 分、“贞洁”为 4.58 分、“子女成器”为 4.52 分、“安分守己”为 4.79 分、“忠诚”为 5.21 分、“香火传承”为 3.75 分、“勤俭”为 4.94 分、“社群认同(含网络社群)”为 5.30 分、“权力”为 4.51 分、“追求实利”为 4.57 分、“财富”为 4.98 分、“名望”为 4.45 分、“物质享受”为 4.76 分、“杰出成就”为 4.71 分、“受人尊重”为 5.07 分、“美貌”为 4.60 分、“个人主义”为 4.00 分、“仁爱”为 5.08 分、“廉洁”为 5.18 分、“正义感”为 5.25 分、“诚恳”为 5.68 分、“良心”为 5.95 分、“知耻”为 5.59 分、“社会关怀”为 5.56 分、“修养”为 5.62 分、“谦虚”为 5.51 分、“平等”为 5.76 分、“知己之交”为 5.97 分、“信用”为 6.19 分、“自由”为 6.03 分、“知识”为 5.70 分、“追求进步”为 5.71 分、“才干”为 5.48 分、“终身学习”为 5.47 分、“客观判断”为 5.72 分、“理性思考”为 5.71 分、“科学精神”为 4.99 分、“效率”为 5.75 分、“果断”为 5.37 分、“家庭幸福”为 5.84 分、“孝顺”为 5.90 分、“有礼貌”为 5.85 分、“平安”为 6.29 分、“礼仪”为 5.41 分、“婚姻美满”为 5.45 分、“健康”为 6.39 分、“和谐”为 6.00 分、“毅力”为 5.90 分、“耐心”为 5.88 分、“谨慎”为 5.76 分、“勤劳”为 5.76 分、“心胸开阔”为 5.89 分、“容忍”为 5.51 分、“中庸之道”为 4.79 分、“反权威”为 4.51 分、“反传统”为 4.39 分、“表现自我”为 5.09 分、“自由”为 5.91 分、“民主”为 5.67 分、“独立自主”为 5.76 分、“乐活”为 5.85 分、“休闲”为 5.78 分、“冒险”为 5.16 分、“文化传承”为 5.39 分、“环保”为 5.81 分、“尊师重道”为 5.42 分、“国际视野”为 5.79 分、“动保”为 5.39 分、“乡土认同”为 5.34 分、“性别多元”为 5.59 分。

其中,5.34 分为平均分,3 分以下的分数仅有一个,研究者乃针对 5 分(含)以下(合计 21 种)与 6 分(含)以上(合计 5 种)的价值观进行归纳说明。

首先,分数最低的为“香火传承”,是 3.75 分,可见两岸大学生对于养儿育女、传宗接代、香火传承不很重视,这是他们的婚姻与传宗接代价值观的大幅转变。

其次,5 分(含)以下的价值观为两岸大学生认为相对不重要的价值观,有:“贤妻良母”“爱国”“长幼有序”“贞洁”“子女成器”“安分守己”“勤俭”“权力”“追求实利”“财富”“名望”“物质享受”“杰出成就”“美貌”“个人主义”“科学精神”“中庸之道”“反权威”“反传统”,合计 20 种价值观。

上述价值观相对较弱,显示出两岸大学生对许多个人性价值观或世俗性价值观的态度有所改变,有些大学生甚至对反对威权与传统也不太在意,值得思考。这种价值观现象表明,微传播时代的沟通主力大学生的许多价值观已经不似上一代,在数位互动平台中传嬗的已是新思维、新价值。

最后,6 分以上的价值观有 5 种:“信用”“自由”“平安”“健康”“和谐”。由此可推论出两岸大学生对个人价值的逐渐重视，他们重视追求个人的自由、平安、健康，以及社会的和谐与信用，亦即相对追求的是个人生活品味、质量与享受，缺乏较为积极进取的反抗心、冒险进取心。

(二)讨论

整体上来说，扣除3分与6分的合计6种价值观，高达67种价值观集中在4～6分之间，尤其是达到5分的价值观更高达47种，占64.4%。六成以上的价值观在两岸大学生心中的排序、位阶并无太大差异。对此结果，研究者个人大胆判断，80后、90后由于出生在相对优越、稳定、安全的环境中，他们转而追求个人自我的价值与幸福。因此，他们虽然认可许多华人社会较为冒险进取的价值观，诸如反传统、反权威、财富、名望等，对他们而言，若不是已经拥有(不论方法为何)，就是不可企及，或是缺乏条件与环境，致使他们觉得不如对个人的幸福、平安、健康、和谐的每一天的追求来得更为踏实与务实，也就是追求“小确幸”[①]更容易或比较有把握实现。

现今大学生的价值观已经较前代人有了许多改变，他们不像上一个世代的人那样重视俗世价值，因此对许多价值观未有较强烈的感受。

由前述73种价值观的陈列，可知当前华人社会中主要的价值观。由两岸大学生对这些价值观的态度，可认识到当前微传播时代两岸大学生价值观的转变。因此，进行说服工作时，对他们诉诸伟大的理想与抱负可能适得其反。换言之，言者应该洞察当前两岸大学生的价值观取向，通过论述生活中小确幸的价值，诸如信任、健康或是平安等，采取比较可信且具有说服力的言说策略。

(三)贡献与局限性

本研究的贡献有两点：首先，它为语艺情境概念注入了新血液、提供了新视角。本研究结果有助于言者洞悉华人社会的价值观地图，进而懂得何时何地采用哪些价值观才能达成最大的说服可能。其次，它有助于理解华人社会中大学生内在价值位阶的转变，说明传统价值观、社会价值观渐弱，取而代之的是个人化的价值观。

本研究就局限性而言，因接受施测的大学生仅有217人，通过立意抽样的方式选取施测对象，在研究结果的推测力上较为不足。

〔作者单位：台湾南华大学传播学系〕

① “小确幸”一词系指微小而确实的幸福，是稍纵即逝的美好，出自村上春树的随笔。由翻译家林少华直译而进入现代汉语。小确幸的感觉在于小，每一枚小确幸持续时间3秒至一整天不等。

媒体融合环境下口语新闻传播系统创新及重构

◎ 陈少华

摘　要:广播电视是典型的面向大众的口语新闻传播系统。互联网新媒体技术的广泛应用,使广播电视、报刊以及网络通信之间相互融合,对传统的新闻播报、新闻主持都产生了重大影响,使口语新闻传播系统出现了全媒体编创、结构碎片化、大数据管理、社交化互动、网络化传播、多种终端协同的格局。媒体融合扩展了新闻报道的构成要素,使多屏协同、触摸屏、3D虚拟、增强现实、超文本等新媒体元素被广泛应用,创新了广播电视新闻的架构和样式,对新闻播报和主持工作提出了新的要求。媒体融合要求以广播电视为代表的口语新闻传播系统进行系统性的创新及重构,对采编、播报和主持人员的素质和能力提出了新的要求。本文通过讨论媒体融合的涵义和特征,讨论了媒体融合对口语新闻传播系统的影响,重点分析了媒体融合环境下口语新闻传播系统的要素,以及主播和主持人的角色变化、定位要求,进而提出了改革和创新口语新闻传播系统的建议。

关键词:媒体融合　口语传播　媒体创新　网络传播　增强现实

广播电视是典型的面向大众的口语新闻传播系统。传统的口语新闻报道主要以广播节目和电视节目两种形式呈现,以声音或者“声音＋画面”作为主要的文本符号,其具体节目样式主要有播报、评论、访谈,包括画外音、事件场景和记者声音等要素。主播或主持人是节目呈现的必要元素,是节目整体的组成部分,同时还充当着信息把关人和节目的议程设置者。互联网新媒体技术的广泛应用,使广播电视、报刊以及网络通信服务之间相互融合,互联网超越广播电视成为了最主要的传播渠道,节目形态呈现出多媒体融合化特点,阅听终端的移动化导致阅听时间碎片化,要求节目微型化,这些变化对传统的口语新闻传播系统产生了颠覆性影响。口语新闻传播系统面临着重构,传统的主播和主持人如何适应新媒体的要求,便成为了一个不可回避的问题。

一、媒体融合的内涵及特征

当今的媒体融合是计算机网络技术的广泛应用引发的，表现为不同媒体形态和服务在多个方面不同程度的合作、融通、合并、重组，包括技术、基础网络、终端、媒介、产品、业务、市场、行业监管等多个层次和方面的融合和重组，甚至突变。从内容生产角度看，媒体融合还要求文本、视频、音频、图片之间的融合和协同表达。

过去，三网（电视网、电话网、互联网）并存，对产品、业务、服务和管理造成分割。用户看电视、打电话、上互联网，需要上不同网络、用不同终端、开多个账户，这造成新的媒体分隔。在基础设施建设上，三网分开铺设、分隔调度、分割管理，容易重复建设，也不利于资源的调度优化。行业管理上的分隔，不能适应当今媒体技术、媒体形态、媒体产业的一体化发展趋势和要求，媒体融合有助于解决三网并存带来的上述问题。

表 1　互联网信息生产服务系统层次结构一览表

阅听终端系统	台式计算机、手机、电视机、图书、报刊、户外电子装置等
信息导读系统	网页栏目、搜索、服务、标签，分页导航、面包屑导航、树状导航、网站地图、网页目录、标签云、字母索引、点读笔、二维码等
传播服务系统	网页、内容共享、社区、微信、微博、内容推送、游戏
生产管理系统	统一的生产经营管理平台：媒体审核、策略管理、生产管理、三屏互动管理等
数据库系统	音频资源库、视频资源库、文本资源库、图片资源库、内容标注信息库、碎片化内容资源库、媒体融合结构库等 阅听记录信息库、版权管理信息库、用户互动信息库、评价信息库等 用户信息库、职员信息库、机构信息库、内容元素库等
支撑技术系统	互联网、多媒体、数据库、数据挖掘、语义分析、增强现实、人工智能

表 2　媒体融合层次体系一览表

管理融合	市场融合、行业划分调整、监管机构和监管政策的融合
业务融合	在一体化平台上，开展通信、资讯、出版、音视频、教育、电子商务等多种业务的融合，跨媒体运营、跨领域运营
终端融合	多终端适应性：手机、电视机、计算机、其他数码设备的融合，不同终端之间实现无缝对接，支持阅听的连续性
平台融合	电信平台、网络平台、广播电视平台、印刷平台的融合
技术融合	统一的技术：TCP/IP 协议（融合支撑）、多媒体技术

媒体融合不单是媒体形态的合并或组合，主要是基于计算机技术、网络技术、大数据技术、超文本技术的复杂媒介形态和传播系统的构建。数字通信、移动通信、互动技术、多媒体、移动互联网、社交网络、二维码等为媒体融合提供了支持(关于互联网信息生产服务系统层次结构、媒体融合层次体系，分别参见表1、表2)。

二、媒体融合下的用户阅听特征及需求

正因为媒体融合是基于互联网、大数据和超文本的，为媒体产品的复合化、碎片化，阅听服务的个性化和精准化等提供了基础，也催生了新的阅听需求和特征：

第一，阅听环境和方式多样化。媒体融合趋势下，出现了课堂与校园阅听、家庭环境下阅听、工作环境下阅听、旅行中阅听。内容不同，阅读方式不同，内容呈现方式不同。对此，传统的口语新闻传播系统做不到，过去的网络服务也做不到，但融合后的媒体需要做到，也必须做到。

第二，碎片化阅听与系统性阅听并行，同一主题的内容文本，无论是视频、音频还是文字、动画，在手机上阅听时是碎片化的、微内容的，但在计算机上或者电视上阅听时又是规模化的、系统化的。关于碎片化，因为用户主要用手机阅听，这往往与接听电话、阅看微信短信、上网工作交织在一起，也许一天中总的阅听时间比较多，但每次阅听的时间可能只有几十秒，所以就要求每次接收到的口语传播单元是微小的、完整的、有意义的。

第三，媒体融合扩大了阅听群体。基于不同阅读终端形成的阅听习惯、内容要求、内容呈现和服务方式存在着很大的差异。手机用户和电视用户成为新的阅听群体。

第四，多种阅读终端并用，一方面增加了新阅听的空间和时间，另一方面进一步挤压了传统阅听的空间和时间。口语传播产品必须适应不同空间和时间的要求。

第五，在海量化的信息数据基础上，媒体融合后会提供精准的个性化阅听服务。比如，媒体会提供10年的新闻播报数据、10万场体育比赛解说数据、几千个新闻评论数据等。

第六，阅听节目的元素是多媒体的。过去的阅听节目主要由声音和画面构成，媒体融合要求声音、画面和文字的融合，甚至要求由声音或画面识别来激活其他应用服务。

第七，过去的阅听节目形态是封闭的，用户是无法参与的，而媒体融合下的阅听节目内容和结构本身是开放的。阅听人不仅可以评论节目，而且可以将自己的

语音、视频或其他创作直接融入阅听的节目中,使之形成新的阅听产品。

三、基于媒体融合的口语新闻传播系统创新和重构

口语传播是语音面貌和语言思维的结合。传统的口语新闻报道主要以广播节目和电视节目两种形式呈现,以声音或者"声音+画面"作为主要的文本符号。媒体融合是基于互联网的多媒体之间的融合,因此,媒体融合下的口语新闻传播系统一定是面向互联网的,要具有互联网思维,要进行系统性的创新,甚至是重构。包括播报、主持以及现场报道在内的口语新闻传播系统将呈现出全媒体编创、智能化演播、社交化互动、网络化传播、多种终端协同的格局。

(一)建立基于互联网的传播体系

当今新媒体及媒体融合都是在互联网平台进行的,是由互联网技术支撑的。无论是口语传播、文本传播,还是其他信息传播形式,都会迁移到互联网上,并且以互联网为主要传播平台和渠道。近年来,电视收视率不断下降,原因就是传播平台重心向互联网的转移。互联网已经彻底改变了过去那种被动的视听习惯,人们可以选择个性化的、需要的节目。比如,广播电视节目以广播方式直播,还可辅以网络电视直播、微信微博互动等。

(二)扩展节目构成要素

节目构成要素正在由单元素或者双元素向多元素扩展。节目在传统的语音和画面基础上,广泛应用多屏协同、触摸屏、3D 虚拟、增强现实、超文本等新媒体元素,创新广播电视节目架构和样式,甚至由机器人承担播报和主持。智能摄影、动画模拟和智能模拟系统可以为演进式和回溯式报道提供支撑。口语传播与非口语符号体系融合,声音、画面与动画、文字融合,甚至声音、画面与物联网联系在一起。虚拟和真实融合,真人主播与机器人主播配合。机器人主播的快速反应、海量知识与真人主播的知识、情感的差距和融合成为需要关注的问题。

(三)变革节目的结构、文本和表达方式

口语节目结构由封闭变为开放、由过去的简单结构演变为网状复杂结构,在文本上由传统文本变为超文本,在表达状态上由单向信息表达转型为互动创作、协同创作,在表达形态上由静态变为动态。目前节目本身是封闭的,今后在播放的过程中,应可以不断添加内容和要素,丰富内容、创新形式,在传播中进行远程协作和融

合。大数据的应用是每个行业绕不开的，也是每个环节绕不开的，甚至是口语节目的必要组成部分。

(四)生产方式和手段智能化

基于媒体融合的口语新闻传播系统创新和重构可以使口语传播的信息生产方式和手段智能化。首先，采用计算机技术辅助停顿切分、确定语调，编制多种方案，可以确定最佳播报方案，能够为备稿提供知识和技术支持。比如，广告语“长虹以产业报国，以民族昌盛为己任”，就可以有多种停顿切分和语调。有了计算机的支持，就可以制定最优的播报方案。其次，基于大数据，可以对节目质量和播出效果进行精准评价。最后，可以应用媒体融合技术进行创作管理，为评论性节目提供知识支持，为访谈性节目提供辅助支撑。

(五)提高主持人的素质和能力

媒体融合对播报和主持人才的素质及能力提出了新的要求。现行口语传播人才培养中的教育定位和课程建设需要改革和创新。

总之，媒体融合要求以广播电视为代表的传统口语新闻传播系统进行系统性的创新及重构，对采编、播报和主持人员的素质、能力以及专业教育提出了新的要求。

〔作者单位：华中科技大学新闻与信息传播学院〕

媒介融合背景下主持人的角色重构与传播策略研究*

◎ 孙　璐

摘　要:“媒介融合”(Media Convergence)既是发生在传媒业界的一场变革,也是学界研究者不断探索的一种新现象。在融媒体时代,传统媒体与新媒体趋向于融合发展,这种发展态势对传统媒体从业者提出了新的职业要求。作为传播主体的主持人,其传播策略也随着媒介环境的变化而改变,呈现出新的传播角色定位。

关键词:媒介融合　主持人　角色重构　传播策略

一、媒介融合背景下大众传媒的传播形态

“媒介融合是大众传播业的一项正常的项目或者说是一个渐进的发展过程,它整合或利用电视台、报社、广播电子媒体等,以增加新闻和信息平台的数量,并使稀缺的媒体资源得到最优配置,提供给受众更大的信息量,从而实现领先竞争对手、获得盈利、提供优质新闻的目的,并最终在数字时代的媒体竞争中保持优势地位。”①媒介融合是全球经济技术飞速发展之下的媒体传播形态的巨大变革,是技术、媒介与组织共同作用的结果。融媒体时代的到来,颠覆性地打破了传统广播、电视、报刊及相关媒体的界限,将时下最新的网络媒体、3G媒体等都融入其中,开启了一个全新的信息传播时代。媒介融合背景下的大众传媒在传播形态上具体可以表现出以下几个特点:

首先,媒介融合改变了信息的生产方式。媒介融合在技术上实现了传统媒体

---

* 本论文是浙江省教育厅课题“媒介融合背景下主持人职业能力诉求及对策研究”(项目编号:Y201432504)的结项成果。

① 章于炎、〔美〕乔治·肯尼迪、〔美〕弗里兹·克罗普:《媒介融合:从优质新闻业务、规模经济到竞争优势的发展轨迹》,《中国传媒报告》2006年第3期。

与新媒体之间的联动,“抢新闻”“发头条”的模式不再是传统媒体制胜的法宝。受众可以通过报纸、广播、电视、网络、手机媒体中的任何一种渠道轻松获得当天发生的重大消息。其次,媒介融合避免了传统媒体以往的线性传播模式的弊端。融媒体时代的信息传播处于一种多元流动的传播状态之下,从过去大众媒体的一点到多点的传播样态,丰富为现在的一点到多点、多点到多点、多点到一点的传播样态。这体现的是信息多元、尊重个体、互动反馈的传播特质,具备存异性、包容性、多向性的传播导向,增加了受众消化、解读、评判和再反馈的传播空间。

二、媒介融合背景下主持人的角色重构

媒介融合后,产生了“融合信息”,在全方位的技术运用和所有形态的媒介基础上整合信息传播资源,跨媒体团队合作和建立新的流程成为了现实,过去媒介之间各行其是的传播局面被打破。融合式的传播报道对传统媒体主持人的角色定位和职业能力提出了重构的要求。

(一)技术赋权的受益者

“所谓技术赋权,也被理解为数字赋权,是指信息技术进步赋予社会、组织或个人掌控事务的一种权利。传统主流媒体欲建构立体传播体系,首先需要认识与理解新技术,并将之与媒体行业的性质、特征、资源、优势深度结合,才能实现技术赋权下传统主流媒体影响力的提升与再造。”[①]在融媒体时代,多种媒介技术融入到大众传媒之中,为信息的获取与传播带来了便捷化、多元化的支持。作为大众传播主体的主持人,应当充分意识到现代技术对于自身角色的“赋权”功能,在主持过程中加强融媒体意识,能够熟练地利用多种媒介进行主持传播。

在技术赋权的融媒体背景下,为了提高信息的传播到达率、加强传播效果,主持人在节目中还可以加入交互式传播过程。也就是说,主持人可以利用多种媒介手段,将受众的反馈信息加以收集,并再次利用,通过整理、筛选和修饰再次传给受众,进行交互对等的双向传播。例如,东方卫视的新闻主播于飞,创立了微信自媒体《飞议于论》,定期推送自己的新闻评论,和网友进行线上互动,共同就新近发生的某一新闻话题进行讨论,并有效整合网友反馈的相关点评信息,进行观点汇总,再利用节目进行二次传播,与受众建立了良好的传播互动关系。后来,更是衍生出东方卫视的一档固定栏目《于眼看一周》。交互式传播是增强主持人传播效应的有

① 詹新惠:《构建技术赋权下的主流媒体立体传播体系》,《新闻与写作》2014 年第 10 期。

力手段，也是主持人通过多媒介融合传播技术，对节目传播进行的跨时代性改革。

(二)文化融合的把关者

大众媒介不仅是娱乐消遣的工具，更是知识和文化的传递者，承载着文化普及和文化融合的使命。媒介融合背景下，众多不同的媒介所呈现的文化形式是多元化、多样态的。在所有的文化格局中，都面临着先进文化和落后文化的相互碰撞，高雅文化与低俗文化的相互较量，以及主流文化与边缘文化的相互冲突。这些社会文化矛盾形态在中外大众传播媒介上都毫无保留地展示了出来。

主持人是公众人物，他们在媒介融合时代不仅承担着传播和交流信息的职责，更肩负着传递、解读先进文化的历史使命。面临文化自身的排他性和受众的多元化特征，审美素养较高的主持人能够辨别文化的优劣和美丑，通过筛选择优传递给受众。审美素养不高的主持人则可能将边缘化的文化形式主流化，造成无形的负面效应。

在媒介融合背景下，面对中外文化碰撞、各类文化信息的纷繁涌现，中国的主持人更需要形成强烈的社会责任感。他们应将人类文明的核心价值融入到多元化的媒体传播过程中，努力提升自身的人文审美修养、深入了解多元文化样态、整合各种文化资源、平衡受众文化需求，对文化大融合所涌现出的各种信息进行有效严格把关。只有这样，才能传播主流价值观、弘扬人类共有的文明形态，在国际化的传播背景下凸显中国文化的传播影响力。

(三)互联思维的践行者

媒介融合的一个标志性特征是通信科技及网络媒体技术的广泛应用。对于大众传播来说，互联网的渗透融合已经是当下传播模式不可或缺的一种现象。互联思维原指网络平台的一种商业化运行思路，“互联网精神，是人和自己、人与人、人与物、人与自然更加和谐的一种关系”。① 从这个层面上讲，互联思维强调的是一种共同存在、共同分享的精神。

媒介融合并不意味着主持人要摒弃传统媒体的传播方式，而是要求主持人能够以一种新的传播思维方式带动互联网时代的不同受众群体，利用网络平台(如微信、微博、网站等)实现传播者与受众之间的对话和互动。主持人在互联平台上作为传播中介传达信息、收集信息、把控舆论导向，应该增加节目的丰富度，加强传播的影响力，获取互联思维下带来的众多信息源和多元文化价值观，有效吸引受众的

---

① 《专家共话互联网时代:用互联网思维点燃创造力》，中国新闻网，http://www.chinanews.com/gn/2014/08-30/6546829.shtml。

关注。

目前,互联思维在广播节目中的运用,表现较为显著。很多电台节目都利用了微信平台与受众进行互动与反馈。例如,在《我和E哥有话说》《观点约架》节目中,主持人每期抛出一个话题,引导听众在微信公众平台进行讨论,很多听众表达了独到的见解。主持人会及时对听众的反馈信息进行梳理和点评,两位评论员会对话题作最终评论。由于节目的策划者、主持人将互联思维带入了节目创作中,听众在该节目中的信息接收就非常丰满、多元化,完全改变了过去只从主持人处接收信息的单一途径,大大提高了节目的传播价值。

三、媒介融合背景下主持人的传播策略

在大众传播中,主持人和节目传播内容共同构成了大众媒体传播的主体。对于处在终端传播环节的主持人来说,有效进行信息传递,引导受众进行信息接收和吸纳,是在大众传播中的重要职责。对此,主持人应具备的基本职业素养包括:第一,正确的政治立场;第二,强烈的社会责任感;第三,过硬的业务素质;第四,独立思考的能力;第五,鲜明的主持个性魅力。在媒介融合的传播环境中,主持人在传播方式发生改变的情况下,要特别注意做到以下两点:

(一)具备信息筛选与整合的能力

媒介融合下的传媒大环境,是一个信息组合的社会。信息的筛选与整合,是主持传播的重要环节。面对纷繁复杂的信息源,主持人应敏锐发现有价值的信息,保持清晰的头脑,有效甄别、滤取优化传播的信息。主持人的信息筛选能力,对于互动性强的节目来说非常重要。很多受众反馈的信息会实时出现在媒介平台上,主持人在短时间内就要作出汇总点评,这就需要具备择优而选的能力。

此外,在多信息源的传播背景下,主持人应该能够将相关信息进行有效整合,将碎片化的信息整体化。在整合的过程中,主持人应做到对信息的全面掌握,并能够根据节目和自身的风格定位,用恰当的话语方式、表达手段传播信息。主持人通过对信息源的整合和二次加工,可以丰富信息占有量,及时对其容纳、吸收、理解,提炼出自己的观点,从而逐步形成自己的语言特色和节目风格。

(二)树立受众意识

在媒介融合下的节目传播形态中,随着受众参与度的提高,传播者与受众之间的界限已经模糊化。在特定的互动环节,传播者和受众之间的身份还会相互转化。

这就特别要求媒体传播者要具备受众意识，掌握受众的接受心理，以符合受众定位的方式进行传播和互动。

受众意识是指以受众为本位，从受众的需求出发的一种传播意识。在传播过程中树立和强化受众意识是主持人应当遵循的主持传播规律。主持人树立和强化受众意识，应做到以下几点：第一，明白受众的定位；第二，满足受众的接受需求；第三，对受众负责；第四，有效引导受众；第五，重视受众参与。主持人只有具备良好的受众意识，才能在节目传播的过程中，根据受众对节目的要求有的放矢，完善节目内容和环节，吸引受众的关注和参与，从而提升传播效果。

在融媒体传播环境下，很多大众传播节目都增加了互动环节。尤其是对于融媒介使用较多的电台节目来说，它们更是时刻保持着与受众的互动。以杭州交通经济广播为例，其关于早晚高峰的路况信息报道中，除了路况主持人是主要参与者，还有很多热心听众会加入在微信平台的互动报道。一些话题性节目，不论是新闻性的《我和E哥有话说》，还是娱乐搞笑风格的《交通快活人》，抑或是汽车投诉节目《我的汽车有话说》等，几乎都引入了听众互动环节。互动环节的加入，是对直播状态下主持传播的一个较大挑战，需要主持人立场明确、反应迅速、思维敏捷，能够根据受众的互动、反馈进行合理串联和点评。

互动这种传播模式在大众媒体中的使用越发深入、频繁。主持人面对媒介融合下的这种新型传播模式，要及时调整固有的照本宣科式的主持样态，提高对话语的把控意识和舆论导向的引领意识。

四、结语

媒介融合所带来的数字化技术只是对现代传播观念的技术支持，不能取代传播的主体——主持人，人仍然是传播活动的各个环节当中最核心的要素，仍然是信息的汇总者和内容的传播者。在融媒体背景下，主持人要重新构建自己的传播角色，要具备融媒体传播意识、新媒体运用能力、信息组合梳理能力、互动传播能力等，能够多维度地展示传播魅力、审美文化，给受众以全新的、全方位的信息解读和接受体验，从而迅速适应媒介融合的大环境，找到属于自己的传播角色定位。

〔作者单位：浙江传媒学院播音主持艺术学院〕

电视公开课的口语传播创新实践

——以中央电视台《开讲啦》节目为例

◎罗　辛　王　添

摘　要:本文以中央电视台《开讲啦》节目为例,探讨了电视公开课的口语传播创新实践活动,包括在口语传播层面建立和谐平等的传受关系,营造轻松愉悦的谈话氛围,挖掘电视演讲的内在价值,以及准确定位主持人与嘉宾、受众的传播功能。

关键词:口语传播　人际沟通　传播功能

作为一种新近出现的电视节目形态,电视公开课担负着传播知识与价值观、引导公众行为的重任。由于其以教育为传播目标,在电视上开办"课堂",所以容易引发观众的反感。如何在口语传播层面建立和谐平等的传受关系?如何营造轻松愉悦的谈话氛围?如何挖掘电视演讲的内在价值?如何准确定位主持人与嘉宾、受众的传播功能?这些问题都成为电视公开课吸引更广大受众参与和观看的关键所在。中央电视台《开讲啦》节目,坚持平等、互动、参与的节目理念,尝试变"你讲我听""你传我收"的方式为"相互倾听""彼此理解"的方式,用自己的口语传播创新实践为上述问题提供了独到的见解。

一、建立和谐平等的传受关系

传播是一项技巧性很高的活动,不同的传播方式会带来不同的传播效果。如果以老师的姿态进行传播,刻板的固化语言、居高临下的态度可能会引发受众的恐惧心理和逆反心理,"头脑风暴"无法形成,自然起不到好的传播效果,尤其在"受众是上帝"的时代,更是如此。相反,若我们以交朋友的方式,坦诚交心,那么对方也会反馈给我们同样的态度,比如认真倾听、认真接受。这样的过程更类似于人际沟通。传播学者巴赫纳对此下了定义:人际沟通即人与人之间的沟通。该定义简单明了却蕴含极强大的作用：满足人类的基本需求，协助认识自我，促进人际关系的形成与维系。下文将从闲谈、自我披露两个角度来分析《开讲啦》对人际沟通方式的运用。

二、营造轻松愉悦的谈话氛围

为了营造一个轻松愉悦的谈话氛围，《开讲啦》会在主持人与嘉宾初次见面时精心设计“开场白”，使观众对将要面临的对象和话题产生浓厚兴趣。比如其中一期嘉宾为陈坤，他说：“上台之前我非常紧张，特别紧张。我一直跟周边的朋友说，你别跟我说话，我紧张，他们没一个人相信。他们认为我演了很多戏，在任何场合都应该淡然，但我十分紧张。直到我听到撒贝宁刚才的笑话那么冷，我突然充满了信心。”这坦诚而幽默的开场令现场笑声连连。面对现场300位观众和10位青年代表的“审视”以及“图书馆”式的学术场景布置，怎能不紧张？同样，坦诚也换来了听众内心的共鸣，谁第一次站上演讲台没有紧张过？原来明星也有老百姓的烦恼，这一下子拉近了双方的距离。接着，陈坤在陈述完一个观点后点到一位青年代表问：“你为什么点头？”小伙子略带惊讶地说：“因为我比较认可你的观点。”陈坤自然地说：“我们就来追溯这个思维方式，好吗？”这场不经意的互动可以令对方感觉受到重视，并且有兴趣把话题继续下去。

在“开场白”之后，《开讲啦》还十分注意双向性交流。在节目中，不能只是一方的喋喋不休，双方都要谈谈自已。《开讲啦》中嘉宾演讲部分占三分之一，其余的三分之二是嘉宾与青年代表和现场观众的互动提问。在提问中，青年代表也会讲述自己的故事以增进双方的关系。双方皆打开心房，开始更深层次的心灵交流，这是双方关系由浅入深的过程。仍以陈坤的那期节目为例，在交流过程中，陈坤承认自己从小是一个自卑的男孩，上了大学还有仇富心理，年轻时对于财富和名气也会过分追求，是暴脾气、爱计较。这种在众人面前“揭短”甚至暴露自己“阴暗面”的行为，不仅不会使受众反感，反而更增加了亲近感。谁的青春不彷徨？谁的青春不疯狂？完美的人生不真实，真实的人生不完美。陈坤为我们展现了一个现实的人，一个没有明星光环的朋友。在《开讲啦》中，没有炫耀、没有争功，有的只是平凡地站在那里对曾经的彷徨、迷茫甚至是生死之间的惊险的分享。受众所得到的信息就是，他们经历过我现在所遭受的磨难，甚至他们的经历更坎坷，但他们已经成功了，我能从这些人当中学到什么？他们的经验对我来说作用多大？站在讲台讲述平凡，不需炫耀，成就自明，这也是一种正能量。

三、挖掘电视演讲的内在价值

就嘉宾面向受众讲说形式而言，它更像口语传播学者所说的公共传播。公共传播一般指演讲，即一位或多位传播者向多位听众进行信息传达的过程。《开讲啦》在某种程度上更像一场校园讲座，只不过这场讲座的互动性更强，话题性更深，趣味性更足。支撑这种传播效果的正是演讲的三种内在价值——“说话特质”“透明传达”“活力自信”。

口语传播先驱维南斯在20世纪初创造了谈话特质一词，他强调演讲是与听众谈话，而非训话，他相信演讲的发表是在沟通而非表演，是一场自然的双向沟通。谈话式的话语样式不仅缩短了演讲者与现场听众之间的距离，也缩短了嘉宾和电视受众的距离，谈话中必须要带入平等的关系。虽说幽默的人演讲占优势，但黄西的经历告诉我们，坦诚与幽默二者缺一不可。在《开始啦》的一期节目《不完美，怎么了?》中，我们会看到一个个子不高、长相不优的男人口若悬河，此人即是黄西。对这个戴着厚厚眼镜片，表情略显呆板的男人，国内观众可能不太熟悉，但他却是第一个在白宫表演脱口秀的亚洲人，也是2010年全美喜剧节的冠军。黄西以松弛、质朴、流畅的语言讲述自己被拒绝、被辱骂、不被外界看好的经历来获得听众的“同理心”。他会根据受众的不同来调整谈话内容，比如，当青年代表中有中国留学生时，他会多讲些自己的留美经历以及实验室的趣闻；他也会避免一些“高深词汇”而走平民路线。听黄西说话，绝对想不到他是生化博士。这种抛弃晦涩的学术用语，代之以机智幽默的言语的形式，起到了劝服作用。

演讲的关键在于透明传达，而透明传达要求坦诚和真实。当演讲者站在300位观众面前，没有过多时间去遣词造句、塑造自己的完美形象，只能老老实实说出自己真正的想法。无论是刘德华、周杰伦，抑或马云、李彦宏，在青年学子们面前，他们只能坦诚相待。《开讲啦》所选话题都是当今青年正困惑的，比如关于梦想的《有梦想，谁都了不起》，关于奋斗的《相信奋斗的力量》，关于励志的《若你不行，没人能行》。如果演讲嘉宾能清楚鲜活地传达出主题含义，实现透明传达，并使听众接受、理解，最终转化为具体行动，节目的价值也将实现。

演讲中的活力、自信能够感染人，增加可信度。活力、自信不代表高分贝、大嗓门，而是指语言的感情色彩、分量以及感染力都十分贴切。华人神探李昌钰博士的演讲极为有趣，虽然全程以残忍的凶杀案为主轴，但中间插入几段温馨的小故事，传递“听妈妈的话”“要使不可能变成可能，首先要自我评审”“大学只提供一张月台票，能否成功抵达要靠自己”等建议。这看似在讲悬疑故事，实则在传递正义观、梦想观甚至是婚恋观，将教育寓于了无形中。李昌钰博士意气风发，侃侃而谈，如同一位智者在赐予“锦囊妙计”。

四、准确定位主持人与嘉宾、受众的传播功能

作为《开讲啦》的主持人，撒贝宁的地位较之以往的节目弱化不少，只在开头、结尾和中间的串场出现，在这种情况下如何做得出色实在考验主持的功底。好在经验丰富、专业扎实的撒贝宁将“量”的弱化变成“巧”的应用。李昌钰博士一共在《开讲啦》亮相两次，第一次的结尾处，撒贝宁想见识一下李博士的“武力”，结果话还没说完，就被李博士摔了一跤，突如其来的意外增加了节目的“笑果”。第二次节目结尾，小撒说：“昨晚做了一个梦，上次扫堂腿，这次大背跨，所以这次不等李博士动手，我自己主动倒下。”结果撒贝宁滑稽倒地，引得现场爆笑不断。这种前后呼应的方式不仅让人们见识到艺术化的处理美感，也令观众对撒贝宁的机智活泼更加喜爱。撒贝宁很擅长总结嘉宾演讲的重点，能够帮助受众提炼观点，更好地接受嘉宾所传递的正能量，这个时候，他的角色更像一个助手。

与主持人地位的弱化相对的是受众地位的强化，这主要体现在互动参与程度的提高上。《开讲啦》中三分之二的部分是嘉宾与受众的互动，分为与现场300观众的“小纸条”交流和与10位青年代表的提问交流。小纸条设置得十分巧妙，比如小纸条问黄西“您为什么这么性感?”“有没有人说您长得像土拨鼠?”“作为一名科学家，您还能背出化学元素周期表吗?”等诸多脑洞大开的问题。到了青年提问环节，又会有“您怎么看待父母要求孩子争当第一名?”“要不要追求完美?”“人生是要有意思还是有意义?”等直面社会现象的深刻问题。每个人都有匿名性心理，冯·诺依曼的“沉默的螺旋”理论告诉我们，大多数人在意见环境的压力下，不敢表明自己真正的想法。匿名的小纸条中，提问会更加劲爆、无厘头。因此，小纸条的提问一般起调动、活跃气氛的作用。青年代表的提问更多涉及人生、社会等大问题。两种提问方式分工明确，各司其职。

〔作者单位：广西艺术学院影视与传媒学院〕

刍议“微”时代真人秀节目主持人创作地位与身份之变*

◎ 李伯冉

摘 要:网络信息技术的迅速发展,不仅带来了媒体环境的变化,也在不断更新着人们的生活与思维习惯。“微”时代下的真人秀节目已经进入了“2.0”阶段。伴随着传播内容与传播方式的改变,主持人在真人秀节目中的创作地位和身份已经悄然发生了变化,这种变化呈现出去主持人化、非专业化、角色符号化和参与深度化等趋势。

关键词:真人秀节目 主持人 创作地位与身份

网络信息技术的迅速发展,不仅带来了媒体环境的变化,也在不断更新着人们的生活与思维习惯。进入21世纪的第2个十年,真人秀这一节目形态已被广大观众充分熟知和认可,由于“真人、真事、真情境”的特点更符合自媒体(也称“微”媒体)时代观众的收视习惯,此类节目随之焕发了旺盛的生命力,掀起了规模性收视热潮,并产生了巨大的话题效应,逐渐成为了综艺娱乐节目的主流形态。

为了满足观众不断变化的收视需求,自现象级节目《超级女声》诞生至今的十余年间,中国的真人秀节目经过了一系列的改进与升级。真人秀节目来源由模仿为主转为大量引进,参与嘉宾由平民素人扩大到明星,内容编排从偏综艺型变为偏纪录型,播出编排从周播、日播发展为季播……应当说“微”时代的真人秀节目已经进入了“2.0”阶段。伴随着传播内容与传播方式的改变,主持人在真人秀节目中的创作地位和身份已经悄然发生了变化。

* 本文是辽宁师范大学青年科研项目“中韩综艺节目文化影响力比较研究”(项目编号:LS2014W023)的成果。

一、去主持人化：栏目标识与"收视毒瘤"的悖论

主持人的出现给原本冰冷的电视荧屏带来了人际传播的气息。一直以来，主持人在观众眼中是一个栏目的标识和代言人。尤其是综艺娱乐节目主持人，由于节目形态和自身创作风格的原因，在观众中普遍具有较高的关注度。然而，在"真人秀"大行其道的今天，主持人在节目中的创作地位呈现出明显下降的趋势。例如，在广受欢迎的演唱类真人秀节目《中国好声音》中，主持人华少虽号称担纲"主持"，但相比其早期作品《我爱记歌词》《爽食行天下》等节目而言，他在《中国好声音》中的创作空间已经被大幅度压缩。在盲选环节，主持人的创作任务仅限于播报栏目信息和赞助商广告，而作为真人秀中真人讲述的关键内容——采访选手，则由导师代之完成。进入导师考核阶段，主持人虽然穿插在选手对抗之间登场，但其创作任务也仅限于宣布获胜方，更为重要的评论空间则由画外音取代。类似情况在《中国梦之声》《中国好歌曲》等其他演唱类真人秀节目中也屡见不鲜，而更有甚者，如《超级演说家》《极限挑战》《一年级》等节目取消了主持人的设置。

从当初的万众瞩目，到如今的被边缘化，可以说真人秀节目主持人成为了电视节目制作机构在视听感受冲击力、嘉宾故事吸引力与主持人口语传播感染力选择中的牺牲品。面对节目中丰富的视听信息和经过精心包装的选手故事，真人秀节目主持人相对单一的口语表达手段显然不占优势。尤其在演播室外录制的以生活体验和任务挑战为主要内容的真人秀节目中，为了充分还原真实感，主持人现场驾驭与现场演播的职能被大大削弱。从收视数据资料来看，真人秀节目中出现主持人画面时往往会成为节目收视率下滑的临界点。这一现象直观地反映了受众在观看该类型节目时的普遍偏好——当节目内容中的真实性、戏剧性和观赏性超越主持人语言本身时，受众显然对前者更感兴趣。

二、非专业化：科班与跨界之争

非科班出身的主持人对专业主持人形成了冲击。在江苏卫视推出的科学类真人秀节目《最强大脑》中，曾经的大专辩论赛最佳辩手，原复旦大学国际政治系副教授蒋昌建出人意料地站在了主持人的位置上。蒋昌建毕业于复旦大学，毕业后一直从事教学与科研工作，此前曾担任过《杨澜访谈录》的总策划，而《最强大脑》是其首次以主持人身份参与的电视节目创作。事实证明，虽然蒋昌建在演播状态和现场表现力上与专业主持人还有差距，但通过富有智慧的承接串联、采访对话，圆满地完成了主持任务，同时带给了受众一种全新的收视感受。

放眼全国,《最强大脑》并不是唯一一个由"零经验"的非科班主持人担纲主持的真人秀节目。湖南卫视的《我是歌手》和北京卫视的《最美和声》两档演唱类真人秀节目,启用了陈羽凡、胡海泉、张宇、廖凡、杨坤等歌手或演员担任主持人。"非科班出身""零主持经验""跨界"这些词汇成为了近年来真人秀节目主持人中常见的标签,然而反观其他类型的综艺娱乐节目,能够大胆启用"跨界主持人"的并不多。究其原因,一方面是在真人秀节目中,"跨界主持人"的专业背景、职业身份利于其深度参与节目——如以选手、评委、导师等身份出现或是利用专业背景优势完成现场演播;另一方面则是在主持人设置上同样渗透着真人秀节目的制作理念——台上选手"真情"出演,台下导师"率真"评论,现场主持人"真心"主持。制作方就是要把这些真实但并不完美,甚至在某些方面具有瑕疵的"真"秀给观众。与规范标准、审美价值更高的语言表达相比,或许这些"跨界主持人"的一点紧张,反而更贴近于节目的理念,使节目具有了更强的沟通效力。

三、角色符号化:从性格设定到角色扮演

在以往关于主持人定义的各种表述中,一个共性特征就是强调主持人"我"的身份。"节目主持人'我'的整体形象包括'小我'和'大我'。'小我'即主持人的个体形象、个体行为……'大我'指的是主持人的群体观念,主持人是节目群体的发言人、执行者。"[①]节目主持人的出现将人际传播中的"小我"带入到了大众传播之中,从而改善了传播效果。无论是主持人的"小我"还是"大我",都是基于一种真实的社会身份存在。在近年的真人秀节目中,却出现了主持人被设定为一个虚拟角色,并以这种"非我"的身份完成节目主持创作的情形。例如,在湖南卫视的亲子类真人秀节目《爸爸去哪儿》中,主持人李锐便化身为"村长",带领爸爸和孩子们在世界各地体验不同的风土人情。主持人的"村长"身份在节目开播之初就被设定,虽然节目录制地点不断变化,其中也不乏城市里的生活体验,但"村长"的称谓依然被保留下来,并逐渐成为了一个代表符号。

从过去"主持人群"对主持人个性的设定,到如今真人秀节目主持人以"非我"的虚拟角色出现,这一变化突破了常规,也在一定程度上颠覆了传统观念,使主持人原有的社会表演(performance)[②]更多地融入了戏剧表演(acting)的成分。不过需要指出的是,主持人的创作也并不能因此完全与演员创作画等号。因为,无论设定

---

① 陈虹:《节目主持人概论》,高等教育出版社 2013 年版。

② 社会表演学是人类表演学的分支,其认为主持人的当众传播行为属于社会公众形象塑造,具有社会表演性质。

了何种角色，主持人的根本任务还是对节目的现场驾驭与现场演播，主持人的根本目的依然是传播与沟通，而不是塑造或扮演角色。这种方式也仅是真人秀节目为了使主持人的创作身份与节目风格更加融合的创新手段。

四、参与深度化：模糊的主持人身份

在我国早期的真人秀节目中，主持人大多延续着综艺节目一贯的主持样态，即自始至终以一名"见证者"的身份出现，在节目中起衔接串联作用。随着时间的推移，在各类真人秀节目中，主持人逐渐摆脱了"见证者"的客观与超脱，开始以"组织者"的身份进行创作，不仅要完成串联的任务，还需要在现场对环节、版块、嘉宾、观众进行组织和驾驭。主持人手中的权力增大了，在节目中的参与度也有所提高。在近年来的一系列真人秀节目中，主持人往往不再是置身事外的"见证者"，也不仅是完成现场驾驭的"组织者"，很多时候还需要化身为"参与者"，来完成节目环节。例如，在《爸爸去哪儿》中，主持人李锐经常要和嘉宾一起参与游戏挑战；在《中国好声音》中，主持人需要在第二现场和选手的家人一起观看现场画面，等等。

应该说，这一变化进一步提升了主持人对于节目的参与度，也带来了更加丰富的"观演关系"变化，使主持人需要频繁地置身于节目之中，潜移默化地完成现场驾驭与现场演播的创作。

真人秀节目主持人创作地位与身份的改变，折射出"微"时代下电视观众收视需求的变化，也在一定程度上反映了当前主持人行业所面临的共性挑战。如何在媒体与社会环境的迅猛变化中完成自我调整，在契合行业创新发展的基础上进一步明确定位，进而寻求创作空间拓展和创作思路创新，是摆在每一个从业者面前的不可回避的命题。

〔作者单位：辽宁师范大学影视艺术学院〕

新媒体冲击之下主持人的胜出之道
——以中央电视台《风云会》和腾讯体育《第一时间》分别对郎平的访谈为例

◎王 峥

摘 要:本文通过对比中央电视台的《风云会》和腾讯体育的《第一时间》两档节目的异同点,探讨了传统媒体主持人和新媒体主持人的风格、思维特点等异同之处,指出具备开明的传播理念、掌握出色的采编播能力,才是主持人的取胜之道。

关键词:《风云会》 《第一时间》 传播理念

在当今新媒体蓬勃发展的背景下,传统媒体与新媒体就同一类型节目的较量日趋激烈。本文所说的传统媒体指广播电视媒体,新媒体指网络媒体。本文旨在分析两类媒体主持人的风格、思维特点等异同之处,探讨在激烈的竞争中主持人具备何种优势可以胜出。

本文以中央电视台的《风云会》节目和腾讯体育的《第一时间》节目分别对里约奥运会女排冠军主教练郎平的访谈为例进行分析。

一、两档节目及主持人构成的异同

《风云会》与《第一时间》[①]从以下方面来看具有相似性:第一,类型相似,都是直播的人物访谈,而且针对同一新闻人物——郎平。第二,直播时间前后相继,相差无几。中央电视台的《风云会》在中国女排夺取里约奥运会女排冠军之后紧接着对郎平指导和5位女排队员进行了访谈,节目时长35分钟。《第一时间》在中国女排夺冠4个小时之后,邀请了郎平和主攻手朱婷进行访谈,并在网络同步直播,节目时

① 腾讯《第一时间》的主持人万思来、该期特约嘉宾主持房学峰的个人信息,笔者已和两位进行了确认。

长36分钟。这些相似性使两档节目具有较强的可比性，更有利于分析传统媒体主持人与新媒体主持人的异同。

《风云会》和《第一时间》这两档节目存在以下不同之处：

首先，媒体性质不同。《风云会》是传统电视媒体——中央电视台体育频道的原创节目。据中央电视台官网介绍，该节目在强化时效性的同时突出深度解读，表达中央电视台的观点、进行多媒体聚焦。它通过对体坛核心人物的梳理实现赛事的专业化拆解，向观众揭示竞技的本质，让观众更深刻地理解体育、品味体育的美好，从而更加热爱体育。《第一时间》则是典型的新媒体节目，播出平台是中国奥委会官方合作伙伴腾讯体育。

其次，两档节目的主持人特点不同。《风云会》的主持人张斌，1991年毕业于中国人民大学新闻系广播电视专业，1993年进入中央电视台体育部工作并担任中央电视台《体育新闻》《足球之夜》制片人、体育新闻部副主任和体育编辑部副主任，参与创办了《体育新闻》《足球之夜》《天下足球》等体育频道的名牌节目，组织创建了中央电视台足球节目制作团队。从网上公开的履历看，张斌一直是传统电视媒体的体育节目策划人和主持人。这次对郎平的访谈，是以张斌1人与女排主教练和队员共6人的谈话形式呈现的。

《第一时间》的主持人万思来毕业于中国传媒大学播音与主持艺术专业，2008年毕业后即加盟腾讯，任职时尚中心主持人，是典型的网络媒体主持人，也就是新媒体主持人。对郎平的采访是由万思来和应腾讯邀请的特约嘉宾、资深媒体人房学峰共同完成的。房学峰是资深电视人、前北京电视台体育频道首席记者、中央电视台体育频道首席策划。从网络资料中我们可以看到房学峰1984年毕业于北京大学中文系，同年进入《北京广播电视报》担任记者，长期从事影视报道工作。可以看出，腾讯的《第一时间》对郎平的访谈，由一直在新媒体工作的主持人，以及邀请的出身于平面媒体的资深电视人共同完成，是以主持人和重量级嘉宾主持与郎平和朱婷的谈话形式呈现的。《第一时间》的主持人负责节目进程、流程的推进，配合嘉宾主持的访谈。嘉宾主持在体育报道、体育节目策划领域是资深人士，负责把握对新闻人物的访谈进程。由此可以看出新媒体节目整合媒体优势资源的主动性和灵活性。

二、两档节目的访谈思路

（一）开场白的设计

关于访谈开始前的主持人开场白，两档节目主持人的情绪都非常饱满，对中国女排夺冠的激动之情、祝福之心溢于言表。不同的是，中央电视台《风云会》的开场白比较长，话语中出现了“中国日”“整个中国大江南北”“万众一心”“峥嵘岁月”“荣耀”“时代印记”“理想不死，奋斗不止”“精神”等关键词。这一大段豪迈的话语，体现了中央电视台这档谈话节目的国家主义、集体主义的自豪感、荣誉感和历史感，这似乎是好的一面。然而，高大上的词句的确使得谈话场变得严肃，在一定程度上影响了轻松自然的谈话场的建立。因而，《风云会》的主持人认为采访的气氛不好，不得不费心思切入话题，制造“自然”的气氛。腾讯《第一时间》的开场白则只介绍了媒体、节目、直播的时间、特约嘉宾和访谈对象，表达了激动的心情。《第一时间》的主持人采用了交代必要信息的、简洁的开场方式，并没有使用过度漂亮的词句。

两个节目对话题的切入有各自特点。《风云会》的主持人一反开场白建立的宏大命题感，切入话题时开始寻找轻松愉快的话题点，试图让访谈对象保持自然的状态。主持人从女排队员的风貌谈起，说前排队员“大长腿”和后排队员“超级大长腿”，比较风趣地让郎平和女排姑娘们放松了很多，也有了笑声。

腾讯《第一时间》在简洁的开场白之后，紧接着对比郎平以往的征战，问她这届比赛的感受是否特别值得回味。这是一种直接切入话题的采访方式。由于中国女排经历了与巴西的四分之一决赛、与荷兰的半决赛，其过程比较艰难，因而这个问题是受众特别关注的，应该说切入点非常契合受众的期待。

（二）访谈环节的思路

《风云会》的主持人的访谈思路：第一个层次：由夺冠瞬间郎平的情绪引入话题，进而询问之前失败的原因。第二个层次：请队员谈谈获得金牌和登上领奖台的动作细节，分享领奖时的心情，询问她们是否有梦想成真的感觉。第三个层次：探询中国女排夺冠的艰辛历程、成长的步骤。第四个层次：引出教练和队员对“女排精神”的新诠释。第五个层次：探讨女排夺冠的意义、今后的打算。主持人的结束语紧扣感佩女排精神，期待理想不灭、奋斗不止，期待中国女排继续强大的主题。

《第一时间》的嘉宾主持的访谈思路：第一个层次：围绕对比赛最关切的阵容问题展开提问。第二个层次：嘉宾主持以老球迷身份讲老女排的故事，探讨对女排精神的理解。第三个层次：探询郎平的执教方法、执教遇到的困难、队员的个性特点以及执教理念。第四个层次：嘉宾主持与郎平探讨中国女排精神、现代专业手段及其与此次女排夺冠的关系。第五个层次：嘉宾主持关注郎平本人和中国女排的现状和未来。比如，郎平把自己定义为一位国际教练还是中国教练；哪一支球队能够代表女排的未来；郎平是否会继续执教中国女排等。第六个层次：嘉宾主持对比中国老女排之间的友谊与现在的女排队员之间的友谊，询问郎平是否追求奥运会和世锦赛的“大满贯”。郎平的回答则说明了她作为排球教练既全力以赴又不过分追求结果的心态。第七个层次:嘉宾主持关注“价值观”的问题。关于“价值观”,一方面是中国奥运代表团领导对体育精神理解的变化,另一方面是郎平对巨大的荣誉和空前的崇拜的看法,反映出郎平淡定、坚持、自信、感恩的心态。话题结束的环节,主持人主持了签名的节目流程,结束语紧扣恭喜、感动和感谢的主题。

三、传统媒体主持人与新媒体主持人的特点

由以上对两档节目访谈思路层次的分析可以看到,中央电视台的《风云会》关注的是中国女排和教练的心路历程、赛场的动作表情、夺冠感受、未来计划等这些信息化的问题,而对深层次的问题如女排精神涉及不深入,采用不恰当的抒情式提问方式,使这一问题显得肤浅。

整体来看《风云会》对郎平的专访,提及了基本的比赛环节和每个人的心情分享,照顾到了每个受访对象,但是问题较为肤浅,并不深入,无法满足粉丝们的好奇心。《风云会》的主持人这样浅层次的思维和提问,相对于其一大套史诗般的朗诵式开场白,使受众感到整体节目的“浅”和“空”,在网上的负面评论非常多。《风云会》的专访,在形式上主持人一对六的谈话场是话题很难深入的客观原因,但是整个节目体现出的平面化思维方式则是其不可忽视的主观原因。

值得注意的是,《风云会》的主持人主观臆想式的、独白朗诵式的提问方式,既是整个节目也是主持人居高临下的姿态表现。比如,主持人问郎平:“您肯定在控制,某些情绪要自己消化的,这个过程中一定有某些情绪是独属于郎平本人的,那一瞬间您一定有些感慨。那一瞬间没有表达的,现在的时机特好,希望您与观众分享。”郎平回应:“真的没有,真的太累了。”教练是否控制自己的情绪,可以通过提问得到答案,但主持人变访谈的提问为诗朗诵的独白话语模式。这样的独白朗诵式提问时常出现,以至于受访对象无法区分主持人是在提问还是在自说自话。主持人问郎平:“比赛结束之后,大家很容易把‘女排精神’这个词放到标题里,放到关键词里。我们都觉得女排精神确实在延续,但是单有精神,这个问题得不到解决,一定要有大量的专业支撑。我认为郎平执教的中国女排和别人执教的中国女排一定有本质的区别。哪些是因为郎平成为主教练,中国女排才是现在这个样子?有哪些是郎平赋予它的?”郎平反问:“您问我?”事实上,主持人自己先做了解答“一定要有大量的专业支撑…”,然后再提问,让人感到莫名其妙。主观臆想的、独白朗诵式的提问,反映了传统媒体传播观念的陈旧和自高自大的心态。

相比之下,腾讯的《第一时间》整合了新媒体和传统媒体的优势资源,对郎平的

访谈体现了明显的专业性和深度性。《第一时间》关注的几个重要的问题有：女排精神；中国人对体育精神的理解和价值观念的转变；郎平自身的光彩和人格魅力。由于嘉宾主持在访谈前有充分的准备和酝酿，以及多年丰富的采访、报道经验，特别善于将观念层次上有深度的问题化解在具体的问题之中，把自己的理念或者观点借采访对象之口表达出来，令人信服。《第一时间》使用嘉宾主持人循循善诱的主持方式，在很大程度上使访谈获得了成功。

《第一时间》的嘉宾主持的提问中经常出现"我这种理解对吗?"这样的话语，向受访对象求证，没有出现自己下结论的情形，通过问题设置启发、引导受访对象自己表述。这样的访谈方式，尤其对于郎平这样思维敏捷、口才极好、富有表现力的顶级专家非常适用。年轻的主持人万思来成长于新媒体，在掌控节目进程，配合嘉宾主持，将问题引向深入等方面表现得非常出色。总体来讲，腾讯的《第一时间》对郎平专访的水准，与奋勇拼搏、勇夺奥运冠军的中国女排和郎平的实力是相称的。

我们可以看出，传统媒体培养了一批像房学峰这样极具实力的策划人、记者，而新媒体则灵活地为我所用，优势互补，使自身表现出了强大的实力和吸引力。但是，由于传统媒体中的主持人的传播观众没有及时更新、业务方面进步不大，未能灵活整合资源，即使拥有最佳的采访时机，也无法扭转自身和传统媒体在新媒体时代的尴尬地位。对于主持人来说，具备开明的传播理念、实现灵活的资源整合、掌握出色的采编播能力，才是取胜之道。

〔作者单位：中国传媒大学播音主持艺术学院〕

图书在版编目(CIP)数据

微时代的口语传播:第二届海峡两岸口语传播学术研讨会文集/罗幸主编. —北京:
中国传媒大学出版社,2017.6
(播音主持学术文丛)
ISBN 978-7-5657-1913-4

Ⅰ.①微… Ⅱ.①罗… Ⅲ.①口语—传播学—学术会议—文集 Ⅳ.①G206—53

中国版本图书馆 CIP 数据核字(2017)第 021288 号

微时代的口语传播:第二届海峡两岸口语传播学术研讨会文集

WEISHIDAI DE KOUYU CHUANBO; DI-ER JIE HAIXIA LIANGAN KOUYU CHUANBO XUESHU YANTAOHUI WENJI

主　　编	罗　幸
策划编辑	赵　欣
责任编辑	赵　欣
特约编辑	罗庆行
责任印制	曹　辉
封面设计	拓美设计
出版发行	中国传媒大学出版社
社　　址	北京市朝阳区定福庄东街 1 号　邮编:100024
电　　话	86—10—65450528　65450532　传真:65779405
网　　址	http://www.cucp.com.cn
经　　销	全国新华书店
印　　刷	北京玺诚印务有限公司
开　　本	710mm×1000mm　1/16
印　　张	14.25
字　　数	261 千字
版　　次	2017 年 6 月第 1 版　　2017 年 6 月第 1 次印刷
书　　号	ISBN 978-7-5657-1913-4/G·1913　　**定　　价**　62.00 元